高等学校应用型新形态教材　旅游·酒店·会展专业

导 游 实 务
(第 2 版)

易伟新　编　著

U0360535

清华大学出版社
北 京

内 容 简 介

本书以培养学生的综合素质和职业技能为主线，对导游服务的相关理论进行了深入阐述，对导游操作规范进行了系统介绍。本书共分为四篇九章，即基础篇、操作篇、技能篇和常识篇，主要介绍了导游的基本概念、导游服务的基本理论、导游服务的操作规范和带团艺术以及导游带团时需要了解的一些基本常识等。本书的编写突出实践的应用性，并引用了大量的案例、范例和补充阅读材料，以增强内容的实践性和扩大导游知识的信息量。

本书适合高等院校旅游管理专业的学生使用，也可作为高职高专旅游专业的教学用书。

图书在版编目(CIP)数据

导游实务/易伟新编著. —2 版. —北京：清华大学出版社，2021.9（2024.2重印）

高等学校应用型新形态教材. 旅游•酒店•会展专业

ISBN 978-7-302-59041-5

Ⅰ. ①导… Ⅱ. ①易… Ⅲ. ①导游—高等学校—教材 Ⅳ. ①F590.633

中国版本图书馆 CIP 数据核字(2021)第 178833 号

责任编辑：孟 攀
装帧设计：杨玉兰
责任校对：周剑云
责任印制：宋 林
出版发行：清华大学出版社
    网 址：https://www.tup.com.cn, https://www.wqxuetang.com
    地 址：北京清华大学学研大厦 A 座 邮 编：100084
    社 总 机：010- 83470000 邮 购：010-62786544
    投稿与读者服务：010-62776969, c-service@tup.tsinghua.edu.cn
    质量反馈：010-62772015, zhiliang@tup.tsinghua.edu.cn
    课件下载：https://www.tup.com.cn，010-62791865
印 装 者：三河市君旺印务有限公司
经 销：全国新华书店
开 本：185mm×260mm 印 张：15 字 数：363 千字
版 次：2009 年 9 月第 1 版 2021 年 9 月第 2 版 印 次：2024 年 2 月第 3 次印刷
定 价：49.00 元

产品编号：093442-01

前　　言

旅游业是综合性的服务行业，其服务的种类很多，如旅行社服务、交通服务、饭店服务和导游服务等，这些不同类型的服务共同构成了旅游服务的整体。而在整个旅游服务的体系中，导游服务始终是重要的一环，其工作的质量直接关系到旅游者对旅游服务的评价。世界各国旅游界对导游服务和导游人员都很重视，并认为导游工作不仅仅只是导游人员谋生的职业，从某种意义上来讲，导游人员还应被视为国家形象的代表。在日本，导游被称为"无名大使"，人们认为导游业务是旅行业务中最重要的业务；英国伦敦旅游局称导游为"伦敦大使"；埃及一位首席古迹视察员称导游是"祖国的一面镜子"。因此，培养高级应用型、技能型的导游人才已成为我国旅游业发展的迫切需要。

21 世纪的中国旅游业呈现高速成长的特点，并成为国民经济新的增长点，这给导游服务的发展既带来了机遇，也带来了挑战，导游工作需要面对越来越多的挑剔或成熟的旅游者。因此，为了更好地开展服务，导游工作必须跟上旅游业发展的步伐，在导游内容、方法和手段上随时根据旅游者的需要做出相应的调整，以展现更加富有个性化和完美的职业形象。

基于这种认识，本书在编写的过程中，以培养学生的综合素质和职业技能为主线，对导游服务的相关理论进行了深入阐述，对导游操作规程进行了系统介绍，并在导游服务技能的培养方面突出了艺术性、实用性和科学性。全书内容共分为四篇九章，即基础篇、操作篇、技能篇和常识篇。基础篇(含第一至三章)着重介绍导游的基本概念、中国导游发展的历史与趋势、导游服务与导游人员的相关问题；操作篇(含第四至六章)主要介绍导游服务的规范性操作，包括整个操作流程、面临旅游问题和事故时的正确处理方法以及如何满足游客的个别要求；技能篇(含第七、八章)主要讲述导游带团的协作艺术、交往艺术、组织艺术、语言艺术等内容；常识篇(含第九章)主要介绍导游带团所需要了解的一些知识，如入出境知识、交通知识、旅游卫生保健与安全知识和旅游保险知识等。

本书编著的具体分工如下：第一章至第四章、第八章由易伟新编写；第五章、第六章由周慧编写；第七章由刘晓燕、易伟新编写；第九章由刘娟编写。本书的大纲与统稿工作由易伟新负责。

2009 年 5 月《旅行社条例》的施行，对导游人员提出了新的要求，使其业务操作日趋规范。2018 年 1 月 1 日起开始实施的《导游管理办法》更是进一步规范导游执业行为，提升导游服务质量，保障导游合法权益，促进导游行业健康发展。而随着中国旅游业的不断创新、改革、融合，涌现了大量的旅游新型业态，例如智慧旅游、研学旅游、乡村旅游、在线旅游等，导游工作需要适应这些形势的变化。基于此，编者在原版基础上进行了修订，结合了最新的政策法规，参阅已有的同类教材和研究成果，在充分总结多年教学心得的基础上，注意吸收最新的研究成果。导游实务是一门操作性很强的课程，针对这个特点，本教材引用了大量的案例、范例和补充阅读材料，以增强内容的实践性和扩大学习者的信息量。同时，每章后面都设有本章案例讨论，以方便教师与学生进行课堂讨论和模拟演练。

　　本书既具有高等教育的知识内涵，又具有职业教育的职业能力内涵，适合高等院校旅游管理专业的学生使用，也可作为高职高专旅游专业的教学用书。由于编者的水平有限，书中疏漏之处在所难免，敬请广大读者不吝赐教。

编　者

目　　录

第一篇　基　础　篇

第一章　中国导游发展的历史与趋势 …… 3

第一节　导游的基本概念 ……………… 4

一、导游 ………………………………… 4

二、导游服务 …………………………… 4

三、导游人员 …………………………… 4

第二节　中国导游发展简史 …………… 5

一、导游服务的萌芽 …………………… 5

二、导游服务的兴起 …………………… 7

三、导游服务的发展 …………………… 8

四、导游服务产生发展的

主要因素 ……………………… 10

第三节　中国导游的发展趋势 ………… 12

一、中国旅游活动的发展趋势 ……… 12

二、导游服务的发展趋势 …………… 14

本章案例讨论 ………………………… 16

思考题 ………………………………… 17

第二章　导游服务 ……………………… 19

第一节　导游服务的性质 ……………… 20

一、社会性 …………………………… 20

二、文化性 …………………………… 20

三、服务性 …………………………… 20

四、经济性 …………………………… 20

五、涉外性 …………………………… 21

第二节　导游服务的特点 ……………… 22

一、独立性强 ………………………… 22

二、脑体高度结合 …………………… 22

三、复杂多变 ………………………… 23

四、关联度高 ………………………… 23

第三节　导游服务的原则 ……………… 24

一、游客至上的原则 ………………… 24

二、社会效益、经济效益和生态

效益相结合的原则 ………… 25

三、合理而可能的原则 ……………… 25

第四节　导游服务在旅游服务体系中的

地位和作用 ………………… 26

一、导游服务处于旅游接待服务的

中心地位 …………………… 26

二、导游服务在旅游接待工作中的

作用 ………………………… 26

第五节　导游服务质量 ………………… 28

一、导游服务质量的含义 …………… 28

二、导游服务质量的监督与管理 …… 29

三、旅游服务缺陷与游客口头

意见的处理 ………………… 31

本章案例讨论 ………………………… 32

思考题 ………………………………… 33

第三章　导游人员 ……………………… 35

第一节　导游人员的分类 ……………… 36

一、按业务范围划分 ………………… 36

二、按职业性质划分 ………………… 37

三、按工作语言划分 ………………… 37

四、按技术等级划分 ………………… 37

第二节　导游人员的职责 ……………… 38

一、导游人员的基本职责 …………… 38

二、不同岗位导游人员的具体

职责 ………………………… 39

第三节　导游人员的从业素质 ………… 41

一、良好的思想素质 ………………… 41

二、广博的知识结构 ………………… 42

三、优秀的能力素质 ………………… 45

四、健康的身心素质 ………………… 48

第四节　导游人员的行为规范 ………… 49

一、忠于祖国，坚持"内外有别"的

原则 ………………………… 49

二、严格按规章制度办事，执行
　　请示汇报制度 ……………… 50
三、自觉遵纪守法 ……………… 50
四、自尊、自爱，不失国格、

人格 …………………………… 51
五、注意小节 …………………… 51
本章案例讨论 …………………… 51
思考题 …………………………… 52

第二篇 操 作 篇

第四章　导游服务规程 ……… 55
第一节　地陪服务规程 ………… 56
一、接团前的准备 ……………… 56
二、接站 ………………………… 60
三、入住 ………………………… 62
四、核对、商定日程安排 ……… 63
五、参观游览服务 ……………… 63
六、其他服务 …………………… 65
七、结束当日活动时的服务 …… 67
八、送站 ………………………… 67
九、后续工作 …………………… 69
第二节　全陪服务规程 ………… 70
一、前期准备 …………………… 70
二、首站(入境站)接站或转移
　　服务 ………………………… 71
三、入住服务 …………………… 72
四、核定日程 …………………… 73
五、各站服务 …………………… 73
六、离站服务 …………………… 74
七、转移途中的服务 …………… 74
八、末站(离境站)送站服务 …… 75
九、后续工作 …………………… 75
第三节　景区景点导游服务规程 … 75
一、服务准备 …………………… 76
二、导游讲解服务 ……………… 77
三、送别服务 …………………… 77
第四节　散客导游服务规程 …… 77
一、散客旅游与团队旅游的区别 … 78
二、散客导游服务的特色和要求 … 78
三、散客导游服务规程 ………… 80
本章案例讨论 …………………… 85
思考题 …………………………… 85

第五章　游客个别要求的处理 …… 87
第一节　处理游客个别要求的一般原则 … 88
一、符合法律法规的原则 ……… 88
二、合理而可能的原则 ………… 88
三、维护尊严的原则 …………… 89
四、尊重游客的原则 …………… 89
第二节　餐饮、住宿、购物、娱乐方面
　　个别要求的处理 …………… 90
一、餐饮方面个别要求的处理 … 90
二、住房方面个别要求的处理 … 92
三、购物方面个别要求的处理 … 93
四、娱乐活动方面个别要求的
　　处理 ………………………… 96
第三节　自由活动要求的处理 …… 97
一、劝阻游客自由活动的
　　几种情况 …………………… 97
二、允许游客自由活动的
　　几种情况 …………………… 98
第四节　探视亲友、亲友随团活动
　　要求的处理 ………………… 100
一、要求探视亲友 ……………… 100
二、要求在华亲友随团活动 …… 100
第五节　中途退团、延长旅游期
　　要求的处理 ………………… 101
一、要求中途退团 ……………… 101
二、要求延长旅游期 …………… 102
本章案例讨论 …………………… 103
思考题 …………………………… 104

第六章　旅游问题、事故的预防与
　　处理 ………………………… 105
第一节　旅游问题、事故的预防与
　　处理原则 …………………… 106

一、旅游问题与事故的预防 ………… 106
二、处理旅游问题与事故的原则 …… 107
第二节 旅游活动计划和日程变更的
　　　 处理 ………………………… 109
一、游客要求改变活动计划和
　　 日程 ………………………… 109
二、客观原因造成计划和日程的
　　 变更 ………………………… 109
三、活动内容变更的处理 ……… 110
第三节 漏接、错接的处理 ………… 111
一、漏接的预防和处理 ………… 111
二、错接的预防和处理 ………… 112
第四节 误机(车、船)事故的预防和
　　　 处理 ………………………… 112
一、误机(车、船)事故的原因 … 113
二、误机(车、船)事故的预防 … 113
三、误机(车、船)事故的处理 … 114
第五节 证件、行李、物品遗失的
　　　 预防和处理 ………………… 115
一、遗失事故的预防 …………… 115
二、游客遗失证件的处理 ……… 116
三、游客丢失财物的处理 ……… 117

四、游客行李遗失的处理 ………… 118
第六节 游客走失的预防和处理 …… 119
一、游客走失的原因 …………… 119
二、游客走失的预防 …………… 119
三、游客走失的处理 …………… 120
第七节 游客患病、死亡的处理 …… 121
一、游客患病的预防与处理 …… 121
二、游客死亡事故的处理 ……… 124
第八节 旅游安全事故的处理 ……… 125
一、交通事故的预防和处理 …… 125
二、治安事故的预防和处理 …… 127
三、火灾事故的预防和处理 …… 128
四、食物中毒的预防和处理 …… 129
五、溺水的预防和处理 ………… 130
六、天灾逃生常识 ……………… 131
第九节 游客不当言行的处理 ……… 133
一、对攻击和污蔑言论的处理 … 133
二、对违法行为的处理 ………… 133
三、对不当宗教活动的处理 …… 134
四、违规行为的处理 …………… 134
本章案例讨论 ……………………… 135
思考题 ……………………………… 136

第三篇　技　能　篇

第七章　导游带团艺术 ……………… 139
第一节 导游带团的理念和特点 …… 140
一、导游带团的理念 …………… 140
二、导游带团的特点 …………… 141
第二节 导游协作艺术 ……………… 142
一、导游服务集体之间的
　　 协作艺术 …………………… 142
二、导游人员与旅游接待单位的
　　 协作艺术 …………………… 144
第三节 导游人员与游客的交际艺术 … 146
一、了解旅游者心理，开展针对性
　　 服务 ………………………… 146
二、尊重游客，对客人保持微笑和
　　 使用柔性语言 ……………… 151

三、与游客建立伙伴关系，提供
　　 个性化服务 ………………… 152
四、与所有游客保持等距离
　　 交往 ………………………… 153
五、学会调整游客的情绪 ……… 154
第四节 导游带团的组织艺术 ……… 155
一、塑造维护良好个人形象 …… 155
二、有序安排旅游活动进程 …… 158
三、合理引导游客观景赏美 …… 159
本章案例讨论 ……………………… 163
思考题 ……………………………… 164

第八章　导游语言艺术 ……………… 165
第一节 导游语言的要求 …………… 166
一、美感性 ……………………… 166

二、趣味性 ·················· 167

三、知识性 ·················· 168

四、口语化 ·················· 168

第二节 导游语言的运用原则 ······ 169

一、针对性原则 ·············· 169

二、灵活性原则 ·············· 169

三、融洽性原则 ·············· 170

四、计划性原则 ·············· 171

第三节 导游口头语言艺术 ······· 172

一、导游交际语言 ············ 172

二、导游讲解语言 ············ 175

三、创造声音表情的技巧 ········ 180

第四节 导游态势语言艺术 ······· 181

一、服饰语 ·················· 181

二、姿态语 ·················· 182

三、手势语 ·················· 182

四、表情语 ·················· 183

本章案例讨论 ·················· 185

思考题 ······················· 185

第四篇 常 识 篇

第九章 导游服务相关知识 ········· 189

第一节 入出境知识 ············· 190

一、入出境应持有的证件 ······· 190

二、出入境手续的办理程序 ······ 196

三、外国游客在中国境内的
权利与义务 ·············· 201

第二节 交通知识 ··············· 201

一、航空客运知识 ············ 201

二、铁路客运 ················ 206

三、公路客运 ················ 208

四、水路客运 ················ 209

第三节 货币与保险知识 ·········· 210

一、货币知识 ················ 210

二、保险知识 ················ 212

第四节 导游礼仪知识 ··········· 214

一、日常礼仪 ················ 214

二、交往礼仪 ················ 215

三、语言礼节 ················ 217

四、宴会的礼节 ·············· 218

第五节 旅游卫生保健与安全知识 ······ 219

一、旅游卫生保健常识 ·········· 219

二、旅游安全知识 ············ 224

第六节 行李托运相关知识 ········· 226

一、行李托运程序 ············ 226

二、行李托运的有关规定 ········ 227

第七节 其他知识 ··············· 228

一、国际时差 ················ 228

二、度量衡换算 ·············· 228

三、摄氏、华氏温度换算 ········ 229

思考题 ······················· 229

参考文献 ······················ 230

第一篇 基础篇

☞ 中国导游发展的历史与趋势

☞ 导游服务

☞ 导游人员

第一章

中国导游发展的历史与趋势

【学习要点和目标】

本章主要介绍导游的基本概念、导游发展的历史与趋势，分析导游服务产生发展的主要因素。通过对本章的学习，读者应掌握导游、导游服务、导游人员的概念，了解中国导游的发展历史，把握中国旅游发展的趋势和导游工作今后的走向。

【关键词】

导游　导游服务　导游人员

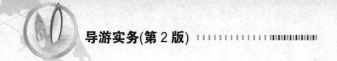

第一节 导游的基本概念

一、导游

导游一词，从字面上理解，"游"的本义首先是游玩、游览、观赏；其次，"游"包含游历、游学的意思；最后，"游"还含有交游、交往、交际的意思。"导"首先是含有向导、引导、开导、教导、领导、启发的意思；其次，"导"还含有开通、引流的含义。因此，"导"和"游"结合在一起，是指组织、指导旅游，以满足旅游者游览、交往、增长见闻阅历的愿望。因此，导游是一项给予知识的服务性工作，其包含两种含义，一是指组织协调旅游活动、满足旅游者"求知、求新、求奇、求乐"愿望的导游服务；二是指提供这些服务的导游人员。

二、导游服务

就中国现阶段而言，导游服务是指导游人员接受旅行社的委派，执行接待或陪同游客旅行、游览的任务，并按照组团合同或约定的内容和标准向游客提供旅游接待服务。

在这个概念中，首先，导游服务的主体是具有导游资格的人员，必须接受旅行社(包括线上和线下)的委派(另有规定的除外)；其次，导游服务既指在游览过程中的接待，也包括出游前的咨询、联系等事宜；再次，导游人员必须按照合同的约定来提供服务，不得擅自减少、增加或取消旅游项目，更不得降低服务标准；最后，在导游过程中，导游人员在旅途中为旅游者提供生活服务和讲解服务，这既是一项近似口头文学的语言艺术，又是一项内容广泛的服务性工作。通过生活上的周密安排、游览中的生动讲解和旅途中的代办服务，导游人员可以帮助旅游者度过愉快的旅行生活，实现旅游者休息、娱乐和了解风土人情的目的，同时还要保证旅游者的旅游活动安全顺利地进行。

三、导游人员

导游人员是指持有中华人民共和国导游资格证书并取得导游证，接受旅行社委派，按照接待计划，从事陪同旅游团(者)参观、游览工作并提供相应服务的人员。

对导游人员概念的理解，必须注意三点：第一，从事导游工作的人，必须具备一定的资格和条件，而非任何人都可以胜任。导游人员必须通过旅游行政管理部门的审查和考核并获得相应的资格证书，才有可能成为一名导游人员。第二，导游人员是以旅游者为工作对象，以组织指导参观游览、沟通思想为主要工作方式，以安排旅游者的食、宿、行、游、购、娱等各项活动为主要任务，以增进相互了解和友谊、为国家和地方建设积累资金为目的的旅游接待服务人员，也是进行民间交往和地区间横向联系的一线工作人员。第三，导游人员是为旅游者提供导游生活服务和讲解服务的人员，不是一般的服务工作者，是旅行社的代表，对外国旅游者来说，导游人员还是一个国家的代表。

补充阅读材料

《导游人员管理条例》(国务院令第263号)(第三条)规定，具有高级中学、中等专业学校或者以上学历，身体健康，具有适应导游需要的基本知识和语言表达能力的中华人民共和国公民，可以参加导游人员资格考试；经考试合格的，由国务院旅游行政部门或者国务院旅游行政部门委托省、自治区、直辖市人民政府旅游行政部门颁发导游人员资格证书。

在中华人民共和国境内从事导游活动，必须取得导游证。取得导游人员资格证，并与旅行社订立劳动合同或者在旅游行业组织注册的人员，可以通过全国旅游监管服务信息系统向所在地旅游主管部门申请取得导游证。

导游证采用电子证件形式。电子导游证以电子数据形式保存于导游个人移动电话等移动终端设备中。

具有特种语言能力的人员，虽未取得导游人员资格证书，旅行社需要聘请临时从事导游活动的，由旅行社向省、自治区、直辖市人民政府旅游行政部门申请领取临时导游证。

有下列情形之一的，不得颁发导游证：

(1) 无民事行为能力或者限制民事行为能力的；

(2) 患有甲类、乙类以及其他可能危害旅游者人身健康安全的传染性疾病的；

(3) 受过刑事处罚的，过失犯罪的除外；

(4) 被吊销导游证之日起未逾3年的。

导游证的有效期限为3年。导游证持有人需要在有效期满后继续从事导游活动的，应当在有效期限届满3个月内，通过全国旅游监管服务信息系统向所在地旅游主管部门提出换证申请。

导游在执业过程中应当携带电子导游证、佩戴导游身份标识，并开启导游执业相关应用软件。

第二节　中国导游发展简史

一、导游服务的萌芽

人们常用"衣食住行"，也就是衣服、饮食、居住、出行，来概括社会物质生活的基本内容。

人类自诞生以来，就一直不满足于周围环境对自身的束缚，力图拓宽自身的视野，扩大自身的活动范围和生存空间。同时，迫于洪水、大火、干旱、地震等各种自然灾害，人们开始进行反复的迁徙。从某种意义上来说，这就开始了历史上最早的旅行。不过，这种旅行活动还不能称为旅游活动。据史料记载，古代真正具有"旅游"性质的活动出现于奴隶社会，在东周时期已经初具规模。当时，社会处在大变革状态，国事交往与人员往来十分频繁，外交游说、游历修学、巡幸游猎、政治联姻等活动达到高潮，这些活动中有的已经具有较明显的旅游色彩。

然而，中国古代文明长期以来建立在以小农经济为主体的自给自足的自然经济的基础上，形成了相对封闭的文化传统，这种传统对旅行生活产生了某种消极的影响，使旅行在中国古代的社会生活中居于相对次要的地位。但是，从历史画卷中，我们仍然可以体味到旅行途中帝王的奢华、文士的清雅、行贾的忙碌、旅宦的骄盈等。

在中国古代，影响较大的旅游活动类型主要有帝王巡游、公务行游、商贾周游、文士漫游、宗教朝觐和平民郊游等。

帝王巡游是指古代王朝统治者为了个人享乐和巩固政权的需要，离开国都到其他各地游历。这是中国古代社会最高等级的旅游活动形式。传说4600年前的黄帝就曾经"迁徙往来无常处"。在《穆天子传》一书中也曾详尽地记述了周穆王西行的传说。历史上很多帝王都有过巡游的经历，如秦始皇封禅泰山、隋炀帝南下扬州、康熙及乾隆的数下江南等。

公务行游是指出于公务等原因进行的旅游活动。自秦汉时期起，朝廷已注重从各地选用人才从事国家行政的管理，地方官吏也往往由最高统治集团任免。官吏的调任迁转，不仅较为频繁，而且常常辗转千里。史籍中所见官僚履历，大多历任数职，且常转任于各地，因而旅行自然成为他们社会生活中的重要组成部分。

商贾周游指以经商为谋生手段的商人的旅行活动。旧时经商人家的门口常贴有这样的楹联："生意兴隆通四海，财源茂盛达三江。""生意兴隆""财源茂盛"与"通四海""达三江"紧密地联系在一起，体现了商贾事业周游天下、无所不至的特点。

文士漫游是指古代文人学士进行的旅游活动。由于他们普遍拥有较高的文化素养，善于进行观察和分析，并习惯将所见所闻用文字记录下来，故而这类旅游活动在古代各种旅游活动中成果最为丰富。历史上许多科学论著以及大量山水诗文的创作都与文士漫游活动密切相关。汉代司马迁的《史记》就是他在千里旅行的同时进行实地考察的基础上写作的。明代徐霞客的《徐霞客游记》不仅被看作是一部旅行札记，也被看作是一部地学百科全书。

宗教朝觐是指各种宗教教徒为了取经传法或为了遵守教规而开展的旅行活动。当今世界三大宗教与其他地域性宗教之所以具有相当的规模，宗教朝觐活动起了很大的促进作用。唐代的玄奘和鉴真就是这类活动的代表人物。据史书记载，他们在宗教朝觐的过程中同时进行了一定的游览活动，因此，也称得上是一种特殊的旅游活动。

平民郊游是指古代民众在特定的时间前往居住地附近进行的近距离旅游活动，如清明扫墓、重阳登高等。这些活动经过发展演变，逐渐成为今天的特色民俗活动。

在古代社会，人们外出旅行会遇到很多困难和危险，如饥饿劳顿、迷失方向、遭遇盗贼、车船翻沉等，即使贵为国君，有时也不能幸免。据《左传》记载，楚昭王第二次南巡，在渡汉水时，竟因船只漏水而溺死。汉代的石刻画像中还可以看到车辆在桥上行驶时，车轮脱落坠入水中的画面。正因为人地生疏，出门旅行的人往往希望有人担当向导，因而导游作为一种助旅活动伴随着旅行的萌芽而产生。

古人云："入乡问俗"，旅行者问路时被问到的人就充当了向导的角色，他们可能是同旅行者邂逅的车夫、马夫、轿夫、当地居民、客店堂倌、和尚或道士等。尽管偶尔为之，但他们在不经意中成为导游人员的雏形。在古代文献典籍中经常可见这种服务形式，如"借问酒家何处有，牧童遥指杏花村"等。

随着旅行活动日益频繁，向导有时不仅给旅行者引路，而且还会讲解景物，有时还会帮助游客选择旅游路线。例如，在《游东林记》中有这样一段记载："东林老僧引至一亭，亭下有桥，桥下一洞，勺水暗流，蝙蝠轻飞，出入洞口，略不避人，扁曰'长舌溪'。惊问之，僧曰：'因溪声不断，名之耳。'"

帝王巡游时，有很多的"陪臣""侍从"同往，这些陪臣、侍从不仅要照料帝王的日常起居，而且还要为帝王讲解沿途的景物，因而也起到导游的作用。例如，清朝时纪晓岚在陪同乾隆皇帝出游时常以诗文助游，还留下了"遥望天空一鹤飞，朱砂为颈雪为衣，只因觅食归来晚，误落羲之洗砚池"的佳句。

随着与他国交往的日益增多，中国古代出现了专门负责外事接待的人员。据《史记》记载，汉武帝时期就为外国人入境设立了专门的旅馆"蛮夷邸"和提供翻译的"译官""舌人"等，以后历朝大抵如此。元朝西亚旅行家伊本·巴图泰在其旅行游记中记载："在中国行路最为稳妥便利……客有欲前行者，吏遣人护送之。"这护送之人无疑就是陪同的导游人员。

在古代，导游图和导游书等旅游指南也相继出现。如唐代的导游图就称为"图经""地经"。唐代著名文学家韩愈就曾借助图经游览了韶州，并留诗为证："曲江山水闻来久，恐不知名访倍难，愿借图经就入界，每逢佳处便开看。"除了导游地图以外，中国古代大量的游记、览胜书籍也起着引导旅行游览的作用，如《黄山领要录》《泰山道里记》等。

不过，与今天不同的是，古代旅行者和向导之间并不存在雇用关系，一般情况下他们是在不确定的场合中偶然相遇的，尽管后来出现了一些专门在交通要道、名胜古迹等处引导旅游人并收取报酬的"导者"，但尚不具有历史典型性，也没有形成一种社会化的职业。因此，古代社会还没有出现当今意义上的导游服务，而只能说是一种导游服务的萌芽。

二、导游服务的兴起

导游作为一种服务活动形态有着悠久的历史，但作为一种独立的职业却是随着近代旅游业的崛起而出现的。职业导游人员的出现，使导游活动具有了经济意义。

早在19世纪末20世纪初，西方的一些旅游企业(如英国通济隆、美国运通等旅行代理机构)就纷纷进驻中国，相继组织外国旅游者到中国旅游，同时雇用中国人作导游。

但导游作为一种社会化的职业，其出现是在我国近代旅游业诞生之后。1923年8月，中国第一家旅行代理机构——上海商业储蓄银行旅行部在上海诞生(1927年6月旅行部从该银行独立出来，并更名为中国旅行社)，它的诞生标志着中国近代旅游业的兴起。它开创了中国旅行代理的先河，训练了一批职业化的导游，推动着中国从古代个体的、分散的、无组织的传统旅游迈入大规模的、远距离的、团体型的、有组织的近代旅游阶段。

中国旅行社在中国内地存在的30余年间，一直执中国近代旅游业之牛耳。它在国内外广设分支机构，最多时达200余处，形成了庞大的服务网络，并与英国的通济隆旅行社、美国的运通公司、日本的国际观光局、苏联的国营旅行社等都签订了互相代理业务的和约，将服务范围扩展到世界各地。它的经营范围十分广泛，除代售海陆空客票、经办货运业务、开办招待所、组织旅游团体外，还代办出国留学手续、发行旅游刊物、经营邮政和保险业务等，是旧中国规模最大、信用最好的旅行代理机构。

中国旅行社成立后不久，在其影响下，中国开始出现了一批旅行社组织，如1930年创办的中央旅行社和1934年设立的经济旅行社等，经营着与中国旅行社这样或那样相仿的业务。除旅行社外，还涌现出各种各样的旅行团体，在20世纪30年代的上海就有友声旅行团、经济旅行团、精武体育会、萍踪旅行团等。20世纪40年代，中国又出现了很多新的旅行代理机构，如福建中南旅运社，江西各地的陶陶招待所、广东曲江互励社、浙江的浙光旅行社、广东韶光公寓、各省社会服务处、新运总会、青年会和铁路营业所等。

这些旅行社和旅游组织承担了近代中国人旅游活动的组织工作，因而也就出现了中国第一批职业化的导游人员。除了培训一批高素质的导游人员外，当时的旅行机构还致力于物化导游的建设，出版了各种旅游类书籍和杂志，如旅客须知、导游丛书、旅行便览、旅行手册以及旅行杂志等。这些出版物对便利民众的旅行、推动游览事业的发展、阐扬中国的名胜起到了积极的作用。

补充阅读材料：民国时期对导游问题的探讨

三、导游服务的发展

自 1923 年中国第一家旅行代理机构创办之后，中国出现了第一批职业化的导游人员，这标志着中国现代导游服务的正式产生。但是，由于中华人民共和国成立前社会动荡、经济落后，导游服务的发展非常缓慢。1949 年中华人民共和国成立以后，尤其是实行改革开放之后，导游服务开始以较快的速度发展，其发展过程分为如下几个阶段。

(一)初创阶段(1949 年 11 月至 1978 年 11 月)

为了帮助滞留在厦门的华侨和港澳同胞出境，接待回国观光和探亲的华侨，新中国于 1949 年 11 月筹建了第一家旅行社——厦门华侨服务社，此后几年，又相继在泉州、广东等地成立了华侨服务社。1974 年，经国务院批准成立了中国旅行社，并与华侨服务社合署办公，统称"中国旅行社"，简称"中旅"。1954 年 4 月，为了接待外国友人，又在北京成立中国国际旅行社总社，并在上海、天津、广州等地成立了 14 家分社，简称"国旅"。1964 年 12 月，中国旅行游览事业管理局成立(1982 年，更名为中华人民共和国国家旅游局。2018 年，与文化部合并为文化和旅游部)，加强对旅游事业的组织和领导。

国旅和中旅承担起了组建新中国导游队伍、开展新中国导游服务的重任。这一时期，我国约有导游翻译人员 300 人，使用几十种语言，以接待外宾、华侨、港澳台同胞为主。那时的旅游业不以营利为目的，而是旨在通过国际旅游者来华旅游向世界宣传新中国的社会主义建设成就，因此导游工作也就成了一项政治工作。当时，周总理对导游人员提出了"三过硬"(即政治思想过硬、外语水平过硬、业务知识过硬)的工作要求。导游人员又被称为五大员，即宣传员、调研员、服务员、安全员和翻译员。导游人员依附于外事、政治工作是这一阶段最主要的特点。虽然这批导游人员数量不多，但素质很高，开创了具有中国特色的导游风格，为新生不久的中国旅游业赢得了良好的声誉。

(二)发展阶段(1978 年 12 月至 1989 年 2 月)

党的十一届三中全会以后，我国实行了改革开放，从而吸引了大量海外旅游者来华旅游，国内旅游业蓬勃发展起来。为适应旅游业迅猛发展的形势，1980 年 6 月国务院正式批准中国青年旅行社(简称"青旅")成立，与国旅、中旅共同搭建起大陆旅行社业的主干框架。在此前后，春秋、康辉、友谊、天马、邮电、铁路等行业性和地区性的旅行社如雨后春笋般迅速涌现。旅游业逐步转变为以经营服务为主的经济型产业，导游工作也从外事接待进入以经济型接待为主的阶段。在旅游者与旅行社数量迅速增长的同时，原有的新中国第一批导游人员的数量出现严重不足。于是，各地导游人员队伍迅速扩充，一度达到数十万人之多。但是，与数量迅速上升相伴而生的是，第二代导游人员整体素质急剧下滑，学识和工作能力普遍不如前辈，个别道德败坏的导游人员甚至还做出了一些有损人格和国格的事情。因而，提高导游服务质量成为这个阶段导游管理的主要目标。

(三)全面建设时期(1989 年 3 月至 2016 年)

为了整顿导游队伍，提高导游服务水平，适应我国旅游业大发展的新形势，自 1989 年年初开始，我国开始全面建设导游队伍，并且强调导游服务专业化，在高校开设导游课程，举办导游知识大赛。1989 年 3 月，国家旅游局在全国范围内推行了第一次"全国导游人员资格考试"，并将其固定下来成为导游人员的执业资格考试。同年，《中国旅游报》等单位发起了"春花杯导游大奖赛"，致力于选拔出导游队伍中的佼佼者，在全国范围内选出 35 名优秀导游，最终从中选拔出 10 名最佳导游。此次活动规模之浩大，影响之深远，均为我国旅游史上所罕见。

此后，国家旅游局和各省、自治区和直辖市旅游行政管理部门对导游队伍进行了各种规范化的管理，如建立导游人员记录、实施导游服务质量投诉、建立导游人员年审制度等。1994 年，国家旅游局开始在全国范围内对导游人员进行等级(初、中、高、特级)评定工作。1996 年 6 月 1 日起实施《导游服务质量》国家标准。1997 年 7 月 1 日起实施《旅行社国内旅游服务质量要求》行业标准。这两个标准都规定了导游服务的质量要求，提出了导游服务过程中若干问题的处理原则，是当前指导中国导游工作的权威性文件，也是导游人员向游客提供服务的工作指南。从 2002 年 1 月起，国家旅游局全面推行并实施 IC 卡导游人员计分制管理。

2003 年起，为了支持我国西部地区旅游事业的发展和导游队伍的建设，开展了"百名导游援藏"行动。2009 年 11 月 10 日，国家旅游局在北京联合大学旅游学院正式启动"名导进课堂"工程，此后，在杭州、上海、广州、天津、南京、大连、成都、西安、桂林、济南、郑州等 12 个城市逐步展开，最后推向全国。这一工程是国家开展大规模导游培训工作、全面提升导游综合素质的一项重要举措。

2013 年 10 月 1 日，《中华人民共和国旅游法》正式施行，对导游准入条件作了重大修改，规范了导游与旅行社之间的利益分配关系，进一步明确了导游执业行为应当承担的法律责任，为推进我国导游的职业化进程、全面提升导游素质和社会地位打下坚实的基础。

(四)深化改革时期(2016 年至今)

2016 年 1 月，全国旅游工作会议提出要深化导游管理体制改革。2016 年 5 月，国家旅游局印发《关于开展导游自由执业试点工作的通知》，正式启动在江浙沪三省市、广东省的线上导游自由执业试点工作，在吉林长白山、湖南长沙和张家界、广西桂林、海南三亚、四川成都的线上、线下导游自由执业试点工作。由此，导游开始进入到自由执业阶段。

导游自由执业有线上、线下两大类型。游客即可通过网络平台线上预约导游服务，也可通过旅游集散中心、旅游咨询中心、A 级旅游景区游客中心等机构预约导游服务，但无论线上还是线下，均需通过第三方支付平台向导游支付导服费。

导游自由执业主要为 5 种模式：①"旅行社委派"模式。现有旅行社委派导游经营模式的延续。②"旅行社预订"模式。游客通过旅行社预订导游服务。③"协会预订"模式。游客通过旅游行业协会预订导游服务。④"导服公司"模式。游客通过按市场化模式运作的导游服务公司、导游经纪公司预订导游服务。⑤"游客直联"模式。游客直接与导游本人联系，预订其导游服务。

为方便导游执业，加强对导游的信息化管理和制度保证，2016 年 8 月，全国导游公共服务监管平台正式上线，开展导游网上培训、星级评价、信息咨询、突发事件应急管理等公共服务。9 月，宣布废止《导游人员管理实施办法》，停止实施导游岗前培训考核制度、计分管理制度、年审管理制度和导游人员资格证 3 年有效制度等。

2017 年 10 月，国家旅游局审议通过《导游管理办法》，于 2018 年 1 月 1 日起施行，对导游执业许可、导游执业管理、导游执业保障与激励、罚则等加以规范，以规范导游执业行为，提升导游服务质量，保障导游合法权益，促进导游行业健康发展。

通过改革，导游从"行政化、非流动、封闭式"管理向"市场化、自由化、法制化"管理转变。

四、导游服务产生发展的主要因素

在旅游活动中，人们通常除了需要保证正常的住宿、餐饮和交通服务等之外，还希望通过参观游览增长阅历，陶冶情操，增进与异国(地)居民的相互了解和友谊等，从而拥有更多的收获。正是这些具体的需求促使了职业化导游服务的产生和发展。

(一)旅游者需要导游服务

旅游活动的一个重要特点是异地性，也就是旅游者要离开他们惯常的环境，前往一个不太熟悉甚至完全陌生的地方。环境的改变，使旅游者产生了与在惯常居住地时不同的需求。这些需求不是一般人或机构能够满足的，只有经过专业训练的导游人员，才知道该如何去为这些旅游者提供服务，并使他们迅速、有效地适应旅游目的国(地)，从而获得旅游活动的最大满意度。正如加拿大旅游学家帕特里克·克伦所说，"吸引人们参加有陪同旅游的重要因素，当然是旅游团领队。他使旅游者无忧无虑，聆听解说，了解奇风异俗；他作为主人，把素昧平生的一些人融合为一个友好团体；他精通史地，在他的讲解下，旅游者对闻所未闻、见所未见的事茅塞顿开……"由此可以看出导游服务的重要性。

1. 合理安排生活的需要

人们常常通过有目的、有指导、有节奏的旅游活动来达到修身养性的目的，但是面临陌生的环境，人们往往茫然不知所措，而盲目游览、疲于奔命的旅游不但达不到精神休息的目的，还会因为过于疲劳而影响身体健康。生活服务是导游服务的重要组成部分，其中食、宿、行的服务又是生活服务的主要内容。而旅途中需要的各种特殊服务，如对有特殊生活习惯的少数民族和年老体弱的游客的照顾等也是导游服务的 一部分，使游客可以消除一切后顾之忧，一心一意地游览。对于旅游活动日程，导游人员也可进行科学合理的安排，避免游客盲目奔波和做无谓的体力消耗，从而使游客能有充分的时间和精力去观赏和游览，产生事半功倍的效果。

2. 获得最大心理满足的需要

对于旅游者来说，初到异地，需要导游人员的引导来消除寂寞感和陌生感，增强安全感。并且，导游人员还要帮助游客选择旅游观赏物，对旅游线路景点中主要有价值的参观点进行有序引导和精彩讲解，从而使游客在心理上得到最大的满足。

3. 扩大知识、获取信息的需要

人们旅游的一个重要目的是为了增长知识，获取更多的有效信息。导游人员实际上是一位景点的"流动专家"。对于大多数人来说，"看景不如听景"，通过阅读有关地区的文献资料来全面了解一个景点不如倾听一位博学导游的讲述来得轻松和有效。

4. 享受最高审美境界的需要

自然景观在不同的观赏位置和观赏时机时的观赏效果是不一样的。例如，云南石林中"阿诗玛"的天然石像，从不同位置观赏，会呈现大相迥异的形象。从正前方十步开外望去，"石像"犹如一位亭亭玉立的少女，但从偏左方八米开外望去，它又变成了一位风烛残年的老婆婆。导游人员可以帮助游人找到最佳的观赏位置，从而避免观赏的盲目性。而人文景观有了导游人员的讲解就更能使游人产生情感上的共鸣、行为上的互动，从而达到悦志悦神的最高审美境界。

因此，导游人员如能循循善诱地指导旅游者以最佳方式或最合适的角度去欣赏某一名胜古迹，能娓娓动听地告诉旅游者蕴藏在风景或文物后面的历史故事、神话传说，能妙趣横生地向旅游者介绍当地的风土人情、风俗习惯及风物特产，就能使旅游者得到自然美和艺术美的享受，并在潜移默化中增长知识。甚至可以说，没有导游的旅行是不完美的旅行，甚至是没有灵魂的旅行。

(二)旅游经营者需要导游服务

1. 促进产品销售的需要

旅游是一种经济行为。在旅游的过程中，交易的一方为旅游经营者，另一方为旅游者。旅游经营者提供的旅游产品主要是一种综合性的服务产品，这种产品不同于其他产品的一个显著特点是它的销售需要导游服务来一步步落实，并贯穿于旅游活动的全过程。

日本交通公社曾作过一次有关旅游者旅游动机的调查。调查表明，经熟人和朋友介绍到某地进行游览观光欲望的占各种宣传形式的 69%。而这种宣传介绍的动因，很大程度上取决于这个地方的优秀导游服务给人留下的美好印象。

2. 市场竞争的需要

在当今世界，旅游业的竞争十分激烈，旅游人才的优劣成为旅游经营者在市场竞争中成败的关键因素。保持、提高竞争力和信誉的最有效办法是充分发挥旅游工作者尤其是导游人员的主观能动性,向游客提供高质量的旅游服务,以吸引回头客并对潜在隐性旅游客源产生吸引力。例如,无锡中国旅行社为了争取客源,采取的办法之一是加强导游宣传,派出最得力的导游人员为零星旅游者进行生动讲解,游客对此十分满意,从而吸引了许多旅游者慕名而来。结果其零星旅游者成团率第二年增长了27.3%,导游服务对于旅行社事业发展的重要性可见一斑。

第三节 中国导游的发展趋势

20世纪下半叶,随着新技术革命的产生、世界经济持续发展、国际环境相对缓和、文化不断繁荣,旅游业的发展也日益迅猛起来。1992年,世界旅游组织的一份研究报告表明,旅游业已经成为世界第一大产业。进入21世纪以后,这种发展趋势更是不可逆转,国际旅游市场成为竞争最为激烈的市场之一。

在中国,改革开放30年以来,中国旅游业呈现高速成长的态势,成为国民经济新的增长点。进入21世纪后,旅游业的发展更是势不可当。

一、中国旅游活动的发展趋势

(一)旅游发展前景光明

随着社会经济的发展和人民生活水平的提高,旅游业和电信产业、电子工业一起成为当今世界的三大"朝阳产业"。世界旅游组织历年统计的数字显示,自1950年到1986年,国际旅游的中心地区在欧洲,其次是美洲,尤其是北美。欧美两洲无论是从旅游接待人次,还是旅游接待收入,都占全世界总量的一半以上。20世纪80年代以后,东亚和太平洋地区的旅游业迅速崛起。从旅游人群的分布和流向来看,未来旅游业发展的重心将在亚太旅游区。

位于亚太旅游区的我国,拥有众多的旅游资源、丰富的历史文化和独特的自然景观,这些将对国际旅游者产生其他旅游区难以比拟的强大吸引力。加之,经过30年改革开放的发展,我国旅游业已经具备了相当的产业规模和基础,国际一流旅游大国的奋斗目标将有可能实现。与此同时,随着人民生活水平的提高和带薪假期的增多,我国国内旅游发展形势也十分喜人,越来越多的中国人加入旅游者的行列,给旅游业带来了无限商机。2018年,中国国内游客、出境游客、入境游客量人数分别为55.40亿人次、1.50亿人次、1.41亿人次。文化和旅游部公布数据显示,2018年我国全年实现旅游总收入5.97万亿元,同比增长10.5%;旅游业对GDP(国内或地区生产总值)的综合贡献为9.94万亿元,占GDP总量的11.04%。在国际贡献方面,世界旅游及旅行理事会数据统计,2018年中国旅游业对全球GDP的综合贡献高达15090亿美元,居世界第二位。旅游业贡献的就业岗位数为7991万个,数量稳居世界第一。旅游业在中国国民经济的发展中发挥着越来越重要的作用。

(二)旅游需求日趋多样化

近代旅游业诞生一百多年以来,旅游活动的形式和内涵几经变化。过去人们旅游的主流是观光休闲型，游山玩水、放松心情是旅游的主要目的。自 20 世纪下半叶以来，旅游者的素质普遍提高，人们旅游的需求已日趋多样化。一方面，观光旅游、文化旅游、休闲度假旅游等传统旅游方式继续发展；另一方面，生态旅游、商务会展旅游、奖励旅游、工农业旅游、探险旅游等旅游活动形式也在迅速发展和扩大，成为新世纪旅游的重要组成部分。同时，旅游活动的范围也不断扩大，呈现立体化发展的趋势，从陆地向深海、太空扩展。除陆地旅游产品多样化发展外，随着海洋技术的发展，各种滨海公园、海底世界等为人们进行海底观光、深海探秘等海底活动提供了方便，而随着空间技术的发展和航天飞机的发明，航空旅游也不再是梦想。据国外专家预测，2050 年人类将在月球上建立航天公园，2100年外太空探险将成为国际空间旅游的热点。

补充阅读材料：工农业旅游的诞生

最近几年，中国农村的旅游发展十分迅速，一些大中城市的郊区创造性地开展了许多独具特色的"农家乐"旅游和其他形式的"农业观光"和"乡村旅游"，不仅丰富了旅游形式，而且还繁荣了农村经济，增加了农民的收入，有利于农村经济结构的优化和吸引农村富余劳动力的就业。与此同时，一些城市充分发挥了工业企业的资源优势，开发了很多新的工业旅游项目。油田游、矿井游、陶都游等是这类项目中的典型。这些项目的开发不仅丰富了工业旅游的内容，还扩大了传统工业企业的发展空间，增加了企业的收入。目前，这些工农业旅游项目正在优化升级，规模不断扩大，形式不断创新，往往在传统的旅游项目上增加了更多的科技知识和参与性的内容。例如，福建省安溪县作为乌龙茶和铁观音的故乡，将茶叶贸易、茶叶博物馆以及科研机构集中在一起，并将茶叶种植、加工、茶艺表演和节庆活动等结合在一起，成为一个新型的主题性的旅游目的地。随着地方工业结构的调整、第三产业发展和旅游产品的更新，必将促进全国工农业旅游的全面发展，使旅游业的综合带动功能更加凸显。

(三)旅游市场竞争愈演愈烈

21 世纪旅游需求的蓬勃发展使国际旅游市场成为竞争最激烈的市场之一。发达国家的旅游客源继续保持增长趋势，而发展中国家也不断涌现新的旅游消费客源，给各国旅游业的发展带来了广阔空间，而这种空间又与国际竞争的压力并存。几乎所有的国家和地区，都很重视旅游业的发展，为争夺客源而各显神"招"，从产品设计到服务方式，从价格策略到市场开拓，从资源利用到人才战略等，全方位的市场竞争愈演愈烈。另外，在同一旅游市场之内，不同旅游经营单位之间的竞争也随着旅游经营单位数量的增加而不断加剧。在素质不断上升、要求不断提高的旅游者面前，如何适时地推出有竞争力的产品以适应市场的需要成为各国旅游业共同面临的问题。

(四)旅游新型业态大量涌现

中国旅游业在传统发展模式的基础上，不断创新、改革、融合，实现了旅游业多样化发展，从而加速了旅游新型业态的大量涌现，例如智慧旅游、研学旅游、乡村旅游、在线旅游等，成了旅游业的新生力量。

智慧旅游利用信息化的技术，把一些旅游资源进行整合，然后为游客量身定做，提供适需对路的旅游产品。它是以云计算为基础，以移动终端应用为核心，以感知互动等高效信息服务为特征的旅游信息化发展新模式。

在线旅游是指人们通过网络的方式查阅和预订旅游产品，并通过网络分享旅行经验，而非通过在线(网络)的方式旅游或旅行。它主要借助互联网，与传统旅游产业以门店销售的方式形成巨大差异，被旅游界人士称之为"在线旅游"。去哪儿、驴妈妈、途牛等新网站的出现，标志着中国在线旅游产业新模式的出现。

乡村旅游依托农村区域的优美景观、自然环境、建筑和文化等资源，在传统农村休闲游和农业体验游的基础上，拓展开发会务度假、休闲娱乐等项目的新兴旅游方式。

研学旅游是由学校根据区域特色、学生年龄特点和各学科教学内容的需要，组织学生通过集体旅行、集中食宿的方式走出校园、拓展视野、丰富知识，加深与自然和文化的亲近感，增加对集体生活方式和社会公共道德的体验。

(五)倡导"洁净旅游"、文明旅游，促进旅游业健康发展

所谓"洁净旅游"，是指所有的旅游目的地都要尽最大的努力控制污染，减少破坏，提供清洁、卫生、安全的旅游环境；所有的旅游经营者都应提供不危害旅游者健康的产品，进行公平、正当的经营，自觉以诚信为本；行业协会要真正能够发挥行业自律的功能，大力提倡"绿色经营"的理念；所有的旅游者在旅游过程中要对自己的行为负责，为了自己和东道主的共同利益开展健康的旅游。

而随着中国公民越来越多地走出家门、国门，极少数游客在旅游过程中表现出来的不文明行为给旅游目的地的国家和地区居民留下了不好的印象，造成国家形象的损害，而导游员、领队的示范和及时提醒、引导能有效提升游客的文明意识，规范游客的文明行为，进而对旅游业健康发展产生积极影响。可以说，对洁净旅游、文明旅游的倡导，是实现旅游业可持续发展，进而促进社会文明和整个社会经济可持续发展的重要一环。

二、导游服务的发展趋势

旅游业的发展既带来了机遇，也带来了挑战，导游工作将面对越来越挑剔和成熟的旅游者。伴随着我国第一部《消费者权益保护法》的发布实施，消费者的自我保护意识正在日渐提高。近年来，国内旅游者的投诉增加，除对经济利益关注外，也开始注意保护自己的旅游权益。例如，旅游者在旅游过程中遭受由于旅行社的责任而导致的物质、精神上的损失时，有权获得赔偿；旅游者对涉及旅游接待的各方面有咨询和知情权等。近几年来，国家通过各种立法保护旅游者的权益，使旅行社在业务上所应承担的法律责任越来越明确，旅行社也通过各种手段来规范导游服务行为。因此，为更好地开展服务，导游工作必须跟上旅游业的发展趋势，随时根据旅游者的需要做出调整。

(一)导游内容高知识化

导游工作主要是提供知识性服务，是一种高智能、高技能的服务工作，是传播文化的重要渠道，是促进文化交流的重要途径。随着时代的进步，人们的文化修养更高，对知识

的更新更加重视，对知识信息的获取也更为便捷，因而对导游工作也就提出了更高的知识要求。它要求导游人员具备渊博的知识，更深入地认识自己的国家和家乡；要求导游人员不仅能与旅游者讨论一般问题，还能较深入地讨论某些专业问题。总之，在知识方面，导游人员不仅要成为"杂家"，还要成为某一领域或某些方面的专家，并且知识要不断更新和充实。

(二)导游手段高科技化

随着旅游业的发展，越来越多的旅游产品与高科技相结合，例如，采用图文声像导游、网络导游、运用多媒体进行讲解等。这些先进的导游手段在游览前或在游览现场引导旅游者参观游览，不仅让他们看到(听到)了旅游景观的现状，还让他们进一步了解其历史沿革和相关知识，起到深化实地导游讲解与以点带面的作用，现已成为导游工作不可或缺的辅助手段。许多景区(点)为方便游客的观赏和游览，配置了带有卫星定位功能且涵盖多种语言的电子导游仪，可根据游客定位用游客所需语言讲解其所在之处的景与物。与传统导游相比，电子导游仪储存信息广，对接语言多，而且小巧玲珑，携带方便，虽讲解内容和方式不及人工导游灵活多变，但可作为旅游旺季，导游严重不足时的有效补充。

随着科学技术的进步和旅游业的发展，将来还会有更多更先进的科技手段运用到导游工作中。虽然科技化的导游手段不可能代替导游人员的工作，但要求导游人员必须学会现代化的科技导游手段，并能在旅游过程中运用自如，与实地口语导游密切配合、相辅相成，以达到更佳的导游效果。

(三)导游服务个性化

随着人们旅游需求多样化、消费个性化的发展，旅游产品和服务也必然需要个性化，这就要求导游人员根据旅游者的个性差异和不同旅游需求而提供针对性的服务，并采取多种导游方法。我国导游界同人经过多年努力，总结出了几十种行之有效的导游方法，而且还在不断丰富、补充。但是，对导游方法的探索永无止境，游客自身素质的提高、旅游活动内涵的变化、旅游需求的转移、旅游者成分的复杂，不可能仅仅凭借一种或几种导游方法就可以满足。为此，导游人员需要不断研究，力求创造出符合自己个性而又为旅游者所喜闻乐见的导游方法，树立自己的导游风格。只有这样，导游人员才能胜任未来的导游工作，才有可能将导游工作做得不同凡响。

伴随着2016年5月导游自由执业试点工作的展开，我国导游逐步向自由化、专业化、多元化的服务方向发展，"网约导游"应运而生。游客在网络平台及微信等合法通信软件上选择符合自己行程的优质导游。在预约时，网约平台除了显示导游的基本信息，还会提供导游的线路设计、收费标准、服务评价等信息。导游在逐步市场化的过程中可作为独立的合法经营"个体户"与游客进行双向选择。面对不断激增的个性化、多样化的市场需求，导游要摒弃千篇一律的服务内容，根据旅游者的需求不断创新服务项目，完善自身的专业素质，拓展其他旅游相关专业领域，打造一个超级"IP"，挖掘服务的稀缺性，树立自身品牌，从而满足旅游新业态个性发展的需求。

(四)导游形式多样化

在智慧旅游、研学旅游等新型旅游业态大量涌现的背景下，导游的形式呈现多样化，其扮演的角色也不再是传统的导游人员。以目前最为盛行的研学旅行为例，每个研学旅行团队必须设置一名研学导师，负责制订研学旅行教育工作计划，在带队老师、辅导员等工作人员的配合下提供研学旅行教育服务。研学旅行依托旅游吸引物，以旅游活动为载体，其因"游"而"学"、以"游"促"学"的性质决定了研学旅行带队人员首先要承担一般旅游团队导游人员的工作职责。目前，研学旅行导师也大多数为传统导游转型而来。然而它又不同于传统的导游，它兼具教师的职能。因此，有的地方对研学导师要求不仅要拥有导游证，还要有教师资格证。

2019年，高德地图发布"景区随身听"服务，类似"线上真人导游"，不仅将"马未都讲故宫"等名人语音囊括其中，还欢迎所有导游、主播、民间高手等上传自己对身边景点的优质讲解。"线上导游"的出现，打破了传统的导游讲解模式。

智慧旅游是目前物化导游最主要的形式，它通过融合通信与信息平台，利用移动云计算、物联网等新技术，借助移动终端设备，主动感知旅游相关信息，来实现导游服务。例如，通过智慧导览App、AR(增强现实)导览、微信扫一扫、微信公众号、微信小程序等导览方式，为景点和游客发布信息，提供个性化的互动交流，最终实现景区旅游线路规划、导游讲解等服务。

(五)导游职业自由化

导游职业在世界上呈自由化趋向。大众旅游时期，随着旅游者队伍的迅速扩大，以导游为谋生手段的人数也越来越多，导游职业培训在世界各地得到了广泛的重视，导游行业也已经为社会普遍承认。经过几十年的建设和发展，专职导游队伍有了一定的规模，但业余导游人员因适合现代旅游季节性的特点，在数量上更具优势。在德国，没有职业导游人员，所有的导游人员都是临时、兼职或业余的，即使在对导游人员实行全面、严格管理的日本、新加坡等国家也实行导游人员职业自由化的制度。目前，我国在导游的管理上除一些大社、老社外，旅行社都是对导游人员实行合同管理，社会导游数量占全国导游总数的70%左右，成为各地旅游接待的主体力量。而当前推行的导游自由执业的改革，进一步促成了导游职业自由化趋势。

本章案例讨论

【案例1】张先生报名参加了某旅行社组织的去四川九寨沟、黄龙、成都等地五日游的旅游团，在游完黄龙景区后，晚上住在九寨沟的某酒店，房间是普通间，没有独立的卫生间，与旅行社和旅游者签订的合同中约定的"标准间"不符。张先生找到全陪小王，问住宿为什么降低了标准，王某称：前一天在松潘住宿的宾馆，每张床位费是80元，大大超出了标准，今天晚上就只能住便宜点。从九寨沟返回成都，原计划第二天上午游览武侯祠、杜甫草堂，下午自由活动。但是早饭后，导游却安排旅游团去购买药材，花费了很多时间。从购物点出来后只安排了武侯祠一个景点，没有时间去参观第二个景点了。张先生对这次旅游很不满意。

案例思考题： 张先生为什么对这次旅游很不满意？

【案例2】 兼职导游小李所在单位的团委书记请求他帮忙组织安排全厂青年团员的旅游活动，小李在去外地联系宾馆、餐馆以及交通车辆时均使用某旅行社的名义。在整个旅游活动过程中，小李都佩戴了导游证，手执导游旗，但是在旅游景点讲解时被旅游执法大队查获，扣减了导游分值8分。

案例思考题： 小李为什么会遭受处罚？

 思考题

1. 考取导游人员资格证就是导游人员吗？

2. 国际旅游界有这样的说法："没有导游的旅行，是不完美的旅行，甚至是没有灵魂的旅行"，请你谈谈对这句话的理解。

3. 导游人员应做哪些努力来适应旅游形势的发展？

4. 请简述我国导游发展的历史进程。

第二章

导游服务

【学习要点和目标】

本章主要介绍导游服务的性质、特点、原则、在旅游服务体系中的地位和作用以及导游服务质量管理。通过本章的学习，读者应掌握导游服务的性质、特点、原则，深刻理解导游服务在旅游服务体系中的地位和作用，认识导游服务质量管理的重要性以及政府监督管理的措施，并进一步掌握导游服务质量问题的处理方式。

【关键词】

性质　特点　原则　地位　作用　质量

第一节　导游服务的性质

在不同的国家和地区，由于社会制度、意识形态和民族文化的不同，导游服务的政治属性也不同。但是，世界各国的导游服务具有一些共同的属性，即社会性、文化性、服务性、经济性和涉外性。

一、社会性

旅游活动是一种社会现象，在促进社会物质文明和精神文明建设中起着十分重要的作用。在旅游活动中，导游人员处于旅游接待工作的中心位置，不仅同游客经常保持接触，而且还要同社会诸多方面发生联系，推动着世界上这一规模最大的社会活动的发展，所以导游人员所从事的工作本身就具有社会性。并且，导游工作又是一种社会职业，对大多数导游人员来说，它是一种谋生的手段。

二、文化性

导游服务是传播文化的重要渠道。导游人员的导游讲解、与游客的日常交谈，甚至一言一行都在影响着游客，都在扩大着一个国家(或地区)和其民族的传统文化和现代文明的影响。同时，导游人员为来自世界各国、各民族的游客服务，也在吸收着各国、各民族的传统文化和现代文明，并有意无意地传播着异域文化。同时，由于旅游者同旅游目的地之间一般存在文化差异，导致交流和欣赏存在障碍。通过导游人员的引导和服务，可跨越不同的文化范畴，弥合文化差异，增强旅游的美感和愉悦程度，从而达到通过旅游追求精神享受的目的。

因此，导游服务起着沟通和传播精神文明、为人类创造精神财富的作用。

三、服务性

导游服务，顾名思义是一项服务工作。它与第三产业的其他服务一样，属于非生产劳动，是一种通过提供一定的劳务活动，例如翻译、导游讲解、旅行生活服务等，来满足游客游览、审美的愿望和安全、舒适旅行的需求。不过，导游服务不同于一般的、简单的技能服务，它是一项复杂的、高智能和高技能的服务。它以旅游者为工作对象，以组织指导参观游览、沟通思想为主要工作方式，以安排旅游者的食、宿、行、游、购、娱等各项活动为主要任务，以增进相互了解和友谊、为国家和地方建设积累资金为目的，以"热情友好、服务周到"为服务座右铭。

四、经济性

导游服务是导游人员通过向游客提供劳务而创造特殊使用价值的劳动。在市场经济条件下，这种劳动通过交换而具有了交换价值，在市场上表现为价格。因此，导游服务具有经济属性。

(一)直接创收

导游人员直接为游客服务，为他们提供语言翻译服务、导游讲解服务、旅行生活服务以及各种代办服务，收取服务费和手续费。由此可见，导游工作本身就可为国家建设创收外汇、回笼货币和积累资金。

(二)扩大客源，间接创收

游客是旅游业生存和发展的先决条件，没有游客，发展旅游业就无从谈起，导游人员也就没有了服务对象。所以，世界许多国家和地区的政府为支持旅游业的发展，不惜投入大量资金和人力在国内外进行大规模的广告宣传和促销活动以招徕游客。

然而，与广告宣传相比，另一种更为有效的宣传方式则是游客的"口头宣传"，即游客在旅游目的地参观访问之后，回去向其亲朋好友讲述他在旅游地所受到的接待、旅游经历和体验。这种"口头宣传"在一定程度上会对其他游客今后的旅游流向产生影响。所以，导游人员向游客提供优质的导游服务，可以招徕回头客、扩大新客源，从而在间接创收方面起着不可忽视的作用。

(三)促销商品

商品和旅游纪念品的开发、生产和促销是发展旅游业的重要组成部分，也是增加旅游收入的重要手段。据统计，在国际旅游总消费中，用于购物的部分约占50%，在新加坡等国家和中国香港地区的旅游总收入中，销售商品和纪念品的收入甚至已超过了上述比例。而在促销商品的过程中，导游人员的作用举足轻重。

(四)促进经济交流

我国正在进行大规模的社会主义经济建设，各地都需要资金和先进的科学技术。在来中国旅游的海外人士及在国内旅游的人士中，不乏科学家、教授及方方面面的专家和经济界人士，他们中有些人希望借旅游之机与各地的同行接触，相互交流信息；或想通过参观访问，了解合作的可能性以及投资的环境，有人甚至还可能有贷款、捐赠的意向。导游人员在与游客交往的过程中要做一个有心人，设法了解他们的愿望，并不失时机地向旅行社报告，在领导的指示下积极牵线搭桥，促进中外及地区间的科技、经济交流，为我国的社会主义建设做出应有的贡献。

五、涉外性

在入境旅游接待中，导游人员向国外游客提供导游服务；在出境旅游中，导游人员为中国公民提供出境陪同服务，这两者都具有明显的涉外性。导游人员的导游讲解，甚至一举一动都代表着中国的形象。因此，导游人员要以积极的姿态，努力将对外宣传融入导游讲解、日常交谈和游览娱乐中，对于那些希望了解中国的游客，应不失时机地宣传中国。而旅游活动是当今世界规模最大的民间外交活动。在游客心目中，导游人员是一个国家(或地区)的代表，是人民的友好使者，是"民间大使"。导游人员可利用旅游活动的群众性、广泛性的特点广交朋友；利用接触游客面广、机会多、时间长、无语言障碍又比较熟悉国外游客等有利条件与游客进行广泛接触，进行感情上的交流，帮助国外游客认识中国，增进中国人民与各国(或地区)人民的相互了解和友谊。与此同时，导游还要注意进行海外市场调研，了解客源国游客的需求及其变化和海外旅游企业运作模式等，从而促进我国旅游产品适销性和旅游宣传促销针对性的提升。

第二节　导游服务的特点

导游服务是一种高智能、高技能的服务工作，贯穿于旅游活动的全过程。它与服务行业中的其他服务相比，具有以下不同的特点。

一、独立性强

导游人员在接受了旅行社委派的任务后，带团外出旅游往往要独当一面。导游人员要独立地宣传、执行国家政策；独立地根据旅游计划组织活动、带旅游团参观游览；出现问题时，需独立地、合情合理地进行处理；在导游讲解时，需独立地根据不同游客的文化层次和审美情趣进行有针对性的导游讲解等。

当然，导游人员独立性强的特点并不意味着工作中可随心所欲，必须以国家的有关政策、法规、标准和旅行社的有关规定为依据。导游服务这一特点，要求导游人员树立主人翁的意识，工作中积极主动，灵活应变，严格自律，遵纪守法。

二、脑体高度结合

导游服务是一项脑力劳动和体力劳动高度结合的服务性工作。在导游人员接待的游客中，各种社会背景、文化水平的人都有，其中不乏专家和学者。因此，一方面导游人员需要有很广的知识面，古今中外、天文地理、政治、经济、社会、文化、医疗、卫生、宗教、民俗等均需涉猎。导游人员在进行景观讲解、解答游客的问题时，都需要运用所掌握的知识和智慧来应对，这是一种艰苦而复杂的脑力劳动。另一方面，导游人员的工作量也很大，除了在旅行游览过程中进行介绍和讲解之外，还要随时随地应游客的要求，帮助他们解决问题。尤其是旅游旺季时，导游人员往往连轴转，整日、整月陪同游客，无论严寒酷暑长期在外工作，体力消耗大，而又常常无法正常休息。

三、复杂多变

(一)服务对象复杂

导游服务的对象是游客，他们来自五湖四海，不同国籍、民族、肤色的人都有，职业、性别、年龄、宗教信仰和受教育的情况也各异，至于性格、习惯、爱好等更是千差万别。导游人员面对的就是这么一个复杂的群体，而且由于接待的每一批游客都不相同，因此，导游人员的服务对象是一个不断变化着的复杂群体。

(二)游客需求多种多样

导游人员除按接待计划安排和落实游客旅游过程中的行、游、住、食、购、娱等基本活动外，还有责任满足或帮助满足游客随时提出来的各种个别要求，以及解决或处理旅游中随时出现的问题和情况，如会见亲友、转递信件和物品、游客患病、游客走失、游客财物被窃与证件丢失等，而且由于对象、时间场合、客观条件等方面的不同，同样的要求或问题也会出现不同的情况，需要导游人员审时度势、准确判断并妥善处理。

(三)接触的人员多，人际关系复杂

导游人员除天天接触游客之外，在安排和组织游客活动时还要同饭店、餐馆、旅游景区(点)、商店、娱乐、交通等部门和单位的人员接洽，而且还要处理导游服务集体之间的关系。虽然导游人员面对的这些方方面面的关系是建立在共同目标基础之上的合作关系，然而每一种关系的背后都有各自的利益，落实到具体人员身上，情况可能更为复杂。导游人员一方面代表委派的旅行社，要维护旅行社的信誉和利益；另一方面，又代表游客，要维护游客的合法权益，还要以双重代表的身份与有关各方交涉。导游人员正是处在这种复杂的人际关系网的中心。

(四)要面对各种物质诱惑和"精神污染"

导游人员在同国外游客的正常交往中，常常会受到一些不健康的思想意识和生活作风的影响，有时还会面临金钱、色情、名利、地位的诱惑。在这种氛围中的导游人员需要有较高的思想政治水平、坚强的意志和高度的政治敏感性，始终保持清醒的头脑，自觉抵制"精神污染"。

四、关联度高

导游人员的接待服务需要得到旅游接待服务中其他相关部门和单位的配合和支持，如旅行社接待部门、餐饮单位、住宿单位、交通部门、旅游景区、购物商店和娱乐单位等。它们提供的服务对游客的旅游活动来说不仅是必不可少的，而且是环环相扣的，任何一个环节的服务出现偏差都会对旅游活动产生影响，会使导游服务黯然失色，也会给游客造成心理压力。导游人员如果对上述各旅游接待服务部门所提供的服务安排不当、考虑不周，

就有可能造成服务差错甚至严重的服务缺陷，以致影响整个旅游活动的顺利进行。因此，一名合格的导游人员必须有全局观念和集体意识，在工作中头脑清醒，思维缜密，有较强的协调能力和公关能力，以保证旅游活动尽可能按计划顺利进行。

第三节　导游服务的原则

导游人员在完成接待任务的过程中，必须遵循一些基本的服务原则，其中最为重要的是游客至上的原则，社会效益、经济效益和生态效益相结合的原则及合理而可能的原则。

一、游客至上的原则

旅游者是旅游业的生存之基，也是旅行社的发展之本。对于导游人员来说，如果没有游客也就没有了服务对象，其工作也就失去了存在的意义和价值。因此，导游服务中必须坚持游客至上，始终将旅游者的利益置于首位。

贯彻游客至上的原则，要求导游人员在服务中要注意满足游客的合理需求。游客是旅游活动的主体，是旅游产品的购买者和消费者。导游工作要以游客利益为出发点，认真落实接待计划。

贯彻游客至上的原则，要求导游人员在服务中要注意维护旅游者的合法权益。旅游者的合法权益既包括旅游者作为普通公民所享有的基本权利，也包括其作为旅游者这一特定消费群体所享有的基本权利。概括来说，旅游者的合法权益主要包括旅游自由权、旅游服务自主选择权、旅游获知权、旅游公平交易权、依约享受旅游服务权、人身和财物安全权、医疗求助权、求偿权和寻求法律救援权等。

贯彻游客至上的原则，要求导游服务将规范化服务与个性化服务结合起来。规范化服务又称标准化服务，是由国家和(或)行业主管部门制定并发布的某项服务(工作)应达到的统一标准，要求从事该项服务(工作)的人员必须在规定的时间内按标准进行服务(工作)。关于导游服务，目前国家发布了两个标准，一个是1995年12月发布、1996年6月1日实施的国家标准《导游服务质量》(GB/T 15971—1995)，另一个是由国家旅游局1997年3月13日发布、1997年7月1日实施的行业标准《旅行社国内旅游服务质量要求》(LB/T 004—1997，已于2013年5月被《旅行社国内服务规范》(LB/T 004—2013)取代)。这两个标准都提出了导游服务的质量要求，规范了导游服务过程中若干问题的处理原则，是当前指导中国导游工作的权威性文件，也是导游人员向游客提供服务的工作指南。个性化服务又称为特殊服务，是指旅游行业要求导游人员在执行两个标准规定的要求和旅行社与游客之间的约定之外，按照游客的合理要求而提供的一种服务。这种服务一般是针对游客的个别要求而提供的。导游人员为满足游客的需求，应将规范化服务与个性化服务有机地结合起来。

贯彻游客至上的原则，要求导游人员对每个旅游团、每位旅游者都应一视同仁。游客花了同等的价钱出门游玩，都希望享受到同样的服务内容和规格，享受到同等的关照。导游人员应为每个旅游者而存在，要照顾到全体游客。

二、社会效益、经济效益和生态效益相结合的原则

导游是一种经营性的服务活动，又是一种传播性的社会活动，社会效益、经济效益和生态效益应是导游服务追求的目标。

导游服务的经济效益表现在两个方面：一方面，经济效益是由导游服务直接产出的。它是旅游接待服务中的一部分，是一种有偿服务；另一方面，导游人员的优质服务使得一个国家和地区的信誉和知名度得以推广，从而也就创造了潜在的客源。当今旅游业竞争日趋激烈，谁赢得了客源，谁就占据了市场，从而也就赢得了经济效益。

导游服务的社会效益表现在：一是有助于改善和提高一个国家或地区的声誉和形象；二是能增进不同国家或地区人民之间的了解和友谊；三是有助于推进不同国家或地区之间文化和科技的传播与交流。

导游服务还必须追求生态效益。随着 2009 年丹麦哥本哈根联合国气候变化大会的召开，"低碳"这个词语成了人们关注的热点。低碳经济已为社会所重视，是以低能耗、低污染、低排放为基础的经济模式。导游人员应提高生态环境保护意识，倡导绿色旅游和文明旅游，加强对旅游者生态环境保护的宣传教育及生态旅游常识的普及，使旅游者的行为不对或尽量少对生态环境造成危害，维护"生态-经济-社会"三维复合系统的平衡。

经济效益的目标在于增加收入，社会效益的主旨在于扩大影响，生态效益的目的在于维护生态平衡，三者相互制约、互为因果。只注重经济效益而忽视社会效益，导游服务就会偏离方向，满足旅游者需要可能成为一句空话；反之，只强调社会效益而无视经济效益，导游服务就会脱离市场经济的轨道，失去自身存在的价值；只追求经济效益和社会效益，不重视生态效益，致使生态系统失去平衡，各种资源遭受破坏，殃及子孙后代，发展后劲不足。因此，导游人员在进行导游服务的过程中，应同时注重经济效益、社会效益和生态效益的有效结合与提高。

三、合理而可能的原则

合理而可能的原则是导游人员在处理具体问题和旅游者个别要求时的一个重要依据，也是导游人员处理人际关系的一个准则。

满足旅游者的需要应成为导游工作的出发点，但旅游者外出旅游一般都有求全心理，往往把旅游活动理想化，常常会在生活和游览活动方面提出种种要求、意见和建议，有时会对旅游活动的安排横加指责，少数人甚至会故意刁难。因此，在"游客至上"的前提下，导游人员应遵循"合理而可能"的原则，即针对旅游者提出的要求，综合考虑是否可能实现，合理而可能实现的要求应尽量满足；而对不合理的要求以及合理但不可能实现的要求则要向旅游者一一进行耐心解释，晓之以理，切不可断然拒绝。而对于某些并非出于真正需要而无理取闹的个别旅游者，导游人员也应该待之有礼，做到有理、有节，不卑不亢，力求圆满解决。

如果游客的要求涉及活动安全问题，导游员一定要树立"安全第一"的思想，提高警惕，常备不懈，加强安全防范。在旅游行程中的自由活动时间，提醒旅游者选择自身能控

制风险的活动项目，并在能够控制风险的范围内活动；旅游项目中如有危险因素，导游人员应事先向旅游者交代清楚危险程度和安全防护措施；对参加危险活动的旅游者要特别注意保护；等等。

第四节　导游服务在旅游服务体系中的地位和作用

在实际接待工作中经常出现这样的情况：在同样的接待条件下、来自同一客源地的游客、参观游览同一景点，不同的导游服务可能会出现截然不同的接待效果。好的导游服务使得旅游进行顺利，人人都很满意；不负责任、水平差的导游带的团，客人牢骚很多，甚至旅行难以进行下去。曾有一位多次来华的英国领队这样说："每到一个地方，下飞机或火车时，我都怀着忐忑不安的心情。当我看到一位熟悉的有能力的地陪时，我的心一下子就放下了。经验告诉我，遇到一个好地陪，一切都会好的，出现了麻烦，他也可以解决。"从这些话语中，可以体味出导游服务在旅游接待中的重要作用。

一、导游服务处于旅游接待服务的中心地位

旅游接待服务体系范围非常广泛，几乎涵盖了旅游目的地(国家或地区)的所有方面。其中与旅游者联系最为密切的有旅行社、饭店、旅游交通部门、旅游景点和旅游行政管理部门等。其中，旅行社、饭店和交通是现代旅游接待业的三大支柱，而旅行社处于核心地位。

旅行社内部包括了多个部门，如计划调度部门、业务联系部门、财务核算部门、内部管理部门和客户接待部门等，无论是团队旅游者还是散客旅游者都需要这些部门的服务。但是，旅游者并不会都与这些部门的人员进行直接接触，大多是由导游人员在其中进行协调和组织。导游人员根据旅游者和旅游活动的实际情况，结合旅游接待服务体系各部门的工作内容和特点，引导旅游者开展旅游活动，接受各部门提供的服务。人们常说"导游是旅游业的灵魂""导游人员是旅行社的支柱""在实际接待工作中，导游人员是关键人物"，就是指导游服务在旅游接待服务体系中处于中心地位。

二、导游服务在旅游接待工作中的作用

旅游接待服务是旅游目的地向游客实际提供各项旅游服务的过程，也是旅游目的地向游客销售的旅游产品价值最终实现的过程。如果我们把旅游接待过程看作是一条环环相扣的链条，那么，向游客提供的住宿、餐饮、交通、游览、购物和娱乐等服务分别是这根链条中的一个个环节。导游服务则是在具体的接待工作中把这些环节连接起来，使旅游产品与服务的销售得以实现、游客在旅游过程中的种种需求得以满足。因此，导游服务是旅游接待服务的核心和纽带。

(一)纽带作用

1. 承上启下

这里的"上"是指上级领导部门，包括国家和地方旅游领导机构、旅行社。对上而言，导游人员是国家(地方)的对外工作人员，必须严格遵守和贯彻国家有关法律、法规、政策和制度等。代表旅行社执行旅游计划，为游客安排和落实食、住、行、游、购、娱等各项服务。"下"是指基层旅游企事业单位以及社会各界。对下而言，导游人员必须视情况及时上报各基层旅游企事业单位、社会各界在执行有关法律法规和规章制度时的情况以及各种意见。另外，旅游者对政府某些方面的意见以及某些特殊要求，往往也是首先通过导游人员收集反映上来的，这对有关部门及时改进工作、提高服务质量有着重要的参考价值。尤其是对突发性事故和特殊问题的处理，导游人员所反映的情况和处理意见，往往能够起到决定性的作用。上下之间顺畅的信息交流是做好工作的重要保证。处于第一线的导游人员最熟悉情况，能起到重要的承上启下的作用。

2. 沟通内外

"内"是指本国各有关部门以及社会各界。"外"是指外国的有关方面，如国际旅游市场、国外旅行商、国际旅游者和外国的舆论界等。国家或上级管理部门制定的有关政策法规落实到外国旅行社和旅游者身上，他们有何批评和建议，大都是导游人员最先知道并向内部报告的，尤其是在遇有特殊情况和问题需要中国方面与外国旅行社、领队和旅游者共同协商解决时，导游人员的沟通角色就更显得重要。同时，导游人员在履行合同、实施计划和具体接待中始终是游客在华生活和活动的组织者，一方面，导游人员要了解旅游者，对于他们的困难和要求尽可能给予帮助和解决，在规定的许可范围内做到"主随客便"；另一方面，导游人员还要帮助游客了解我们的国家、社会、人民以及有关的政策、规定、风俗习惯等，使他们乐于遵从，并在这方面做到"客随主便"。

3. 协调左右

所谓"左"或"右"是指与旅行社有业务协作关系的其他旅游接待部门，如宾馆饭店、车队、旅游景点管理部门、定点购物商店、娱乐部门、海关、边防、检疫、公安以及其他与旅游相关的协作部门。旅行社在接待服务中必须加强横向联系，与一切有关部门密切配合、协调行动，才能做好工作。否则，无论哪一个环节出了差错，都会影响服务质量。导游人员作为旅行社的代表和第一线的接待人员，在提供各种旅游服务、办理各种手续、接洽各种事务时，必须要和这些服务部门打交道，求得他们的配合，以形成一条合作链。如果链条上某一环节出现问题，导游人员就要出面协调解决。因此，导游人员处于左右关系间的关键位置。

(二)标志作用

1. 旅游服务质量高低的标志

导游服务质量是旅游服务质量高低的重要标志。导游服务质量包括导游讲解质量、为游客提供生活服务的质量以及各项旅游活动安排落实的质量。导游人员与游客朝夕相处，因此游客对导游人员的服务感受最直接、最深切，对其服务质量的反应也最敏感。旅游服务中其他服务质量虽然也很重要，对游客的旅游活动也会有影响，但除特殊情况外，由于接触时间短，游客的印象一般不如对导游服务质量的印象来得深刻。一般来说，如果导游服务质量高，可以弥补其他方面旅游服务质量的某些欠缺，而导游服务质量低劣却是无法弥补的。因此，游客旅游活动的成败更多地取决于导游服务的质量。

2. 旅行社形象的标志

导游人员是旅行社的代表，是旅行社接待工作的主体。随着旅游业的迅猛发展，旅行社数量剧增，众多的旅游企业在激烈的旅游市场竞争中，必须突出自身的特色，取得竞争优势。而拥有一支高水平的导游队伍，提供高质量的导游服务，将成为旅行社的无形资产和品牌形象，从而提高旅行社的知名度和美誉度。

3. 旅游业声誉的标志

导游人员被看作是当地人民的典型代表和"友好使者"，他们的一言一行成为衡量当地道德水准、价值观念和文化水准的重要标志，不仅关系到整个旅游活动效果的好坏，而且还关系着国家或地区旅游业的声誉。

当然，强调导游人员在旅游接待工作中的重要地位决不意味着否定或贬低旅游活动中其他工作以及与旅游有关部门工作的重要性。旅游事业是一项综合性的经济事业，对旅游者的接待也是一项复杂的综合性服务工作，需要有关方面的共同协作和密切配合。

第五节 导游服务质量

一、导游服务质量的含义

导游服务质量是导游人员执行旅游合同、国家行业标准的程度和旅游者对导游服务满意度的综合，即导游服务质量是以维护旅游者利益为根本出发点，以旅游合同和国家行业标准为依据，以旅游者的满意度为准绳的。

导游服务质量的内容较为复杂，既有旅游行政管理部门规定的服务质量标准，又有旅游者感知的服务质量水平。由于旅游者是旅游企业生存和发展的基础，旅游者对产品的看法和满意程度将决定其今后的购买行为，进而影响到企业经营的成败，因而导游服务质量最终将由旅游者评判，其质量的高低将由旅游者的看法和理解来决定。简言之，导游服务质量的核心就是旅游者所理解或感知的质量，它在很大程度上是旅游者的一种主观判断。

旅游者所感知的服务质量包括两个层面，一是技术层面，即导游人员是否按照导游服务规范向旅游者提供导游讲解服务和旅行生活服务；二是过程层面，即导游人员传递这些技术质量所使用的方式，如导游人员的言行举止、服务态度、办事效率以及为旅游者提供所需要特殊服务的情况等。

因此，导游人员应该强化自己的服务意识、提高导游技能、严格按规定的程序和质量标准提供服务。

二、导游服务质量的监督与管理

目前,政府各级旅游行政管理部门不断加大对导游服务质量监督与管理的力度,为此主要采取了如下措施。

(一)建立和完善多层次的导游服务质量监督系统

多层次的导游服务质量监督系统包括国家旅游局、省(自治区、直辖市)旅游局、县(市)旅游局质量监督管理所的三级政府质量监督管理系统。各级旅游行政管理质监部门对导游带团不定期地进行抽查,发现问题即发出警告,对导游人员在导游服务过程中出现的各种偏差及时进行纠正。

(二)建立和完善旅游者评议制和投诉制

旅游者是导游服务的直接感受者,根据《旅行社国内旅游服务质量要求》的规定,旅行社应向旅游者发放并回收如表 2-1 所示的"旅游服务质量监督表",根据游客的合理意见和建议,采取有效措施改进服务工作。

旅游投诉是指旅游者、海外旅行商、国内旅游经营者为维护自身和他人的合法权益,对损害其合法权益的旅游经营者和有关服务单位,以书面或口头形式向旅游行政管理部门进行投诉,请求处理的行为。投诉既可以采取口头形式,也可以采取书面形式。

在旅游过程中,如果导游人员不按合同规定擅自改变活动日程,减少或变更了参观游览项目,擅自增加了娱乐、医疗保健项目,擅自增加购物次数,擅自安排旅游者到非旅游部门指定商店购买了伪劣商品或导游人员向旅游者索要小费等,旅游者均可以向有关旅游质量监督部门投诉。

表 2-1 旅游服务质量监督表

尊敬的游客: 　　为了保障您的合法权益,监督我省旅游企业的服务质量,请您如实填写此表,您的宝贵意见,将作为我们考核旅游企业、改进服务质量的工作依据。 　　　　　　　　　　　　　谢谢合作! Respected Tourists: 　　In order to guarantee your legitimate right and to superintend our quality of service provided by tourist enterprises, please fill in this form to the facts. 　　Your valuable suggestions and criticism will be the basis to assess our tourist enterprises and to improve our quality of service. 　　Thank you for cooperation!

续表

旅行社名称(组团社): Name of the Service		地接社:	
旅行社团号: Number of the Tour Group	导游姓名(全陪): Name of the Tour Guide		(地陪):
旅行团人数: Number of Tourists in the Group	旅行车号: The Bus Number		司机姓名: Name of the Driver
游客姓名: Your Name	国籍: Your Nationality		联系电话: Your Telephone
通信地址: Your Address			

	好 Excellent	一般 Good	差 Bad		好 Excellent	一般 Good	差 Bad
1. 行程景点安排 　 Itinerary	☐	☐	☐	4. 车辆安排 　 Bus	☐	☐	☐
2. 住宿安排 　 Hotel	☐	☐	☐	5. 购物娱乐安排 　 Shopping	☐	☐	☐
3. 餐饮安排 　 Meal	☐	☐	☐	6. 导游服务质量 　 Guiding	☐	☐	☐

您的具体意见及建议:
Your suggestions and criticism

　　　　　　　　　　　　　　　　　　　　年　　　月　　　日
　　　　　　　　　　　　　　　　　　　　Year　Month　Date

(三)建立和完善导游人员管理制度

目前,导游等级考核、导游服务星级评价和全国旅游监管服务信息系统的建立是当前比较有效的、具有可操作性的导游人员管理举措。各级旅游主管部门运用标准化、信息化手段对导游实施动态监管和服务。

1. 导游等级考核制度

导游人员等级考核评定管理工作,遵循自愿申报、逐级晋升、动态管理的原则。导游人员分为初级、中级、高级、特级四个等级。导游员申报等级时,由低到高,逐级递升,经考核评定合格者,颁发相应的导游员等级证书。据2020年文旅部要求,全国中级导游等级考试分中文(普通话)和外语考试。中文(普通话)考试科目为《导游知识专题》和《汉语言文学学知识》。外语考试科目为《导游知识专题》和《外语》。各类别考生考试科目均为两科。全国高级导游等级考试分中文(普通话)、英语两个语种，考试科目均为《导游综合知识》和《导游能力测试》。其中，中文(普通话)考试以中文命题，并以中文作答；英语考试以英语命题，并以英语作答。特级导游员的考核采取论文答辩方式。由省部级以上单位组织导游技能大赛中获得最佳名次的导游人员，报全国导游人员等级考核评定委员会批准后，可晋升一级导游人员等级。晋升的最高等级为高级。

2. 导游服务星级评价制度

导游服务星级评价是对导游服务水平的综合评价。星级评价指标由技能水平、学习培训经历、从业年限、奖惩情况、执业经历和社会评价等构成。导游服务星级根据星级评价指标通过全国旅游监管服务信息系统自动生成，并根据导游执业情况每年度更新一次。

三、旅游服务缺陷与游客口头意见的处理

(一)旅游服务缺陷与游客口头意见

旅游服务中总会有一些缺点和错误，例如，一个餐厅服务员在上菜的时候把方向弄错了，客房偶尔有一次没有打扫干净等，但这些都不能构成服务缺陷。旅游服务缺陷是指多次性没有提供应有的服务或多次性出现服务差错。

然而，在旅游过程中，当旅游服务并不存在服务缺陷，而只是出现差错或服务没有令人满意，游客都有可能会向导游人员提出口头意见，希望以此消除旅游服务中的一些缺失，满足自己的需求。

口头意见不同于投诉。口头意见的内容一般比较简单，但如果游客的口头意见得不到导游人员的重视和及时处理，游客就会产生怨恨心理，使原来很单纯的问题复杂化，给导游人员工作的顺利开展带来麻烦和障碍。口头意见处理不当，就有可能引发旅游投诉。因此，导游人员在带团的过程中，要重视游客的口头意见，及时地处理相关问题。

(二)游客口头意见的处理

当游客向导游人员提出口头意见后，导游人员应当根据他们提出的事由，与有关部门配合，尽快合情合理地处理问题，所应采取的步骤如下。

1. 与游客接触

当发现游客有不满情绪时，导游人员应采取积极的态度，同失望的游客进行接触，最好是进行个别接触。导游人员要注意自己的言谈、姿势和表情等，并把成功地处理口头意见看成是自己义不容辞的任务。

2. 倾听与理解

导游人员应认真倾听游客的陈述并正确理解其所讲的话，而且要想办法使客人申述得具体一些。导游人员要抓住客人申述的核心，并把客人的申述内容提纲挈领地总结和重复

一下，看他的理解是否和客人的申述一致。

3. 分析与判断

导游人员应对客人的申述进行思考与分析，并认真核实，了解事情的真相，在尽可能短的时间内给予客人及时的回复。因为一个失望的客人总是期待着他的问题能立即得到解决。他会希望在谈话结束时就能听到一个解决方案。如果还需要时间考虑，导游人员就应该把不能作出最终决定的理由告诉游客。

4. 处理问题

导游人员应比较各种解决办法，选出最佳解决问题的方案，并考虑用一个适当的方式把决定告诉游客。导游人员应向游客做出实事求是的解释或诚恳的赔礼道歉，同时会同有关部门尽快、尽可能地采取措施解决游客所提出的问题，该赔偿的赔偿，该弥补的弥补。例如，游客对客房、餐饮和导游服务等方面表示不满，导游人员的解决措施应包括立即报告旅行社，争取向游客提供合同所规定的标准客房、改善饮食质量或调换餐馆、改善自己的服务态度、提高导游服务质量等，必要时还要对游客进行适当的补偿。

5. 感谢游客

妥善处理之后，导游人员应向游客表示感谢。游客提出意见本身表明，尽管发生了故障，但游客还是对导游人员充分信任，并没有因此而灰心丧气地对导游人员表示冷淡和不予理睬。同时，这些意见也有助于今后导游服务质量的改进。

6. 继续服务

游客提出意见既然是一件可以化害为利的好事，导游人员就不应当因此影响自己的服务态度。经验丰富的导游人员往往以此为契机，改善自己的服务，以更加积极的态度、周到的服务和认真的工作，继续为旅游者提供好服务。

7. 事后总结

导游人员应在事后将情况和解决办法做好记录，这对于积累经验、改进工作来说很有好处。

本章案例讨论

【案例1】某旅游团参加旅行社组织的"成都八日游"活动。游客抵达目的地后，有几位年轻的游客对地陪的讲解和游览活动的安排有意见，时常当着大家的面向地陪提出意见，有不少游客也随声附和。为此，地陪憋了一肚子气。以后，游客对地陪的意见越来越大，双方矛盾越来越尖锐。一天，这几位年轻的游客由于在午餐时喝了一点酒，过了集合时间。地陪不等他们吃完饭，就让旅游车开走，致使他们只能报警，通过当地公安部门的帮助才算找到了旅游车……

案例思考题：在此案例中地陪的处理是否妥当？为什么？

【案例2】某旅游团驱车将至机场的时候，有一个游客突然向导游人员提出让司机调头回宾馆，去拿遗忘在客房中的照相机。

案例思考题：导游人员该如何处理？

 思考题

1. 请简述导游服务的性质。
2. 请分析导游服务的特点。
3. 请论述导游服务的原则。
4. 请论述导游服务在旅游服务体系中的地位和作用。
5. 对于导游服务质量的管理主要可采取哪些措施？
6. 请简述导游人员如何应对游客的口头意见。

第三章

导游人员

【学习要点和目标】

本章主要介绍了导游人员的分类及其职责、导游人员所应具备的从业素质、行为规范等内容。通过对本章的学习，读者应掌握导游人员的分类及其职责，了解导游人员所应具备的素质，熟知导游人员的行为规范。

【关键词】

海外领队　全陪　地陪　从业素质　行为规范

第一节　导游人员的分类

导游人员由于业务范围、业务内容、服务对象和使用语言的不同，其业务性质和服务方式也不尽相同。即使是同一名导游人员，从事不同性质的业务时，所扮演的社会角色也不尽相同。

一、按业务范围划分

根据所开展服务的范围，导游人员可分为海外领队、全程陪同导游人员、地方陪同导游人员和景点景区导游人员。

(一)海外领队

海外领队简称领队，是指受经国家旅游行政主管部门批准可以经营出境旅游业务的旅行社的委派，全权代表该旅行社带领旅游团从事旅游活动的工作人员。

(二)全程陪同导游人员

全程陪同导游人员，简称全陪，是指受组团旅行社委派，作为组团社的代表，在领队和地方陪同导游人员的配合下实施接待计划，为旅游团(者)提供全程陪同服务的工作人员。这里的组团社或组团旅行社，是指接受旅游团(者)或海外旅行社预订，制订和下达接待计划，并可提供全程陪同导游服务的旅行社。这里的领队是指受海外旅行社委派，全权代表该旅行社带领旅游团从事旅游活动的工作人员。

(三)地方陪同导游人员

地方陪同导游人员，简称地陪，是指受接待旅行社委派，代表接待社实施接待计划，为旅游团(者)提供当地旅游活动安排、讲解、翻译等服务的工作人员。这里的接待社或接待旅行社是指接受组团社的委托，按照接待计划委派地方陪同导游人员负责组织安排旅游团(者)在当地参观游览等活动的旅行社。

(四)景点景区导游人员

景点景区导游人员，亦称讲解员，是指在旅游景区景点，如风景区、博物馆、自然保护区、纪念馆、名人故居、著名宗教建筑等地，为游客进行导游讲解的工作人员。

总之，从业务范围来看，海外领队是率领中国公民到海外旅游并为其提供全程导游服务的工作人员；全程陪同导游人员是率领海外来华游客或中国游客在中国境内旅游并为其提供全程导游服务的工作人员；地方陪同导游人员是接待海外来华游客或中国游客在其工作的地区旅游并为其提供当地导游服务的工作人员；景点景区导游人员是指接待海外来华游客或中国游客在其工作的景点景区旅游并为其提供该景点景区导游服务的工作人员。

二、按职业性质划分

根据所从事导游工作的职业性质,导游人员可分为专职导游人员和兼职导游人员。

(一)专职导游人员

专职导游人员是指在一定时间内以导游工作为其主要职业的导游人员。

(二)兼职导游人员

兼职导游人员,也称业余导游人员,是指不以导游工作为其主要职业,而是利用业余时间从事导游工作的导游人员。这类导游人员包括两种情况:一种是通过了统一的国家导游人员资格考试,在导游服务公司登记领取导游证而在主要职业之余兼职从事导游工作的人员;另一种是具有特定知识或特定语种的语言能力,临时受聘于旅行社而短期从事导游工作的人员。

三、按工作语言划分

导游人员按导游工作使用的语言可分为中文导游人员和外语导游人员。

(一)中文导游人员

中文导游人员是指能够使用普通话、地方话或者少数民族语言从事导游服务的人员。目前,这类导游人员的主要服务对象是国内旅游中的中国内地游客和入境旅游中的港、澳、台游客。

(二)外语导游人员

外语导游人员,是指能够运用外语从事导游服务的人员。目前,这类导游人员的主要服务对象是入境旅游的外国游客和出境旅游的中国公民。

四、按技术等级划分

导游人员按技术等级可分为初级导游人员、中级导游人员、高级导游人员和特级导游人员。

(一)初级导游人员

《中华人民共和国旅游法》第三十七条明确规定,参加导游资格考试成绩合格,与旅行社订立劳动合同或者在相关旅游行业组织注册的人员,可以申请取得导游证,成为初级导游人员。

(二)中级导游人员

据 2020 年文旅部要求,初级导游报考同语种中级导游的,学历不限;初级外语导游报考中级中文(普通话)导游的,学历不限;初级中文(普通话)导游和中级中文(普通话)导游报考中级外语导游的,须具备大专及以上学历;初级外语导游、中级外语导游报考其他语种中级外语导游的,须具备大专及以上学历。取得导游资格证书满 3 年,或具有大专及以上学历取得导游资格证书满 2 年,且在报考前 3 年内实际带团不少于 90 个工作日,带团工作期间表现出良好的职业道德,经考核、考试合格者可晋升为中级导游人员。

(三)高级导游人员

据 2020 年文旅部要求,具有本科及以上学历或旅游类(包括旅游管理、酒店管理、会展经济与管理、旅游管理与服务教育等专业)、外语类大专学历。考取中级导游证书满 3 年,且在报考前 3 年内以中级导游身份实际带团不少于 90 个工作日,带团工作期间表现出良好的职业道德,经考核、考试合格者晋升为高级导游人员。

(四)特级导游人员

取得高级导游人员资格 5 年以上,业绩优异,有突出贡献,有高水平的科研成果,在国内外同行和旅行社中有较大影响,经考核合格者晋升为特级导游人员。

第二节　导游人员的职责

导游人员的工作内容是向旅游者提供导游讲解服务和旅行生活服务,其职责既重要又广泛,除承担共同的基本职责外,还根据不同的工作岗位承担不同的职责。

一、导游人员的基本职责

在我国,海外领队、全陪、地陪和景点景区导游人员的工作各有侧重,所起的作用也不尽相同。根据 2018 年 1 月开始实施的《导游管理办法》第二十二条规定,导游人员在执业过程中,应当履行以下职责:

(1) 自觉维护国家利益和民族尊严;

(2) 遵守职业道德,维护职业形象,文明诚信服务;

(3) 按照旅游合同提供导游服务,讲解自然和人文资源知识、风俗习惯、宗教禁忌、法律法规和有关注意事项;

(4) 尊重旅游者的人格尊严、宗教信仰、民族风俗和生活习惯;

(5) 向旅游者告知和解释文明行为规范、不文明行为可能产生的后果,引导旅游者健康、文明旅游,劝阻旅游者违反法律法规、社会公德、文明礼仪规范的行为;

(6) 对可能危及旅游者人身、财产安全的事项,向旅游者作出真实的说明和明确的警

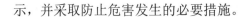

示，并采取防止危害发生的必要措施。

二、不同岗位导游人员的具体职责

(一)海外领队的职责

海外领队是经国家旅游行政主管部门批准可组织出境旅游的旅行社的代表，是出境旅游团的领导者和代言人。其主要职责如下。

1. 介绍情况，全程陪同

领队在出发前要向旅游团介绍旅游目的地(国家或地区)的概况及注意事项，并陪同旅游团全程参与参观游览活动。

2. 落实旅游合同

领队要监督和配合旅游目的地(国家或地区)的全陪、地陪全面落实旅游合同，安排好旅游计划，组织好旅游活动。

3. 组织和团结工作

领队要关心游客，做好旅游团的组织工作，维护旅游团内部的团结，调动游客的积极性，保证旅游活动的顺利进行。

4. 负责联络工作

领队要负责旅游团与旅游目的地(国家和地区)接待旅行社的联络与沟通，转达游客的意见、要求、建议乃至投诉，维护游客的合法权益，必要时出面帮助解决问题。

(二)全陪导游人员的具体职责

全陪导游人员是组团旅行社的代表，对所率领的旅游团(者)的旅游活动负有全责，因而在整个旅游活动中起主导作用。其主要职责如下。

1. 实施旅游接待计划

按照旅游合同，全陪要代表国内组团社实施国内全程旅游活动的计划，监督各地接待单位规范地执行合同、提供服务。

2. 负责联络工作

全陪在国内旅游的全程活动过程中，负责及时与组团旅行社和各地方接待旅行社的联络，做好旅行各站之间的衔接工作。

3. 组织协调工作

全陪要协调领队、地陪、司机等各方面接待人员之间的合作关系；配合、督促地方接待单位安排好旅游团(者)的食、住、行、游、购、娱等旅游活动，照顾好游客的旅行生活。

4. 维护安全，处理问题

全陪要坚持游客至上的原则，维护游客在旅游过程中的人身和财物安全，处理好各类突发事件，转达或处理游客的意见、建议和要求。

5. 宣传、调研

全陪要耐心解答游客的问询，介绍旅游目的地的文化和旅游资源；同时开展市场调研，协助开发、改进旅游产品的设计和市场促销。

(三)地陪导游人员的具体职责

地陪导游人员是接待旅行社的代表，是旅游接待计划在当地的执行者，是当地旅游活动的组织者。其主要职责如下。

1. 安排旅游活动

根据旅游接待计划，地陪要合理安排旅游团(者)在当地的旅游活动，确保本地旅游活动的顺利进行。

2. 做好接待工作

地陪要认真落实旅游团(者)在当地的接送服务和食、住、行、游、购、娱等服务，与全陪、领队密切合作，做好当地旅游接待工作。

3. 导游讲解

地陪承担旅游团(者)在当地参观游览中的导游讲解任务，要认真解答游客的问题，积极介绍本地的文化和旅游资源。

4. 维护安全

地陪要维护游客在当地旅游过程中的人身和财物安全，做好事故防范和安全提示工作。

5. 处理问题

妥善处理旅游活动相关服务各方的协作关系，以及游客在当地旅游过程中发生的各类问题。

(四)景点景区导游人员的具体职责

景点景区导游人员是固定景点的导游人员，服务面较窄，服务时间也较短。其主要职责如下。

1. 导游讲解

景点景区导游人员负责所在景区、景点的导游讲解，解答游客的问询。

2. 安全提示

景点景区导游人员在带领旅游者参观、游览的过程中，要提醒游客注意安全，遵守景

区、景点的规定，保护游客的安全，并给予必要的协助。

3. 宣讲相关知识

景点景区导游人员要结合景物向游客宣讲环境、生态和文物保护等方面的相关知识，实现拓宽游客知识面的目的。

第三节　导游人员的从业素质

旅游业竞争的核心是服务质量。导游服务的质量在很大程度上取决于导游人员的从业素质。合格的导游人员的素质主要表现为良好的思想素质、广博的知识结构、出色的组织能力和人际交往能力、娴熟的语言表达能力、灵活而切实有效的导游技能以及健康的心理和体质等。同时，国内外旅游业的持续快速发展使得游客需求不断发生变化，这些变化也对导游人员的素质和能力提出了更高要求。

一、良好的思想素质

思想是人的大脑、心智对其周围环境、人与事的所思、所想；品德则是思想的外在表现，是思想之花。在任何时代、任何国家，人的思想品质总是处于最重要的地位。良好的思想品质在不同的行业领域既有共性也有个性要求，合格的导游人员的思想素质主要体现在以下几个方面。

(一)热爱祖国

热爱祖国是对国民素质的基本要求，更是成为一名合格导游人员的首要条件。

导游人员的一言一行都与祖国的荣辱息息相关。导游人员在向外国(外地)旅游者提供导游服务过程中的语言、行为等，不仅代表着其所在企业的形象，也代表着国家(或地区)的形象。

这就要求导游人员要有很强的社会责任感和历史责任感，不仅要熟知祖国的自然、人文景观，更要了解和掌握祖国五千年的历史与文化，树立民族自尊心和自豪感，这样才能以自己热情的导游服务感染游客，使他们在领略旅游地山川风物的同时体味到中华文化的博大精深，感受中华民族忍辱负重、不屈不挠、奋发图强的民族精神，感受中国人今天的成就与明天的希望。

因此，导游人员要时时处处把祖国利益放在第一位，自觉维护祖国和民族的尊严，绝不以损害国家、民族的荣誉来讨好游客，获取私利；同时，要把热爱祖国和热爱家乡统一起来，并把这种热爱化为工作的动力，落实在具体的工作实践中。

(二)道德品质优秀

社会主义道德的本质是集体主义和全心全意为人民服务的精神。从接待游客的角度来说，旅行社和各接待单位实际上组成了一个大的接待集体，导游人员则是这个集体的一员。

因此，导游人员在工作中要将自己融入集体之中，应从大集体的利益出发，从旅游业的发展出发，依靠集体的力量和支持，关心集体的生存和发展。只有这样，导游人员的工作才能做好。导游人员要时时处处以大局为重，发扬全心全意为人民服务的精神，并把这一精神与"游客至上"的旅游服务宗旨紧密结合起来，热情地为国内外游客服务。

(三)爱岗敬业

爱岗敬业是导游人员应具备的基本素质。

导游工作是一项充满挑战性的工作。在旅游活动中，游客，特别是海外游客不仅关心所游览的景点景区的相关知识，还会对旅游目的地的政治、经济和社会问题比较感兴趣，常常要求导游人员予以解释。同时，导游工作又是一项传播文化、促进友谊的服务性工作，是一项很有意义的工作。

这就要求一名合格的导游人员必须爱岗敬业，具备很强的事业心，对事业有所追求。其具体表现为：热爱本职工作，以能成为导游人员而感到自豪；努力钻研业务，勤奋学习，不断提高导游服务技能；以饱满的热情和充沛的精力投入工作，积极发挥主观能动性；把"游客至上""服务至上"作为旅游服务的宗旨，全心全意为国内外游客服务。

(四)情操高尚

高尚的情操是导游人员的必备修养之一。导游人员要不断学习，提高思想觉悟，努力使个人的功利追求与国家利益融合起来；要提高判断是非、识别善恶、分清荣辱的能力；培养自我控制的能力，自觉抵制形形色色的精神污染，力争做到"财贿不以动其心，爵禄不以移其志"，始终保持高尚的情操。

(五)遵纪守法

遵纪守法是塑造导游人员良好形象的要素。遵纪守法是每个公民应尽的义务，作为国家和地区形象代表的导游人员尤其应当树立正确的纪律意识和法制观念，自觉遵守国家的法律、法令，遵守旅游行业的规章、制度，严格执行导游服务质量标准，严守国家机密和商业秘密，维护国家和企业的利益。对于提供涉外服务的导游人员，还应牢记"内外有别"的原则，在工作中多请示汇报，切忌自作主张，更不能做违法乱纪的事。

中国旅游业经过几十年的发展，在实践的基础上，经过不断总结和完善，已形成了旅游一线员工的职业道德规范。1996年，国家旅游局制定了《加强旅游行业精神文明建设的意见》，第一次完整、系统地提出了旅游从业人员职业道德范本。主要归纳为：爱国爱企，自尊自强；遵纪守法，敬业爱岗；公私分明，诚实善良；克勤克俭，宾客至上；热情大度，清洁端庄；一视同仁，不卑不亢；耐心细致，文明礼貌；团结服从，大局不忘；优质服务，好学向上。

二、广博的知识结构

随着时代的发展，现代旅游活动更加趋向于对文化、知识的追求，人们出游除了休闲、消遣，还希望通过旅游增长知识，增加阅历，获取教益，这就对导游人员提出了更高的要求。实践证明，导游人员的导游讲解和日常交谈，是游客获取知识的主要来源。导游人员的知识面越广，信息量越大，就越有可能将导游工作做得有声有色，就越能极大程度地满足游客的要求。只有以广博的知识结构做后盾，讲解才能做到内容丰富、言之有物。

导游人员应具备的知识包括以下几个方面。

(一)语言知识

导游人员是用语言向游客进行导游讲解并沟通思想的，语言是导游人员最主要的工具。而过硬的语言能力和扎实的语言功底是以丰富的语言知识为基础的。

导游讲解是一项综合性的口语艺术，要求导游人员应具有较强的口语表达能力。导游人员的语言应当真切、自然，若行云流水，似野径繁花，无矫揉造作之态，有素朴率真之情；如促膝谈心，故友叙怀，亲切自然，随意天成；还应当随时注意把握"度"，使自己的讲解介于随意和考究之间，明朗和含蓄之间，活泼和稳重之间，轻松和幽默之间，华彩和质朴之间。导游人员的口语艺术应置于丰富的知识宝库之中，知识宝库是土壤，口语艺术是种子，两者结合才能获得好收成——良好的导游效果。

(二)史地文化知识

史地文化知识包括历史、地理、宗教、民族、风俗民情、风物特产、文学艺术、古建园林等诸方面的知识。这些知识是导游讲解的素材，是导游服务的"原料"，是导游人员的看家本领。

导游人员要努力学习，力争使自己上知天文，下晓地理，对本地区的旅游景点、风土人情、历史典故、民间传说等了如指掌，对国内外的主要名胜亦应有所了解，还要善于将本地的风景名胜与历史典故、文学名著、名人逸事等有机地联系在一起。涉外导游人员还应熟悉客源国和出游接待国的概况，了解其历史、地理、文化、民族、风土民情，掌握其宗教信仰、礼俗禁忌等。了解和熟悉这些情况不仅有利于导游人员有的放矢地提供旅游服务，而且有利于加强与游客的沟通和交流，避免一些不愉快的事情发生。

总之，对史地文化知识的综合理解并将其融会贯通、灵活运用，对导游人员来说具有特别重要的意义，是成为一名合格导游人员的必备条件。

(三)美学知识

旅游活动是一项寻觅美、欣赏美、享受美的综合性的审美活动。导游人员不仅要向游客传播知识，也要传递美的信息，向游客展示美、阐述美，令游客获得美的享受。一名合格的导游人员不仅要懂得什么是美，知道美在何处，并善于用生动形象的语言向不同审美情趣的游客介绍美，而且还要用美学知识指导自己的仪容、仪表和仪态。

导游人员应具备的美学知识包括自然景观美学(山地景观、水体景观、动植物景观、气象景观等)、人文景观美学(建筑、园林、民风民俗等)、艺术美学(书法、绘画、音乐、舞蹈、喜剧、手工艺品等)、生活美学(饮食、服饰等)。

(四)政策法规知识

导游人员工作在旅游的第一线，在讲解、回答游客对有关问题的问询或同游客讨论有关问题时，必须以国家的方针政策和法规做指导，否则会给游客造成误解，甚至给国家造成损失；在旅游过程中出现的有关问题，导游人员要以国家的政策和有关的法律、法规为依据予以正确处理；导游人员自身的言行也必须符合国家政策法规的要求，要遵纪守法。

因此，导游人员必须具有高度的政策观念和法制观念，要以国家的有关政策和法律、法规指导自己的工作和言行。只有这样，才能正确地处理问题，做到有理、有利、有节，导游人员自己也可少犯或不犯错误。

导游人员必要的政策法规知识主要包括：中国的外交政策和对有关国际问题的态度，国际交往原则，国家的现行方针政策，有关的法律法规知识，旅游者的权利和义务，特别是外国旅游者在中国的法律地位以及他们的权利和义务，与旅游业相关的法律、法规等。此外，导游人员还要了解各个时期国际国内的热点问题以及我国的立场和态度等。

(五)心理学知识

导游人员的工作对象主要是形形色色的游客，还要与各地旅游服务部门和导游工作集体内部(全陪、地陪和领队)的工作人员打交道。导游人员做的是人的工作，而且往往是与之短暂相处，因而掌握必要的心理学知识极其重要。导游人员要随时了解游客的心理活动，有的放矢地做好导游讲解和旅途生活服务工作，有针对性地提供个性化的服务，从而使游客在心理上得到满足，在精神上获得享受。

导游人员应具备的心理学知识包括：普通心理学知识(人的一般心理活动和行为规律、个性理论、交往技巧等)、旅游心理学知识(专门针对旅游者和旅游从业人员心理和行为的相关知识)。

(六)政治、经济、社会知识

由于游客来自不同国家的不同社会阶层，他们中的一些人往往对目的地的某些政治、经济和社会问题比较关注，会询问有关政治、经济和社会的问题，有的人还常常把本国本地的社会问题同出访目的地的社会问题进行比较。另外，在旅游过程中，游客随时可能见到或听到目的地的某些社会现象，也可能引发他们对某些社会问题的思考，并要求导游人员给予相应的解释。所以，导游人员要掌握相关的社会学知识，熟悉国家的政治、经济体制，了解当地的风土民情、婚丧嫁娶习俗、宗教信仰情况和禁忌习俗等。

(七)旅行知识

导游人员带领游客在目的地旅游，在提供导游服务的同时，还应随时随地帮助游客解决旅行中的各种问题。所以，导游人员掌握必要的旅行知识，不仅有利于工作效率的提高，还有利于导游服务水平的提高，对旅游活动的顺利进行具有十分重要的意义。

导游人员应掌握的旅行知识包括入出境知识、交通知识、货币及保险知识、行李托运相关知识、卫生常识和急救常识等。

(八)国际知识

涉外导游人员还应掌握必要的国际知识，要了解国际形势和各时期国际上的热点问题，以及中国的外交政策和对有关国际问题的态度；要熟悉客源国或旅游接待国的概况，知道其历史、地理、文化、民族、风土民情、宗教信仰、民俗禁忌等。了解和熟悉这些情况不仅有利于导游人员有的放矢地提供导游服务，而且还能加强与游客的沟通。此外，导游人员若熟悉两国文化的差异，就能及早向游客说明，使游客意识到在异国他乡旅游，不可能时时都与自己的家乡相同，从而使其产生领略异国、异乡风情的游兴，对许多不解之处，甚至一些令人不愉快之处也能理解、谅解并与导游人员配合。

导游人员在知识的掌握和运用上要避免以下问题：其一，知识储备不够，表现为导游人员因对景点等相关知识知之甚少，讲解时常常三言两语，敷衍了事，对旅游者的提问一问三不知；其二，对知识的理解不够，只求一知半解，表现为导游人员只满足于背诵导游词，在导游讲解时，平淡无奇，对景点所蕴含的科学内容不进行深入的探究；其三，对知识的掌握缺乏科学态度，表现为杜撰史实，张冠李戴，严重违背导游人员的职业道德；其四，不讲究知识传播的方法，表现为讲解词单调生硬，不能激发旅游者的游兴。这些问题的存在，不仅有损于一个国家或地方导游服务的声誉，也不利于旅游业的长远发展。

【案例】小王是某旅行社新招聘的导游人员，对所在城市游览点的导游词背得滚瓜烂熟，对自己的工作充满信心。

一天，他带领游客去游览岳王庙。在正殿，小王讲解道："天花板上绘的是松鹤图，共有372只仙鹤，在苍松翠柏之间飞翔，寓意岳飞精忠报国精神万古长青。"一游客听了后，就问小王："为什么是372只仙鹤，而不是371只或373只？这有什么讲究吗？"小王倒是很爽快，回答说："这个我不清楚，应该没什么讲究吧！"

来到碑廊区，小王指着墙上"尽忠报国"四个字说："这是明代书法家洪珠所写。"团中一位年轻人不解地问小王："为什么前面正殿墙上写的'精忠报国'，而这却写成'尽忠报国'呢？"小王考虑了一会儿，支支吾吾道："这两个字没什么区别，反正它们都是赞扬岳飞的。"那游客还想说些什么，小王却喊道："走了，走了，我们去看看岳飞墓。"

到了墓区，小王指着墓道旁边的石人讲解道："这三对石人代表了岳飞生前的仪卫。"游客们没有听懂，要求小王解释一下"仪卫"是什么，小王犯难地说："仪卫嘛，就是为岳飞守坟的人。"游客反问道："放几个石人在这儿守坟有什么用呢？"小王说："这个，我不知道。"

【点评】导游工作是一项与人打交道的工作，面对游客提出的各种各样的问题，导游人员作为游客的老师，游客的朋友，应当做到韩愈《师说》中所说的，"传道、授业、解惑"。而要做到这一点，势必要求导游人员"上知天文，下知地理，无所不晓"。导游人员只有通过勤奋学习，才能使自己积累丰富的知识，从而可以自如地回答游客的各种提问。倘若导游人员一问三不知，将直接影响导游的效果。

三、优秀的能力素质

导游工作是一项难度较大、复杂而艰巨的工作，导游人员的能力直接影响服务效率和服务效果。

(一)认识能力

认识能力是指人们认识客观事物、运用知识解决实际问题的能力，主要包括观察力、注意力、想象力和记忆力等。导游工作的特点要求导游人员要具备以下4种能力。

1. 敏锐的观察力

很多旅游者经常将自己的需要隐藏起来，特别是西方旅游者。导游人员若能把旅游者的某种需要一语道破，并提供相应的服务，必然令旅游者肃然起敬。要达到这一良好的效果，导游人员必须具备敏锐的观察力。

2. 稳定而灵活的注意力

导游人员在带团过程中，注意力应相对稳定集中、适时灵活转移，不能过于集中，也不能过于分散。在致辞、讲解、商定日程、处理问题时，导游人员应集中注意力；在带团参观、游览途中，导游人员应灵活分配自己的注意力，做到眼观六路、耳听八方，关注周围环境及旅游者的动向，以防意外事故的发生。

3. 丰富的想象力

导游人员在为旅游者讲解自然风光和文物古迹时，要想取得良好的讲解效果，必须发挥丰富的想象力，将旅游者引入美的意境。例如，一位导游人员在讲解一座湖畔石塔造型时这样讲道：这座古塔高50米，亭亭玉立，就像一位身材苗条、穿着长裙的少妇，宽大的塔檐显得大方优美，塔檐翘角上悬挂着的铜铃就像银环玉佩，把她装饰得更加美丽动人，她静静地伫立在湖边，似在翘首遥望着远航的归帆，等待着出海的丈夫归来……导游人员丰富的想象力使得一座没有多少生气的古塔变得那么富有艺术魅力。

4. 良好的记忆力

良好的记忆力对于做好导游工作十分重要，它能帮助导游人员及时回想起导游服务中所需要的各方面知识，提高导游服务水平。比如，熟记行车路线能保证旅游团的行程顺利；将景点知识烂熟于心能让旅游者一饱耳福；第二次见面就能叫出客人姓名，会令旅游者对导游赞赏有加……总之，良好的记忆力是导游人员必备的素质之一。

(二)活动能力

活动能力是指人们完成某种活动的能力，对于导游人员来讲，就是独立完成导游工作的能力。独立性强是导游服务的特点之一，导游人员接受任务后，要独立组织旅游者参观游览，要独立做出决定、独立处理问题，这就要求导游人员必须具备独立分析、解决问题的能力及创新精神。导游人员必须根据不同的时空条件，对突发事件进行合理的处理。导游的活动能力具体表现为以下几个方面。

1. 准确自觉的执行政策能力

导游人员必须具有高度的政策观念和法制观念，要以国家的有关政策和法律法规指导自己的工作和言行。在向旅游者宣传中国、讲解中国现行的方针政策、介绍中国人民的伟大创造和建设成就以及各地方的建设和发展情况时，导游人员要掌握好原则，把握好分寸，使旅游者尽可能全面、客观地认识中国。

2. 灵活机动的组织协调能力

导游人员接受任务后，要根据旅游合同安排旅游活动，并严格执行旅游接待计划，带领全团人员游览好、生活好。这就要求导游人员应具有较强的组织协调能力，在组织各项活动时讲究方式方法并及时掌握不断变化着的客观情况，灵活地采取相应的措施，在安排旅游活动时有较强的针对性并留有余地。

3. 顾全大局的交往能力

导游人员的工作对象形形色色，因此，善于和各种人打交道是导游人员最重要的素质之一。交际能力是导游人员综合利用各种才干进行人际交往的本领，它要求导游人员必须掌握一定的公共关系学知识和心理学知识，并能熟练运用。导游人员还要拥有较强的理解能力和适应各种氛围的能力，以便在各种场合挥洒自如。总之，导游人员只有具备了较强的交往能力，才能在工作中左右逢源、游刃有余。

4. 沉着果断的办事能力

沉着分析、果断决定、正确处理问题和意外事故是导游人员应具备的重要能力。旅游活动中遇到问题、发生意外在所难免，能否妥善处理是对导游人员的一种严峻考验。在处理问题和意外事故时，要求导游人员必须做到积极主动、头脑清醒、遇事不乱、处理果断、办事利落、随机应变。

(三)特殊能力

特殊能力是指人们从事专门活动时所必需的能力。就导游工作而言，导游人员的特殊能力主要表现在以下两个方面。

1. 语言才能

语言，特别是口头语言是导游人员向旅游者传递知识和信息的基本工具。导游人员如果没有扎实的语言功底就不可能顺利地进行文化的交流，也就不可能完成导游工作的主要任务。导游人员要能够熟练地使用语言，特别是要有较强的口语表达能力，包括外语、普通话、方言，要做到发音标准、语调优美、语法准确、词汇丰富、语能达意。

2. 指挥和表演才能

一名优秀的导游人员应该既是指挥家又是演员。一名出色的指挥家一上台就能把整个乐队带动起来并能调动全场听众的情绪，导游人员的指挥家角色就是要具备随时调动旅游者积极性的能力，使他们顺着导游思路去认识、欣赏、分析和判断，从而获得旅游的乐趣和美的享受；作为演员，导游人员要熟练地运用丰富的知识、幽默的语言、抑扬顿挫的语调、引人入胜的讲解、富有节奏的导游活动以及自己的一些表演才能征服旅游者，使他们沉浸在欣赏美的愉悦之中。

语言、知识、服务技能构成了导游服务的三要素，缺一不可。只有三者的有机结合才能称得上是高质量的导游服务。导游人员若缺乏必要的知识，势必"巧妇难为无米之炊"，而语言表达能力的强弱，导游方法的优劣，导游技能的高低，会使同样的题材产生不同的甚至截然相反的导游效果：有的平淡无奇，令人昏昏欲睡，使旅游活动失去光彩；有的则有声有色，不同凡响，让游客获得最大限度的美的享受。技能高超的导游人员对相同的题材能从不同的角度进行讲解，使其达到不同的意境，从而满足不同层次和不同审美情趣的游客的审美要求；而技能低下的导游人员的讲解语言是枯燥、单调的，有的甚至只能当哑巴导游，使得自己难堪，游客不满。

导游人员的服务技能与他们的工作能力和掌握的知识有很大的关系，需要在实践中不断培养和发展。一个人的能力是在掌握知识和技能的过程中形成和发展起来的，而发展了的能力又可促使他更快、更好地掌握知识和技能并使之融会贯通，运用起来得心应手。因此，导游人员要在掌握丰富知识的基础上，努力学习导游的方法和技巧，并不断总结、提炼，形成适合自己特长的导游方法和技巧以及自己独有的导游风格。

四、健康的身心素质

导游工作是一项脑力劳动和体力劳动高度结合的工作，工作繁杂，量大面广，流动性强，体力消耗大，而且工作对象复杂，诱惑性大。因此，导游人员必须是一个身心健康的人，否则很难胜任导游工作。身心健康包括身体健康、心理平衡和思想健康三个方面。

(一)身体健康

导游工作要求导游人员善走路会爬山，有连续作战的能力；全陪、地陪和旅游团领队要陪同旅游团周游各地，气候的变化和各地的水土、饮食对他们来讲都是严峻的考验，没有一个健康的身体显然是难以胜任的。

(二)心理平衡

导游人员的精神状态要始终愉快、饱满，在游客面前应显示良好的心理素质，进入"导游"角色要快，并且能始终保持不受任何外来因素的影响。面对游客，导游人员应笑口常开，热情服务，保持一个平衡、健康的心态，绝不能把个人情绪带到导游工作中去。

(三)思想健康

导游人员应具有高尚的情操和较强的自控能力，能够自觉抵制形形色色的诱惑，清除种种腐朽思想的污染。

补充阅读材料：英国伦敦旅游局对导游人员的选拔条件

英国伦敦旅游局认为："导游是伦敦的大使"，是介绍伦敦的专家，是有关伦敦材料的提供者，因而他们非常重视导游人员的选拔和培训，每年冬季都开办职业导游培训班。以下就介绍一下报考导游训练班的条件。

报考训练班的年龄必须在 22 岁以上，55 岁以下。在此年龄界限外的，如果在语言水平、艺术能力、知识深度方面有擅长的可以考虑，选拔学员时，特别注重对语言表达能力和英国历史知识的考查。

伦敦旅游局所发的学员申请表，除要求填写一般表格应填写的项目外，还特别要求填写以下内容。

(1) 在伦敦地区住了多久？

(2) 健康状况如何，曾患过何种严重疾病？(注：导游工作是紧张而又要求精力充沛的，其训练过程需要走长路，身体是否能够适应？)

(3) 除培训上课和实习外，还能拿出多少时间进行自学和自练？

(4) 你已具备什么知识可用于导游工作？

(5) 详细介绍自己在公众场合演讲和授课的能力及经历。

(6) 详细介绍自己组织团体活动的能力。

(7) 本人的兴趣和爱好。

(8) 受过何种训练和教育？

(9) 是哪个学会的会员？

(10) 为什么选择导游作为职业？

填表之后，经初选被选中的还要进行口试和笔试。所谓口试也就是面试，当面了解一些情况。主要包括以下 6 个方面。

(1) 相貌如何，风度及健康条件。

(2) 外语水平和表达能力。

(3) 品格和能力，是否可单独执行导游工作。

(4) 和个人及集体打交道的能力，处理事务的能力。

(5) 是否有足够的学习热情和学习能力。

(6) 以导游为职业的决心。

第四节　导游人员的行为规范

几十年来，我国旅游界不仅形成了适合我国国情和导游工作特点的导游人员职业道德，也形成了一套导游人员的行为规范，即导游人员必须遵守的纪律和守则。具体内容如下。

一、忠于祖国，坚持"内外有别"的原则

导游人员要严守国家机密，时时、事事以国家利益为重。导游人员带团旅游期间，不随身携带内部文件，不向游客谈及旅行社的内部事务及旅游费用等事项。

【案例】"五一黄金周"期间，长沙某旅行社的接待工作非常繁忙。一天，旅行社的常客李先生来报名参加上海游的旅游团。导游人员小李查阅清单，发现总经理给李先生八五

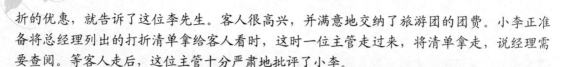

折的优惠，就告诉了这位李先生。客人很高兴，并满意地交纳了旅游团的团费。小李正准备将总经理列出的打折清单拿给客人看时，这时一位主管走过来，将清单拿走，说经理需要查阅。等客人走后，这位主管十分严肃地批评了小李。

【点评】在本案例中，由总经理开具的打折清单涉及其他客户资料和旅游费用等，属于旅行社的商业机密，小李将打折清单随意地给客人看，没有遵守严守商业机密的工作原则。

二、严格按规章制度办事，执行请示汇报制度

导游人员应严格按照旅行社确定的接待计划，安排旅行、游览活动，不得擅自增加、减少旅游项目或者中止导游活动；在旅行、游览过程中，遇到有可能危及游客人身安全的紧急情况时，在征得多数游客的同意后，可以调整或者变更接待计划，但应当立即向旅行社请示汇报。

在旅行、游览过程中，对可能发生危及游客人身、财物安全的情况，导游人员要向游客作出真实说明和明确警示，并按照旅行社的要求采取防止危害发生的措施。

【案例】某旅行社接待香港的旅行团，按照旅游合同约定，该旅行团在北京游览四天，将依次游览长城、颐和园、明十三陵，参观市容后乘机离境。导游小李在未征得该旅行团同意的情况下，擅自将游览长城的时间改成最后一天。可头一天晚上北京下了一场大雪，次日清晨，当旅游车到达八达岭脚下时，却由于积雪封路无法前行，只得返回。翌日，该团离境返港后向旅游投诉中心进行投诉。

【点评】导游人员应当严格按照旅行社确定的接待计划，安排好旅游者的旅行、游览活动，不得擅自增加、减少旅游项目或者中止导游活动。导游小李未征得该团同意擅自改变日程属于违反合同的行为，将受到一定的处罚。导游人员擅自变更接待计划的，由旅游行政部门责令改正，暂扣导游证3个月至6个月；情节严重的，由省、自治区、直辖市人民政府旅游行政部门吊销导游证并予以公告。

三、自觉遵纪守法

导游人员在导游过程中，要自觉做到遵纪守法，依据《导游管理办法》第二十三条规定，导游在执业过程中要注意遵守如下规定：

(1) 不得安排旅游者参观或者参与涉及色情、赌博、毒品等违反我国法律法规和社会公德的项目或者活动；

(2) 不得擅自变更旅游行程或者拒绝履行旅游合同；

(3) 不得擅自安排购物活动或者另行付费旅游项目；

(4) 不得以隐瞒事实、提供虚假情况等方式，诱骗旅游者违背自己的真实意愿，参加购物活动或者另行付费旅游项目；

(5) 不得以殴打、弃置、限制活动自由、恐吓、侮辱、咒骂等方式，强迫或者变相强迫旅游者参加购物活动、另行付费等消费项目；

（6）不得获取购物场所、另行付费等旅游项目等相关经营者以回扣、佣金、人头费或者奖励费等名义给予的不正当利益；

（7）不得推荐或安排不合格的经营场所；

（8）不得向旅游者兜售物品；

（9）不得向旅游者索取小费；

（10）不得未经旅行社同意委托他人代为提供导游服务；

（11）不得有法律法规规定的其他行为。

四、自尊、自爱，不失国格、人格

导游人员在导游过程中，要注意做到自尊、自爱，不做有损国格、人格的事。具体要做到以下几点。

（1）导游人员不得游而不导、擅离职守，不得懒散松懈、推诿责任。

（2）导游人员要关心游客，不得态度冷漠、敷衍了事，不得在紧要关头不负责任，临阵脱逃。

（3）导游人员不能与游客过分亲近；不介入旅游团内部的矛盾和纠纷，不得搬弄是非；对待游客要一视同仁，不能厚此薄彼。

（4）导游人员有权拒绝游客提出的侮辱其人格尊严或者违反其职业道德的不合理要求。

（5）导游人员不得迎合个别游客的低级趣味，在导游讲解、介绍中掺杂庸俗下流的内容。

五、注意小节

导游人员在导游过程中，要注意小节，以免带来尴尬或造成误会。具体要注意以下几点。

（1）导游人员不要随便单独去游客的房间，更不要单独去异性游客的房间。

（2）导游人员不得携带自己的亲友随旅游团活动。

（3）导游人员不与同性外国旅游团领队同住一室。

（4）导游人员一般不应饮酒，如迫不得已饮酒时饮酒量不应超过自己酒量的1/3。

本章案例讨论

【案例1】全国十佳导游赵宏为了适应导游工作的需要，抓住一切可以利用的时间学习知识，钻研业务，就连上电梯、进厕所也不放弃看资料、记数据。许多节假日都是在参观点、图书馆度过的，甚至在过春节时也抓紧时间学习。为了使参考资料便于查用和记忆，他将资料分门别类制成卡片，有的甚至抄写在纸上，贴在居室内，便于随时查看。为了参加全国导游大赛，他从天文地理、名山大川、历史变迁等各种知识内容中，整理了5000张

卡片,塞满了一手提箱,走到哪儿记到哪儿。有志者事竟成,赵宏果然一举夺得首届全国十佳导游的称号。

案例思考题: 你能从本案例中获得什么样的启示?

【案例 2】 1999 年 4 月,某国际旅行社接待一个香港服装业旅游团前往贵州旅游,委派导游人员陈某为旅游团的全陪。旅游团行至安顺时,在参观了当地蜡染厂后,游客对蜡染工艺产品产生了浓厚的兴趣,于是向导游人员陈某提出,希望利用第二天上午自由活动的时间,请陈某协助联系蜡染厂,安排一次蜡染工艺座谈会,如需费用,可由该旅游团支付。陈某本拟第二天上午访友,故对安排座谈会不感兴趣,遂以行程计划上无此项内容为由予以拒绝。旅游团再三向陈某提出要求,请其予以协助,但陈某仍然不同意。为此,客人十分不满。旅游结束后,旅游团投诉旅游行政管理部门,并在香港的报纸上披露此事,对内地导游人员的"职责"提出质疑,造成了极其不良的影响。

案例思考题: 游客为何对导游人员的基本职责提出了质疑?

 ## 思考题

1. 导游人员的基本职责是什么?
2. 如何对导游人员进行分类?
3. 导游人员良好的职业道德表现在哪些方面?
4. 一名合格的导游人员应具备哪些方面的知识?
5. 导游人员的行为规范有哪些?

第二篇　操作篇

☞ 导游服务规程

☞ 游客个别要求的处理

☞ 旅游问题、事故的预防与处理

第四章

导游服务规程

【学习要点和目标】

　　本章主要介绍地陪、全陪及景区景点导游人员的服务规程和散客导游服务规程。通过对本章的学习，读者应掌握导游人员的规范操作程序，了解散客导游服务规程与团队导游服务规程的区别。

【关键词】

　　地陪服务规程　　全陪服务规程　　景区景点导游服务规程　　散客导游服务规程

导游服务规程是指导游人员从接到旅行社下达的接待任务起，到送走游客、做好善后工作为止的整个过程的操作规范。它是保证导游服务质量的有效手段。

旅游者出游有团队旅游和散客旅游两种主要形式。团队旅游是通过旅行社或者其他旅游服务中介机构，采取支付综合包价或部分包价的方式，有组织地按预订行程计划进行旅游消费活动的旅游形式。散客旅游又称自助或半自助旅游，它是游客自行安排旅游行程，零星现付各项旅游费用的旅游形式。本章主要介绍导游人员接待团队旅游的工作程序。

第一节　地陪服务规程

地陪服务规程是指地方陪同导游人员从接受地方接待旅行社下达的旅游团队接待任务开始，到旅游团队离开本地并做完所有后续工作为止的工作程序。

根据国家技术监督局发布的国家标准《导游服务质量》(GB/T 15971—1995，已于2011年5月被《导游服务规范》(GB/T 15971—2010)取代)中对导游服务质量提出的要求，地陪应按时做好旅游团(者)在本站的迎送工作；严格按照接待计划做好旅游团(者)参观游览过程中的导游讲解工作和计划内的食宿、购物、文娱等活动的安排；妥善处理各方面的关系和出现的问题等。

地陪服务是确保旅游团(者)在当地顺利进行参观、游览活动，并充分了解和感受参观游览对象的重要因素之一，是旅游团队在旅游目的地旅游活动的具体组织者和各项接待任务的具体执行者，因此地陪的工作内容最为复杂详细，其程序性也最强。地陪必须严格按照服务规程开展导游服务工作。

一、接团前的准备

地陪的准备工作是指地陪在接到旅行社的接待计划到正式与旅游团(者)接触之间所要开展的工作。做好准备工作，是地陪提供良好服务的重要前提。

(一)熟悉接待计划

接待计划是组团旅行社委托各地方接待旅行社组织落实旅游团活动的契约性安排，是导游人员安排活动日程的主要依据。地陪应在旅游团抵达之前认真阅读接待计划和有关资料，详细、准确地了解该旅游团的服务项目和要求，对重要事宜做好记录工作。

1. 旅游团概况

组团旅行社的名称、联络人姓名及电话号码、国别、使用何种语言、旅游团名称、团号、收费标准和费用结算方式等。

2. 旅游团成员的情况

人数及团员的姓名、性别、年龄结构、职业及宗教信仰等。

3. 旅游路线和交通工具

该团的全程路线、入出境地点和乘坐交通工具的情况等。

4. 交通票据

该团去下一站的交通票据是否已按计划订妥，有无变更以及更改后的落实情况，出境机票的票种是 OK 票还是 OPEN 票等。

5. 特殊要求和注意事项

在住房、用车、游览、用餐等方面有何特殊要求，有无要求有关方面负责人出面迎送、会见、宴请等礼遇，是否有老弱病残等需要特别照顾的游客，该团有无要办理通行证地区的参观游览项目等。

(二)落实接待事宜

地陪在旅游团抵达的前一天，应与各有关部门或人员落实旅游团的交通、食宿、行李运输等事宜。

1. 落实旅游用车

地陪应与旅游汽车公司或车队联系，确认为该团在本地提供交通服务的车辆的车型、车牌号和司机姓名；接大型旅游团时，车上应贴编号或醒目的标记；确定与司机的见面地点并告知活动日程和具体时间。

2. 落实住房和用餐

地陪应熟悉旅游团所住饭店的位置、概况、服务设施和服务项目；核实该团客人所住房间的数目、级别，以及是否含早餐等事宜；与各有关餐厅联系，确认该团日程表上安排的每一次用餐的情况。

3. 落实行李安排

在接待外宾团和 VIP 团队时，为提高旅游服务档次，旅行社或下榻饭店会提供专门的随团行李服务。地陪应当向有关部门确认是否提供随团行李服务，如果有要提前与行李员和行李车取得联系。

4. 落实参观及游览项目

地陪要清楚接待计划中的各项参观游览项目的当前情况(是否近期整修、闭馆等)，如果发现情况与接待计划有出入，要及时向旅行社汇报，并作出合理恰当的调整。而对于一些特别的旅游活动项目(如文娱表演、野营活动等)，要清楚接待活动的要求与注意事项。

【案例】某外语导游于 11 月 1 日下午 3 点 40 分左右带团来到故宫的售票处前，当他正在准备买票时，发现售票口的小窗户已经关上了。他急忙去售票处询问原因，售票人员告诉他：自即日起故宫实行淡季时间表，下午 3 点半以后停止售票。这位导游顿时就傻眼了，因该团客人第二天早上就要乘机飞往西安，这意味着他们此次来华旅游已经没有机会参观魂牵梦绕的"紫禁城"了。无论他怎样解释、恳求，最终他也未能说服售票人员破例让他的旅游团进去。

【点评】由于导游人员没有落实好参观游览项目的具体细节，最终给游客带来了很大的缺憾。

5. 落实其他旅游准备

地陪要落实旅游团队是否需要提前办理有关通行证件，是否要代表旅行社赠送礼品等事宜。

(三)做好物质准备

1. 领取必要的票证和表格

地陪应按照该旅游团中旅游者的人数和活动日程表中活动安排的实际需要，到本社有关人员处领取门票结算单、旅游团餐饮结算单等结算凭证以及与该团有关的表格(如旅游者意见反馈表等)。

2. 带团必备用品

上团前，地陪按规定提前带好接待计划、行程委派单、电子导游证、身份证、导游旗、接站牌、记事本、团款、行李牌、接站牌、扩音器等。

3. 个人必备物品

准备个人的各项备用物品如个人药品、换洗衣物以及洗漱用品等。

(四)做好知识和语言准备

1. 更新常规知识

本地概况、风俗习惯、风物特产、法律法规以及主要旅游景点的知识等都属于常规知识。这一类知识相对比较稳定，但也有可能发生变化。地陪要及时掌握变化情况，更新自己的知识库。

2. 充实本次带团知识

根据接待计划上确定的参观游览项目，就翻译、导游的重点内容，做好外语和资料介绍的准备工作。同时，增加与旅游者和本次旅游活动相关的知识，尤其是在接待有专业要求的团队时，要做好相关专业知识、词汇的准备。对不熟悉的景点，要突击掌握它的相关资料，想方设法了解其具体情况，如开放时间、最佳游览路线、厕所位置、景观特色和管理规定等，以便游览活动能够顺利进行。如果有条件的话，地陪最好到实地去踩线，掌握第一手的资料。

【案例】中国国际旅行社西安分社导游人员小李接到了一份接待加拿大驻华大使和商务参赞夫妇一行四人到西安旅游并参观西安飞机制造公司的计划。对于参观游览的导游讲解，他轻车熟路，但要担任飞机公司的翻译任务，对他来讲还是第一回。为了做好这次接待工作，他细心搜集了大量有关飞机制造公司的资料，还查阅了英文分类词典，掌握了尽可能多的专业术语，为现场导游做了充分的准备。客人圆满地结束了在西安的观光访问，回到北京给小李寄来了几本介绍加拿大的书籍，并附寄给分社经理一封感谢信。

【点评】正是导游人员在上团前进行了充分的知识准备，才使得这一次旅游活动达到了目的，并使游客心生感激。

3. 了解即时信息

即时信息，是指经常变化的信息，如当前的热门话题、国内外重大新闻等。导游人员应做好这方面的准备，以方便与游客进行交流。

4. 强化语言表达能力

地陪要强化自己的语言表达能力，对一些景点的生僻词语和专业词汇反复诵读，避免出现意思不当或发音不准的情况。

(五)做好形象准备

导游人员的形象准备不仅仅是个人行为，在宣传旅游目的地、传播中华文明方面也起着重要作用，还有助于在旅游者心目中树立导游人员的良好形象。心理学的研究结果显示，在其他条件相同或相近的情况下，仪表整洁、得体的人会更受人欢迎。因此，地陪在上团前要做好仪容、仪表方面的准备工作。

1. 着装要力求规范化

穿着打扮、容貌修饰等要符合导游人员的身份，要方便导游服务工作。

2. 修饰要注意审美性

衣着要简洁、整齐、大方、自然，佩戴首饰要适度，不浓妆艳抹，适合自己的气质和特点。

(六)做好心理准备

人的行为往往会受到周期性情绪变化的影响，情绪的高涨或低落也必然会影响到导游人员的工作效率。地陪出团前，要善于控制自己的忧郁、激动情绪并放松自己，把自己的情绪调整到最佳状态。同时，要充分考虑导游工作的艰苦性与复杂性，不但要考虑遇到问题、事故时应如何去面对和处理，对需要特殊服务的旅游者应采取什么措施等问题，而且还要准备好承受游客的抱怨和投诉，冷静、沉着地面对困难，无怨无悔地为旅游者服务。具体包括以下方面：

(1) 放松心情，不背负沉重的心理包袱上团；
(2) 控制情绪，不受与本次带团无关事情的影响；
(3) 平衡心态，做到宠辱不惊、始终如一地提供服务；
(4) 冷静头脑，全面考虑，准备面临挑剔和挑战，应对可能发生的一切事情。

二、接站

接站是指地陪前往接站地点(机场、火车站、码头)迎接旅游团的工作。这是地陪的首次亮相，要给游客留下热情、沉着、训练有素的第一印象。

(一)接站准备

地陪应在接站出发前确认旅游团所乘交通工具的准确抵达时间。可以通过航班、火车动态信息的 App，或者向机场(车站、码头)问询处问清旅游团所乘交通工具到达的准确时间。

地陪应提前半小时抵达接站地点，并再次通过 App、问询处或航班(车次)抵达显示牌核实旅游团抵达的准确时间。

地陪应与司机商定车辆停放的位置。如果该团有行李服务，地陪还应在旅游团出站前与行李员取得联系，通知行李员行李送往的地点。

地陪应站立在出站口醒目的位置，持接站标志，如举导游旗或接站牌，迎接旅游团。

(二)迎接工作

1. 认找旅游团

旅游团出站后，地陪应从旅游团的民族特征、人数、组团社的社旗去主动认找旅游团。旅游团中如有领队或全陪，地陪应及时与领队、全陪接洽，问清对方团号、客源国(地区)、组团社名称、领队及全陪姓名等。如果旅游团中没有领队和全陪，地陪要与旅游团所有成员逐一核对团号、国籍(地区)及团员姓名等。

2. 核实人数

地陪接到自己的旅游团后，应立即向领队、全陪或游客核对实到人数，如果出现增加或减少等与计划不符的情况，要及时通知接待旅行社的有关部门，以便进行住宿餐饮安排的调整。

3. 清点行李

地陪应协助旅游者将行李集中放在指定位置，进行清点和检查。如果发现托运行李有丢失、损坏等现象，应立即向航空公司或其他相关部门报告、登记。若旅游团配备了行李车，在游客行李检查无误后，地陪应与领队、全陪、行李员一起清点和核对行李件数，办好交接手续。

4. 引导登车

地陪应及时引导旅游者前往乘车处。旅游者上车时，地陪应恭候在车门旁，协助游客上车。待全体游客上车后，地陪方可上车。上车后，地陪应协助旅游者就座，并礼貌地清点人数，一般采用目光默数，禁止用手指点数。在与全陪确认人数无误后，即可请司机开车。

为了保证安全，旅行车上应设有"导游专座"。安排的旅游者与导游人数不得超过旅游客运车辆核定乘员数。导游应当在"导游专座"就坐，避免在高速公路或者危险路段站立讲解。

(三)致欢迎辞

开车后，地陪应向旅游团致欢迎辞。欢迎辞能体现一个导游人员在气质、学识、语言等方面的职业涵养，是导游人员赢得良好印象的最佳时机。一篇精彩的欢迎辞，不仅能使地陪很快进入导游状态，而且能调动游客的情绪，进而建立主客双方良好的交流关系。

欢迎辞的内容应具备以下五大要素。

(1) 真诚问候游客，代表所在接待社、本人及司机欢迎旅游者光临本地。

(2) 介绍自己的姓名及所属单位。

(3) 介绍司机。

(4) 表示提供服务的诚挚愿望。

(5) 预祝旅游愉快顺利。

欢迎辞要求感情真挚、热情、适度和因情景而异，不拘一格，没有固定的模式。导游人员要根据游客不同的身份、职业、心情以及不同的时间、地点致欢迎辞，从而达到消除陌生、融洽关系、调节情绪的目的。

(四)调整时间

如果是接待入境旅游团，作为首站地的地陪要介绍两国(两地)的时差，提醒游客将时间调整到北京时间。

(五)首次沿途导游

首次沿途导游是指由接站地前往下榻饭店或首个参观游览点的途中，地陪结合沿途的情况所做的导游讲解工作。这是显示导游人员知识、导游技能和工作能力的大好机会。旅游者初来乍到，陌生的环境使他们产生好奇，什么都感到新鲜，什么都想了解。精彩成功的首次沿途导游会使旅游者对地陪产生信任感，并提升对地陪的满意度。

首次沿途导游主要介绍当地的风土人情和目的地的概况。沿途导游讲解时，内容要简明扼要，语言节奏明快、清晰，景物取舍得当，随机应变，见人说人，见物说物，尽可能与旅游者的观赏同步。总之，沿途导游贵在灵活。

通常，地方接待社对于旅游团队的安排首先是先将旅游团安顿在下榻饭店，让游客休息或用餐。因而，在前往饭店的途中，地陪应向旅游者简单介绍饭店情况，包括饭店的名称、等级、饭店所处的位置及周围环境、饭店内的服务设施、设备及使用情况、饭店内的注意事项等。

(六)宣布集合及停车地点

旅游车驶至目的地后，地陪应在旅游者下车前向全体游客讲清楚并请其记住车牌号码、停车地点和集合的时间、地点。

三、入住

地陪应协助旅游者抵达饭店后尽快办理好入住手续，进住房间，取到行李，及时了解饭店的基本情况和入住的注意事项，熟悉当天或第二天的活动安排。

(一)协助办理入住手续

抵达饭店后，地陪应尽快协助全陪和领队办理好入住手续。地陪应向饭店前台说明预订的旅行社名称、团号和房间数，并提供一份团队住宿名单。在请全陪和领队分发房卡或房间钥匙时，地陪要记下领队和全陪的入住房间号，并告之自己的联系方式。地陪如住饭店，则要把房间号告知领队、全陪和游客。

(二)介绍饭店设施

入住饭店后，地陪应向全团介绍饭店的主要设施，包括中西餐厅、娱乐场所、公共卫生间等的位置以及在饭店内如何使用 Wi-Fi、网络连接，并告知饭店注意事项，提醒游客将贵重物品交前台保管(如果客房内没有放置保管箱)，告知客房内的收费项目、饭店的安全通道及房间安全注意事项等。

(三)告知活动安排

在旅游者进入房间之前，地陪应向旅游者介绍在饭店内就餐的形式、地点和时间，并告知当天或第二天的活动安排以及集合的时间和地点。

(四)照顾行李进房间

在行李送达饭店后，地陪应负责与行李员核对行李，督促并协助行李员及时将行李送至旅游者房间。若发现行李丢失，应找出丢失环节，尽快通知饭店行李员及本旅行社的行李员，请求帮助寻找。

(五)协调处理游客入住后发生的各类问题

客房产品是旅行社产品的一部分，当客房产品发生质量问题，如房间没有打扫干净、卫生设备达不到清洁标准、空调器发生故障等，或者游客因各种原因提出换房要求时，地陪有责任参与其中的处理。

(六)带领旅游团用好第一餐

游客到餐厅首次用餐时，地陪应主动引导游客进入餐厅，协助游客就座，将领队和全陪介绍给餐厅经理或主管服务员，将旅游团的特殊要求(如用餐标准、游客口味、忌食等)告知餐厅。

(七)安排叫早服务

在结束当天活动离开饭店之前，地陪应与全陪和领队商定次日的叫早时间，并请全陪和领队通知全团，自己则通知饭店总服务台。

四、核对、商定日程安排

旅游团开始参观游览之前，地陪应与领队及全陪核对、商定本地旅游行程安排，并及时通知到每一位旅游者。

核对、商定日程安排是旅游团抵达后的一项重要工作，可视作两国(两地)间导游人员合作的开始。

旅游团在当地的旅游行程一般都已明确规定在旅游协议书上，但为了防止各家旅行社向导游人员下达接待任务时出现失误，地陪和全陪、领队有必要将各自手中的行程单进行核对。游客有时也会提出一些修改意见，特别是一些特殊团队，除参观游览活动外，还有其他特定的任务，因而商定日程就显得更为重要。因此，核定日程既是顺利开展导游服务的需要，也是给予对方的一种尊重。

在核对日程时，如果发现双方行程单有出入，地陪应及时报告接待社查明原因，分清责任。若是接待社方面的责任，地陪应实事求是地说明情况并赔礼道歉。对于不统一的地方或理解上有分歧的地方，地陪应根据出现的不同情况采取相应的措施。

对于小的修改意见或要求增加新的游览项目，地陪应及时向接待社反映，对既合理又可以满足的项目应尽量安排；需要加收费用的项目，地陪要事先向全陪、领队和游客讲明，按有关规定收取费用；对确有困难无法满足的要求，地陪应向全陪、领队和游客说明原因并耐心解释。

若游客提出的要求与原日程不符且又涉及接待规格时，地陪一般应婉拒，并说明不便单方面违反合同；如有特殊理由，并且是由领队提出时，地陪必须请示接待社有关部门，视情况而定。

五、参观游览服务

参观游览是旅游行程中最为重要的部分，也是旅游者期待的旅游活动的核心内容。地陪应努力使参观游览全过程安全、顺利，并使旅游者详细了解参观游览对象的特色、历史背景及游客感兴趣的其他问题，做到认真准备、精心安排、热情服务、生动讲解。

(一)出发前的准备

出发前，地陪应准备好导游旗、导游身份标识和必要的票证，提前 10 分钟到达集合地点，并督促司机做好出发前的各项准备工作。

到了预定集合时间，地陪应组织旅游者及时登车，并清点人数。若发现有旅游者未到，地陪应向全陪和领队问明原因。如果是游客迟到，地陪应设法与之联系，催促其尽快与团队会合。如果是游客不愿意随团活动，地陪要了解其具体安排，征询领队、全陪的意见，待各方均无异议后方能同意游客独自行动，并告知费用自理，提醒其注意安全和记住地陪的联系方式。如果游客是因为身体健康方面原因无法随团活动，地陪还应探望其病(伤)情，安顿好用餐等事宜，必要的话通知接待旅行社和饭店有关部门，派人给予适当照顾。

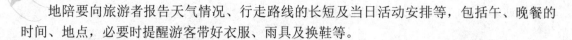

地陪要向旅游者报告天气情况、行走路线的长短及当日活动安排等，包括午、晚餐的时间、地点，必要时提醒游客带好衣服、雨具及换鞋等。

(二)前往景点途中的服务

1. 重申当日活动安排

车辆启动后，地陪要向游客详细介绍当日的游览安排，预告交通路线、活动时间、用餐安排及注意事项等。

2. 沿途导游讲解

在前往景点的路途中，地陪沿途导游讲解可采取两种形式。一是介绍沿途景物，如介绍路边的绿化、雕塑、建筑物、商场等；二是选择游客感兴趣的话题做专题性讲解。长距离沿途导游，往往采用后一种形式。地陪进行沿途景物介绍时，景物应该是有选择的，能代表本地特色的，讲解的内容要和车外所见的景物尽量保持一致，并要善于触景生情。如旅游车遇到街上迎送新娘的车队，即可引申开去，谈谈本地婚嫁习俗等。地陪要随时准备解答游客的提问，而且还要善于引导游客提问，以增加游客的观赏兴致。而专题性讲解的内容大致有两种，一是围绕将要去参观游览的景点来展开，如西安的地陪在带游客赴华清池参观的途中，往往会讲述唐明皇和杨贵妃缠绵悱恻的爱情故事；二是就旅游者熟悉的某一方面的问题做深入分析，如深受外国游客欢迎的"中西方风俗习惯的对比""中西方饮食文化的异同"等专题。

3. 组织沿途活动

如果交通车程较长，地陪可以在车上组织一些娱乐活动，如做小游戏、教游客学说中文或方言、带领游客唱歌等。地陪也可以与游客开展一些交流活动，如谈论一些旅游者感兴趣的话题等。

4. 介绍游览景点

抵达景点前，地陪应当对该景点的概况做一个简要介绍，尤其是该景点的艺术特色和历史价值等。地陪要提醒游客参观游览时的有关注意事项，如是否允许摄影和照相，是否允许在景点内吸烟等。

(三)景点导游讲解

1. 讲解前充分提醒

抵达景点时，地陪在下车之前应告知游客在景点停留的时间、参观游览结束后集合的时间和地点，提醒游客记住旅游车的车牌号码、标志等。

进入景区景点后，地陪最好先结合景点示意图讲明游览路线、所需时间等。

2. 讲解与引导游览相结合

在游览过程中，地陪要适时进行讲解，切忌"游而不导"，也不要搞"一言堂"。导游人员既要娓娓而谈，内容繁简适度，语言生动形象，又要考虑游客的自主欣赏愿望，使游

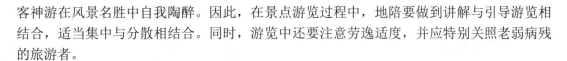

客神游在风景名胜中自我陶醉。因此，在景点游览过程中，地陪要做到讲解与引导游览相结合，适当集中与分散相结合。同时，游览中还要注意劳逸适度，并应特别关照老弱病残的旅游者。

3. 讲解之余要注意安全

地陪要自始至终与旅游者一起活动，并留意游客的动向，观察周边的环境，和全陪、领队密切配合，随时清点人数，以防旅游者走失和其他意外事情的发生。

六、其他服务

旅游者的吃、住、行、游、购、娱是旅游活动的日常内容。地陪除需提供住宿服务、参观游览活动服务外，餐饮服务、购物服务、文娱活动服务、会见活动服务等也是其日常导游服务的一部分，这些同样会影响到旅游者旅游消费的满意程度和导游服务的质量。

(一)餐饮服务

旅游团在旅游地的用餐主要有四种情况，即团队餐、自助餐、风味餐和宴请。

1. 团队餐

地陪要提前落实本团当天的用餐，对午、晚餐的用餐地点、时间、人数、标准及特殊要求逐一进行核实并确认。

到达餐厅后，地陪应简单介绍餐馆及其菜肴的特色，引导旅游者到餐厅入座，介绍餐馆的有关设施。

旅游团就餐时，地陪要巡视用餐情况1~2次，询问客人对菜肴的意见和要求，解答旅游者在用餐中提出的问题，处理游客对餐饮方面提出的要求，并监督、检查餐厅是否按规定的标准提供服务，如发现有质量问题，要及时同餐馆方面交涉。

2. 自助餐

自助餐是指餐厅把事先准备好的食物饮料陈列在食品台上、由客人自行取用的一种常见的旅游团队用餐形式。旅游者进入餐厅后，即可自己动手选择符合自己口味的菜点，然后到餐桌上用餐。自助餐方便、灵活，旅游者可以根据自己的口味，各取所需，因此深受旅游者欢迎。在用自助餐时，地陪要强调自助餐的用餐要求，提醒旅游者注意节约、卫生，不可以打包带走。

3. 风味餐

旅游团品尝具有地方特色的风味食品有两种形式，一种是旅游接待计划内安排的。地陪应事先了解本地主要风味餐馆的特色、历史渊源。进餐时，地陪要向游客介绍风味名菜，并与游客进行交流。另一种是旅游接待计划之外的，是游客自发的自费品尝形式。若游客邀请地陪参加，地陪应注意不要反客为主。

4. 宴请

宴请活动包括宴会、冷餐会和酒会等。地陪带领旅游团参加宴请活动要注意遵守活动礼仪和本地风俗，着装要符合活动要求，整洁大方，必要时承担翻译等服务工作。

(二)购物服务

购物是旅游的一大内容，在创造旅游经济效益方面具有极大的潜力。购物消费在旅游消费中也是伸缩性最大的部分。地陪的购物服务应建立在旅游者"需要购物、愿意购物"的基础上，不能欺骗、强制购物。

地陪应严格执行《中华人民共和国旅游法》的规定，根据接待计划规定的购物次数、购物场所和停留时间带领游客购物，不擅自增加购物次数和延长停留时间，更不强迫游客购物。

开展导购之前，地陪首先要了解游客的购物意愿，掌握其购买目标、购买能力和购买欲望，然后有针对性地推荐一些游客感兴趣的商品，并介绍本地商品的特色。

游客在购物时，地陪应向全团讲清停留时间及有关购物的注意事项，必要时承担翻译工作。如果游客所购物品需要托运，地陪应协助其办理有关托运手续。游客购买贵重物品、中医药品、金银制品、古董文物等物品时，地陪要告知游客本国(地)在此类商品购买、运输及出入境等方面的规定。

地陪要注意监督购物商店工作人员是否有欺诈行为。如果发现商店不按质论价、抛售伪劣商品、不提供标准服务时，地陪应及时向商店管理人员或旅游管理部门反映，以维护游客的正当权益。若有小商贩强拉强卖，地陪应提醒游客不要上当受骗。

(三)文娱活动服务

旅游团的文娱活动分计划内和计划外两种情况。

对于在旅游接待计划内安排的文娱活动，地陪应在赴演出场地的途中对将要观看的节目做简要介绍，包括主要内容、特点及如何欣赏等。到达演出场地后，地陪要引导旅游者入座，解答游客的问询。在旅游团观看节目的过程中，地陪应自始至终坚守岗位。

在演出休息和结束时，地陪应提醒旅游者不要走散和遗忘物品，注意安全，和全陪、领队密切配合，注意游客的动向和周围的环境，以防意外发生。

旅游者要求自费观看计划外的文娱节目时，地陪宜给予协助，如帮助购买门票、代订出租等，但不必陪同前往。若在旅游者盛意邀请下前往，地陪应注意分寸。对于游客要观看格调低下的不健康的文娱节目时，地陪要进行劝阻。

(四)会见服务

游客(主要是外国专业旅游团)会见中国方面的同行或负责人时，导游人员可充当翻译。若有翻译，导游人员则在一旁静听，并做好记录。

地陪事先要了解会见时是否要互赠礼品，礼品中是否有应纳税物品。若有，应提醒有关方面办妥必要的手续。

外籍游客若要会见在华亲友，地陪应协助安排，但一般情况下不参加会见，也没有担当翻译的义务。

七、结束当日活动时的服务

(一)回顾当天活动

活动结束返回饭店的路上，地陪可简要回顾当天的旅游活动并询问游客的感受，必要时可以补充讲解过程中遗漏的重要内容。

(二)沿途导游

如果旅游团返回路线与往途路线不同，地陪应做沿途风光导游；如果返回路线与往途路线基本一致，地陪可补充往途中遗漏的内容并回答游客的问询。如果游客经过一天的游览活动普遍比较疲劳，地陪可以让游客休息。

(三)预告次日或当晚的活动安排

返回饭店下车前，地陪要向游客预报次日或当晚的活动安排。与领队和全陪协商后，地陪可直接通知游客集合的时间和地点等。如果当晚无活动安排，游客可能会自行外出活动，地陪要提醒游客带好饭店的卡片，结伴同行。下车时，地陪应提醒游客带好随身物品，自己先下车，然后协助游客下车，并通知饭店总服务台或楼层服务台次日的叫早时间和用餐时间。

八、送站

送站是导游接待服务的最后一个环节，地陪要善始善终，对接待过程中曾发生过的不愉快的事情，地陪应尽量做好弥补工作，使旅游者顺利、安全离站。

(一)送站前的准备

1. 核实交通票据

(1) 旅行团离开的前一天，地陪应核实旅游团的交通票据是否订妥。确认订妥后，地陪还要弄清楚旅游团航班(车次、船次)和起飞(开车、起航)时间，进行"四核实"，即计划时间、时刻表时间、票面时间、问询时间是否一致。如果航班(车次、船次)和时间有变更，应当提醒全陪、领队和地接社及时通知下一站接待社，以免造成漏接。

(2) 如系旅游团离境，地陪应向其介绍办理出境手续的程序，提醒领队和游客提前准备好海关申报单，以备海关查验。如系乘机离境，地陪还应掌握该团机票的种类，提醒或协助领队确认座位。

2. 商定交付行李时间

如果旅行社或饭店安排了行李服务，地陪要提前与行李员取得联系，商定行李交接及运送的时间，然后与领队、全陪或者游客商定交付行李的时间及方式。地陪要向游客讲清

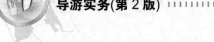

楚托运行李的具体规定和注意事项。

3. 商定出发时间

由于旅游车司机对于交通路况比较熟悉，地陪应先与旅游车司机商定出发时间，然后征求领队、全陪或者游客的意见，最后通知所有游客出发的时间及地点。如果旅游团离开本地的时间较早，地陪还要与领队、全陪商定叫早和用早餐的时间，并通知饭店有关部门和旅游者。

一般来说，地陪带领旅游团到达机场(车站、码头)应当留出足够的空余时间，具体要求是：出境航班提前 3 小时或按航空公司规定的时间；国内航班提前 2 小时；火车和轮船提前 1 小时。

4. 协助饭店结清账目

(1) 地陪应及时提醒、督促旅游者尽早与饭店结清有关自费项目的账目，如洗衣费、长途电话费、饮料费等。若旅游者损坏了客房设备，地陪应协助饭店妥善处理赔偿事宜。

(2) 地陪应及时将旅游团的离店时间通知饭店有关部门，提醒其整理好本团入住的所有账目，以便及时结算。如果地方接待社采取的是签单方式，地陪要提前准备好结算单据。

5. 及时归还证件

一般情况下，地陪不应保管旅行团的旅行证件，即用完后应立即归还旅游者或领队或全陪。在离站前一天，地陪要检查自己的物品，看是否保留有旅游者的证件、票据等。若有，应立即归还，当面点清。如果本地是外宾团在华的最后一站，地陪要提醒领队准备好全部护照和出境卡，以便交边防站和海关检查。

(二)离店服务

1. 集中交运行李

离开饭店前，地陪要按商定好的时间与饭店行李员办好行李交接手续。旅游者的行李集中后，地陪应与领队、全陪、行李员共同确认托运行李的件数，并检查行李捆扎、破损情况等，然后交付行李员送往机场(车站、码头)。这期间也需请游客核实自己的行李。

2. 办理退房手续

旅游团离开饭店前，如无特殊原因，地陪应在饭店退房时间以前办理退房手续或通知旅行社有关人员办理。

3. 集合登车

待游客在约定时间内到齐后，地陪应引导游客登车。上车后，地陪应仔细清点人数，并询问旅游者是否结清饭店账目、是否遗落物品、是否交回房间钥匙等。待游客入座后，地陪要仔细清点人数，开车前，再次提醒旅游者清点一下随身携带的物品，如无遗漏，则在征询领队和全陪意见后开车离开饭店。

(三)送行服务

1. 致欢送辞

导游人员致欢送辞，可以加深与旅游者之间的感情。俗话说："结句如撞钟。"致欢送辞时，语气应真挚、富有感情，并让人回味。地点可选在行车途中，也可在机场(车站、码头)。

欢送辞的内容应包括以下几项：

(1) 回顾旅游活动，感谢大家的合作。

(2) 表达友谊和惜别之情。

(3) 诚恳征求旅游者对接待工作的意见和建议。

(4) 若旅游活动中有不顺利或旅游服务有不尽如人意的地方，导游人员可借此机会再次向旅游者赔礼道歉。

(5) 表达美好的祝愿，并期待重逢。

2. 发放"旅游服务质量评价意见表"

在送站途中，地陪一般应向游客发放"旅游服务质量评价意见表"，征求游客对本次旅游活动安排的意见，以便旅行社和导游人员改进日后的工作。告知游客还可通过在线平台评价旅游服务质量。

3. 办理离站手续

(1) 移交交通票据和行李票。

到机场(车站、码头)后，地陪迅速与行李员联系，协助行李员与领队、全陪或者游客交接行李、托运单或行李卡。出境团由游客自己办理行李托运手续，必要时地陪可协助游客办理购物退税手续。

(2) 协助办理登机(车、船)手续。

地陪协助全陪、领队发放交通票据给旅游者，办理登机(车、船)手续，并引导所有游客前往机场候机楼(或车、船等候大厅)的安检口。

4. 与司机结账

送走旅游团后，地陪应与司机核实用车公里数，在用车单据上签字，并保留好单据。

九、后续工作

(一)结算账目

地陪要在旅行社的空白核算单上填写带团过程中的开支情况，分类粘贴好所有的发票及签单凭证，交旅行社相关部门报账和备案。在核算单中，地陪应写明开支项目、开支时间、开支金额和报账凭证。如果在带团过程中发生了意外开支，地陪要详细注明增加费用的原因及处理过程。

(二)处理遗留问题

送走旅游团后,地陪应妥善、认真处理好旅游团的遗留问题,如游客遗忘物品、伤病游客滞留、游客委托购买、游客委托转交和游客投诉等,均需按有关规定和领导指示办理。

(三)总结带团情况

及时总结是保证导游服务质量不断提高的重要手段。总结的方式包括书面总结和口头总结两种。初次担任导游工作的人员、接待了 VIP 团队的导游人员、带团过程中出现重大事故或严重服务缺陷的地陪要写出书面的专题总结向领导汇报。其他情况下,地陪可以口头向有关业务领导进行汇报。

(四)归还物品

地陪应提交导游日志及旅游服务质量评价表,并及时归还在旅行社所借物品。

第二节　全陪服务规程

全陪服务规程始于全程陪同导游人员接受旅行社下达的旅游团队接待任务,其结束有两种情况,一是全陪将所接待的外宾团送离本国国境并做完所有后续工作;二是全陪带领所接待的内宾团返回出发地散团并做完所有后续工作。

全陪作为组团社的代表,自始至终参与旅游团全程的活动,负责旅游团移动中各环节的衔接,监督接待计划的实施,协调领队、地陪、司机等旅游接待人员的协作关系。

一、前期准备

全陪的前期准备阶段是从接到国内组团旅行社下达的接待任务开始,到前往首站地机场(车站、码头)接到外宾团或带领本地内宾团踏上前往首个旅游目的地旅途为止的阶段。

(一)熟悉接待计划

上团前,全陪要认真查阅接待计划及相关资料,了解旅游团的全面情况。

1. 记住团队信息

记住旅游团的名称、团号、国别、人数和领队姓名。

2. 了解游客情况

了解旅游团成员的民族、职业、姓名、性别、年龄、宗教信仰、生活习惯以及团内较有影响的成员、需要特殊照顾的对象和知名人士的情况。

3. 熟悉各站的衔接

熟悉旅游团抵离旅游线路各站的时间、所乘交通工具的航班(车、船)次，以及交通票据是否订妥或是否需要确认、有无变更等情况。摘记有关地方接待社的电话和传真号码，以便于联系。

4. 了解各站的安排

了解各站安排的主要参观游览项目、文娱节目、住宿餐饮、收费及付款方式等情况，并了解是否有特殊安排，如会见、座谈等。

(二)物质准备

上团前，全陪要做好必要的物质准备，携带必备的证件和有关资料，其中包括本人的身份证、导游证、接待任务表、全陪日志和团款等。由于全陪的工作范围通常都远离自己的住处，因此全陪在出发前必须带好换洗衣物、药品等个人用品，并妥善保管好。

(三)知识准备

全陪的知识准备主要包括两个方面，一是结合旅游团的特点和各站旅游活动的项目特点，准备一些关于各地最重要旅游景点的辅助讲解资料。根据不同的旅游线路和不同游客的特点，准备的专题知识应有不同；二是根据旅游交通转移的路线，准备一些转移沿途各地的概括性资料。

与地陪一样，全陪在上团之前，也要了解一下最近的天气预报、热门话题、国际动态等即时信息。如果是接外宾团，全陪也要适当强化自己的口语表达能力，并了解旅游者所在国的历史、政治、经济、文化和礼俗等方面的知识。

(四)心理准备

全陪在各地奔波，其工作时间远远长于任何一地的地陪的工作时间，短则三四天，长则半个月、二十来天。如此长时间地从事服务工作，内容既繁杂又单调，很容易引起全陪的疲劳感。另外，由于游客与全陪接触较长时间后，一般会将全陪视为自己人，因而在全陪面前比较放纵，一些不良习气就会暴露出来。因此，全陪应该有足够的心理准备来应对这种长时间出门在外所带来的疲劳感和面对游客放纵行为所产生的厌烦感。

(五)联系首站地地陪或旅游团队

如果接待的是外宾团，全陪要在旅游团抵达本地的前一天同首站地地陪取得联系，了解其准备情况，并约好次日的会合出发时间和地点。如果接待的是内宾团，全陪要在旅游团出发的前一天，同旅游团的游客取得联系，约好次日集合登机(车、船)的时间及地点。

二、首站(入境站)接站或转移服务

如果全陪接待的是外宾团，首站接站服务成为全陪直接面向游客服务的开始。如果全陪接待的是内宾团，全陪直接向游客提供的第一项导游服务就是转移服务。

(一)首站接站服务(外宾团)

在入境站顺利完成对旅游团的首次接待，是全陪同旅游者建立良好关系的基础，因此首站接站服务要使旅游团抵达后能立即得到热情友好的接待，使旅游者有宾至如归的感觉。

(1) 全陪应与首站地地陪取得联系，并与地陪一起提前30分钟到达接站地点。

(2) 全陪协助地陪尽快认找旅游团，与领队简单接洽，并一起核实实到人数。如人数有变，应及时通告组团社，由组团社再通知各地接待社。

(3) 把地陪介绍给领队，协助地陪、领队和行李员共同清点好游客的行李并办好行李的交接手续。

(4) 致欢迎辞。待游客全部上车后，全陪要在地陪之前向游客致欢迎辞。欢迎辞内容参照地陪欢迎辞的规范，包括对旅游团表示欢迎、自我介绍并将地陪介绍给全团、表示提供服务的诚挚愿望和预祝旅游活动顺利愉快等。

(5) 提醒注意事项。全陪要提醒外宾团的游客在中国旅游和日常生活中要注意到的一些地方，如有关法律法规与他国不同的规定等。这些内容是需要反复强调的。

(二)首站转移服务(内宾团)

1. 出发前的集合

全陪应提前30分钟到达指定集合地点，佩戴好导游证并举起公司导游旗等待游客。清点游客人数，按行前说明会上最终落实的名单逐一核实游客的集合情况，及时处理诸如游客迟到或临时取消旅行计划等问题。

2. 致欢迎辞

游客到齐后，全陪应致欢迎辞并简要介绍行程，提醒注意事项。如旅行社有赠品，如旅行包、帽子、社徽等，可借此机会分发到每一位游客的手中。

3. 出发

以乘坐飞机的旅游团全陪服务工作为例，全陪应收集好游客的有效身份证件、清点并集中游客的托运行李后，协助游客办理乘机手续及行李托运手续，然后告知客人登机牌的相关信息说明，发还游客的有效身份证件，带领客人有序通过安全检查，引领客人进入指定候机大厅和登机，协助空乘人员为团队提供必要的服务等。

飞机起飞前与目的地接待旅行社地陪联系，通报自己的航班号、起飞时间和团队临时性的变化等信息。

当到达首站旅游目的地后，全陪应及时与地陪联系，尽快与地陪接洽。

三、入住服务

导游人员应在旅游团进入饭店后尽快办理完住宿登记手续、进住客房并取得行李。

(1) 积极主动地办理(内宾团)或协助领队办理(外宾团)旅游团的住店手续。

(2)　负责分配(内宾团)或请领队分配(外宾团)住房，掌握住房分配名单，并与领队互通各自房号以便联系。

(3)　照顾行李进房。

(4)　照顾游客住店期间的安全和生活。如地陪不住饭店，全陪要负起全责，照顾好旅游团，还应协助有关人员随时处理旅游者进店过程中可能出现的问题。

(5)　掌握饭店总服务台的电话号码和与地陪紧急联系的办法。

四、核定日程

全陪应认真与地陪和领队核对、商定日程。如遇难以解决的问题，应及时反馈给组团社，及时答复领队。

全陪在与地陪、领队洽谈接待计划及活动日程时，应以组团社的接待计划为依据，尽量避免大的修改，小的不涉及接待标准和费用变化的变动则主随客便，而对无法满足的要求应耐心解释。对领队持的一些有较大出入的提议，全陪应立即请示组团社，再作出决定。详细日程商定好后，请领队向全团正式宣布。

五、各站服务

全陪在各站的服务，应使接待计划得以全面顺利实施，各站之间有机衔接，各项服务适时、到位，并保护好旅游者人身及财产安全，使突发事件得到及时有效的处理。

(一)全陪应向地陪通报旅游团的情况，并积极配合地陪工作，预防和处理各种事故

全陪自始至终参与旅游者的全部旅程的活动，因此比地陪更深入了解旅游团，如旅游者的需要、旅游兴趣、个性脾气、团队中的"活跃人物"和"中心人物"等。全陪应积极向地陪通报这些情况，协助地陪工作。当个别游客提出合理而又可能满足的要求时，要协同地陪尽量帮助解决；如发生旅游者患急病、证件丢失、交通事故等突发性旅游事故时，应协同地陪按有关原则进行处理。

(二)监督各地服务质量，酌情提出改进意见和建议

旅游者主要是按照组团社提供的接待计划来评价旅游产品的供给质量的，因此全陪要监督各地的旅游活动安排是否适时、到位。如果发现活动安排与前几站有明显重复、旅游行程安排过紧或过松等，要及时向地陪指出，并给出调整建议；通过观察和向游客了解等方式检查各地旅游产品的供给质量，如交通、住宿、饮食、地陪服务等；如果对当地的接待工作有意见和建议，全陪应向地陪提出，必要时报告组团社。

(三)维护和保障旅游者的安全

在游览活动中，全陪要注意观察周围的环境，提醒旅游者注意人身和财物安全。在参

观游览过程中，全陪要走在全团的最后，留意游客的动向；协助地陪圆满完成导游讲解任务；每次上车或集合时，要负责清点人数，避免旅游者走失或发生意外；旅游团抵离各站时，负责清点行李；境外旅游者购买中成药、中药材或贵重物品，特别是文物时，要提醒其保管好发票，以备出海关时查验，并告之中国海关的有关规定，等等。

(四)做好联络协调工作

(1) 全陪应做好领队与地陪、旅游者与地陪之间的联络、协调工作。

(2) 全陪应做好旅游线路上各站间，特别是上、下站之间的联络工作，及时通报情况，如领队的意见、旅游者的要求等，并落实接待事宜。

六、离站服务

全陪在离站前应衔接好送站及下站接站工作的各个环节，并做好旅游团搭乘交通工具的服务工作。

(一)提醒地陪落实离站的交通票据及离站的准确时间

如果离站时间有变，全陪还要迅速通知下一站接待旅行社。

(二)协助领队和地陪办理行李事宜

(1) 全陪应向领队和旅游者讲清中国航空、铁路、水路有关托运或携带行李的规定。

(2) 全陪应协助领队、地陪清点旅游团行李，与行李员办理交接手续。

(三)认真做好旅游团搭乘交通工具的服务

到达机场(车站、码头)后，全陪应与地陪交接交通票据、行李卡或行李托运单。交接时一定要点清、核准并妥善保存，以便到达下站后能够顺利出站。

(四)与地陪按规定办好财务手续，并妥善保管好财务单据

离站前，全陪应与地陪按规定办好财务手续，并妥善保管好财务单据。

七、转移途中的服务

在向异地移动途中，无论乘坐何种交通工具，全陪应提醒旅游者注意人身和物品的安全；组织好娱乐活动，协助安排好饮食和休息，并解决转移过程中遇到的各种突发问题，努力使旅游团旅行充实、轻松、愉快。

长途旅行中，全陪应在旅行途中加强与游客之间的信息沟通，了解游客的最新需求动态，回答游客的各种问题，并组织一些活动活跃气氛。

抵达目的地后，全陪带领旅游团出站，做好与地陪的接头工作。全陪应如实地将旅游团游客的情况告知地陪，以协助地陪做好接待工作。

八、末站(离境站)送站服务

末站(离境站)的服务是全陪服务中最后的接待环节，全陪应使旅游团顺利离开末站(离境站)，并留下良好的印象。

如果是入境团，应提醒和协助领队落实好旅游团出境的机票确认和行李托运事宜。

全陪应提醒旅游者带好自己的物品和证件，征求旅游者对接待工作的意见和建议。

入境团全陪在末站地的地陪之后致欢送辞，内宾团全陪应在散团之前致欢送辞。内容大致包括：简单回顾整个旅游过程，指出行程中的亮点，表示与旅游者共同度过了愉快的旅行生活；感谢大家的支持与合作；对由于工作失误而使游客蒙受损失或感到不快的事应再次表示歉意，求得游客的谅解或予以弥补；征求游客对整个接待工作的意见和建议；期待再次同行出游等。

抵达机场(车站、码头)后，应提醒游客各自携带好自己的行李。如果是送别出境团，全陪还应提醒领队出关时准备行李托运所需要的证件和表单，提醒游客准备好证件、交通票据、出境卡和申报单等。

九、后续工作

下团后，全陪应认真处理好旅游团的遗留问题，总结带团经验和体会。

(1) 认真、及时填写《全陪日志》或其他旅游行政管理部门和组团社所要求的资料。《全陪日志》内容应包括：旅游团的基本情况、旅游日程安排及交通情况、各地接待质量(包括客人对食、住、行、游、购、娱各方面的满意程度)、发生的问题及处理经过、旅游者的情况反映及改进意见等。

(2) 处理好遗留问题，提供尽可能的延伸服务。

(3) 做好总结工作。对于特殊事件，全陪应书面或口头向国内组团社汇报，并建议派专人调查、解决这些问题，建立详细档案，以备随时查询。

(4) 尽快结清该团账目，归还物品。

(5) 开展售后服务。长期的跟踪调查可以增强客户的忠诚度。例如全陪经常与团队的核心人物联系，告知最近要组织的和将来可能组织的旅行，为他们提供更多的旅游信息等。

第三节　景区景点导游服务规程

景区景点导游服务主要是指旅游区、自然保护区、博物馆、纪念馆、名人故居等地的导游服务。2011 年，国家旅游局制定了《旅游景区讲解服务规范》，对景区导游的从业素质和导游讲解服务质量做出了规定。导游人员通过讲解，使游客对该景区景点或参观地的全貌和主要特色有较为全面的了解，并增进游客对保护环境、生态系统或文物意义的认识。

一、服务准备

(一)业务准备

(1) 了解接待的旅游团(者)的基本情况,如人数、性质、身份、宗教信仰、风俗习惯等。

(2) 了解客源地的相关知识,如地理、历史、人口、经济、城市建设、民俗等。

(3) 分析游客的心理,根据游客的职业、身份、性别、年龄等了解游客的爱好,做到有针对性地进行知识准备。

(4) 熟悉景区景点或参观地的管理规定。

(5) 提前了解服务当天的天气和景区景点的道路情况。

(6) 准备应急预案。在带团前对游览中可能发生的各种意外做出处理预案,备好有关联系电话。

(二)知识准备

景区(点)导游的工作区域相对固定在一个景区或景区的几个景点。这就要求导游人员对景区的情况全面掌握,而且不断地更新、储备新的知识,同时还要不断地扩展知识面。凡是与景区(点)相关的知识都需要不断地积累,以便更好地为游客提供有效的服务。知识准备主要包括以下五个方面。

(1) 了解所在景区(点)的基础知识。了解景区(点)的名称、建筑特色和建筑风格、历史沿革、民间传说、风光特色、价值等,以满足普通游客对景区(点)的讲解要求。

(2) 熟悉景区(点)相关背景知识,即景区(点)所涉及的学科知识。如讲岳阳楼,涉及建筑、历史、文化、地理等知识;如讲张家界国家森林公园,涉及地质地貌、环境保护、动植物、地理成因等知识。了解这些背景知识,导游讲解时就能旁征博引、举一反三,收到良好的讲解效果,也能正确回答游客提出的相对专业的问题。

(3) 掌握中外相关景区(点)的特色和价值。对相关景区(点)的特色和价值有专门的了解和研究,就能进行比较,能够客观评述业内主流的学术观点,能提出令人信服的个人见解。

(4) 熟悉景区(点)的管理规定。

(5) 掌握必要的环境和文物保护知识以及安全知识。

(三)物质准备

(1) 准备好导游图册或有关资料。

(2) 准备好导游讲解的工具或器材。

(3) 佩戴好上岗标志。

(4) 接待团队时所需的票证。

(四)形象准备

(1) 着装整洁得体,也可以根据景区的要求穿着工作服或指定服装。

(2) 饰物佩戴及发型以景区的原则要求为准。

(3) 言谈举止应文明稳重，自然而不做作。

(4) 接待游客应热情诚恳，符合礼仪规范。

二、导游讲解服务

(一)致欢迎辞

欢迎辞的内容包括问候语、自我介绍、表示愿意为大家服务以及期待多加指导的愿望、预祝游客旅游愉快等。

(二)导游讲解

(1) 带领旅游者按参观游览路线进行分段讲解。讲解应视旅游者的不同类型及其兴趣、爱好有所侧重，积极引导旅游者参观和观赏。

对景区景点或参观地进行讲解时，要做到知识性、趣味性、科学性三者兼备。讲解内容主要包括以下方面：

① 历史背景或成因，即景区(点)何年所建，当时的历史背景是什么。对于自然景观还需要说明其自然的成因。

② 景区(点)用途，就是为什么而建，或者说当时的建造目的，这主要是针对人文景观而言。

③ 景区(点)特色，即景观上有何独特之处，景观观赏点的分布、建筑结构布局有何特点，参观意义何在，美学价值如何等。

④ 景区(点)地位，即该景区(点)在世界、全国、省内、市内处于何种地位。

⑤ 景区(点)价值，包括历史价值、文物价值、学术价值、旅游价值、美学价值、教育功能等。

⑥ 名人评论，即利用"名人效应法"介绍景区(点)受人赞颂的情况。

(2) 结合有关景物或展品适时宣传环境、生态系统或文物保护知识，并解答旅游者的询问。

(3) 提醒游客参观游览的有关规定和注意事项，并关注旅游者的动向与安全。

三、送别服务

送别服务中最重要的内容是致欢送辞，首先要对旅游者参观游览中的合作表示感谢，并征询意见与建议，欢迎再度光临指导，若备有景区景点或参观地的有关资料或小纪念品，可赠予他们，以作留念。

第四节　散客导游服务规程

散客导游服务是旅行社在接受了散客旅游者或小包价旅游团某方面的委托后，派遣导游人员为其提供的导游服务。虽然散客旅游与团队旅游在接待工作和接待程序上有许多相似的地方，但也有不同之处。导游人员不能全盘照搬团队旅游的导游服务程序，而应掌握散客服务的特点，按照旅行社与他们签订的"旅游委托书"的内容来提供服务。

一、散客旅游与团队旅游的区别

散客旅游具有形式灵活、选择性强等特点，它与团队旅游相比，主要区别有以下几点。

(一)旅游行程的计划与安排不同

散客旅游一般是由游客自行计划和安排其旅游行程的；团队旅游的行程则是由旅行社或其他旅游服务中介机构来计划和安排。当然，某些散客出游前的旅游咨询和出游后的某些旅游事项也会委托旅行社办理。

(二)付费方式不同

散客旅游的付费方式是零星现付，即购买什么、购买多少，都按零售价格当场支付；团队旅游多采用包价形式，即全部或部分基本旅游服务费用由游客在出游前一次性支付。

(三)价格不同

散客旅游活动项目是按零售价格支付，相对较贵；团队旅游在某些项目上可享受折扣优惠，相对便宜。

(四)自由度不同

散客旅游中的旅游者自由度大，团队旅游的旅游者受团队的约束。

(五)人数不同

散客旅游人数多少不一，现阶段我国规定散客旅游人数在 9 人及以下，团队包价的旅游人数则在 10 人及以上。

二、散客导游服务的特色和要求

旅行社为散客旅游者或小包价旅游团提供的旅游服务类型主要有单项委托服务、旅游咨询服务和选择性旅游服务三种类型。其中，涉及导游服务的主要是按照旅行社的指示，提供散客旅游者或小包价旅游团的接站和送站服务，陪同散客旅游者或小包价旅游团在本地旅游景点参观游览等。

(一)散客导游服务的特色

1. 服务项目少且比较单一

除了小包价旅游之外，散客旅游要求旅行社提供的导游服务项目相对较少，有的只需提供单项服务，例如导游的接站和送站服务，只需将游客从交通集散地(机场、车站或码头)接到饭店或将游客从饭店送至交通集散地即可。

2. 服务周期短、周转较快

散客导游服务由于服务项目少，所需服务时间较短，同一导游人员在同一时期内接待的游客批次多，人员周转很快。

3. 服务难度较大，服务程序相对复杂

散客导游服务在短时间内需要不断地面对陌生而性格各异的游客，因而其服务工作难度较大。尤其是接待那些参加"一日游"或"数日游"的选择性旅游团，它是旅行社通过招徕的形式，将赴同一旅行线路或相同旅游景点的不同地方的游客组织起来，分别按单项价格计算旅游费用的旅游团，没有领队和全陪，临时组建，旅游时间短，游客之间互不相识，缺乏团队意识，因而导游人员工作难度更大。散客导游服务程序也比较复杂。例如景点参观游览的导游服务，在出发时间和集中地点上，导游人员事先要一一通知确认，如果游客分住不同的饭店，还需计算好时间，到各个饭店去接游客。

4. 游客自由度高，变化大

散客旅游是一种自主式旅游，旅游者自主意识比较强，一般不愿意导游人员过多地干涉其自由。并且，散客旅游者在旅游过程中容易向导游人员提出一些个别要求。例如在参观旅游景点时，散客旅游者在听完导游人员介绍后，往往根据各自的喜好，向导游人员提出提前结束或推迟结束游览等要求。

(二)散客导游服务的要求

目前，散客旅游已成为国际上旅游活动的主要形式，是旅游市场成熟的标志之一。散客往往比团队旅游的游客更为注重对旅游服务的效率和质量，因而对散客导游服务工作提出了更高的要求。

1. 高效率的接待服务

散客旅游由于游客自主意识强，往往要求导游人员有较强的时间观念，能在较短的时间内为其提供快速高效的服务。如接站、送站时，散客不仅要求导游人员要准时抵达接、送地点，而且也急于了解行程的距离和所需的时间，希望能尽快抵达目的地，这就要求导游人员能迅速办理好有关手续。

2. 高质量的导游服务

散客一般旅游经验较为丰富，文化层次较高，往往不太满足导游人员对目的地和游览景点作一般性的介绍，而要求导游人员有更能突出景点文化内涵和地方特色的讲解，以满

足其个性化和多样化的需求。因此，导游人员的知识面要广、文化素养要高，才能保证提供较高质量的散客导游服务。

3. 较强的独立工作能力和语言表达能力

散客旅游由于没有领队和全陪，导游服务的各项工作都由一名导游人员承担。一旦出现问题，导游人员都需要独自处理。尤其是带选择性旅游团时，由于团员之间互不相识，性格各异，在某些问题上可能发生意见分歧，甚至会出现激烈的争执，这就需要导游人员具有很强的协调能力、组织能力和语言沟通能力。

三、散客导游服务规程

(一)接站服务

散客接站服务是散客到达旅游目的地之前向旅行社办理的委托服务。导游人员的主要任务是按散客的委托要求将其从交通集散地接送到客人预订的饭店。

1. 服务准备

迎接的准备工作是接待好游客的前提。

(1) 认真阅读接待计划。导游人员应明确迎接的日期、航班或车次的抵达时间、游客姓名、人数、下榻的饭店、服务项目及是否与其他游客合乘一辆车至下榻饭店等。

(2) 做好出发前的准备工作。导游人员要准备好迎接游客或小包价旅游团的欢迎标志或接站牌，随身携带导游证、导游旗。

(3) 联系交通工具。导游人员要与计调部确认司机姓名并与司机联系，了解车型和车号，约定出发的时间和地点。

2. 接站服务

接站时要给散客旅游者或小包价旅游团留下热情友好、细心周到的印象，让其有宾至如归的感觉。

(1) 提前30分钟到交通集散地等候。

(2) 迎接游客。在航班(火车、轮船)抵达时刻，导游人员应在出口易于被游客发现的位置举牌等候，以便游客前来联系；导游人员也可根据游客的特征上前询问。

确认迎接到应接的游客后，应主动问候，介绍所代表的旅行社和自己的姓名，对其表示欢迎。询问游客在机场(车站、码头)是否还有需要办理的事情，并给予必要的协助。询问游客行李件数，帮助游客提取和清点行李，引导客人上车。如果是有行李服务的小包价旅游团，行李清点后交行李员运送。

如未接到应接的散客或小包价旅游团，导游人员应立即拨打游客的电话，如果游客没有接听电话，应询问机场(车站、码头)的工作人员，确认本次航班(火车、轮船)的游客已全部进港且在隔离区内已没有出港的游客。导游人员要与司机配合，在可能的范围内寻找至少20分钟。若确实找不到应接的游客，应与旅行社计调人员电话联系，报告迎接的情况，核实游客或旅游团抵达的日期或航班(车次、船次)有无变化。当证实迎接无望时，经计调部门同意，方可离开机场(车站、码头)。如果得知没有接到的旅游者已自行入住饭店，应前往旅游者下榻的饭店，主动与其联系，表示歉意，并按计划和程序安排散客的有关服务事项，然后向旅行社报告。

3. 沿途导游服务

在从机场(车站、码头)至下榻饭店的途中，导游人员对散客旅游者或小包价旅游团应像团体包价旅游团一样进行沿途导游，介绍所在城市的概况，下榻饭店的地理位置和设施，以及沿途景物和有关注意事项等。对个体散客，沿途导游服务可采取对话的形式进行。

4. 入住饭店服务

导游人员应使散客旅游者或小包价旅游团进入饭店后尽快完成住宿登记手续，进入房间。

(1) 帮助办理住店手续。游客抵达饭店后，导游人员应帮助游客办理饭店入住手续，向游客介绍饭店的主要服务项目及住店注意事项，并记下游客的房间号码。按接待计划向游客明确饭店将为其提供的服务项目，并告知游客离店时要现付的费用和项目。小包价旅游团行李抵达饭店后，导游人员要负责核对行李，并督促行李员将行李运送到游客的房间。

(2) 确认日程安排。导游人员在帮助游客办理入住手续后，要与游客确认日程安排，并交代相关事宜。如果有送站服务项目，要与其商定离店时间与送站安排。

5. 其他服务

导游人员在为游客提供接站服务的过程中，应适时询问游客在本地停留期间是否需要旅行社为其代办何种事项，并表示愿竭诚为其提供服务。

6. 后续工作

接站服务完毕后，导游人员应及时将同接待计划有出入的信息及游客的特殊要求反馈给旅行社。

(二)游览服务

散客游览服务是旅行社接受散客去某一旅游线路、旅游区或旅游点游览的委托后，派遣导游人员为其提供的导游服务。在游览服务工作中，导游人员应多倾听游客的意见，做好组织协调工作。尤其是散客选择性小包价旅游团，团员们来自不同的地域，游览中相互无约束，导游人员更应多做提醒工作，多提合理建议，努力使游客的参观游览过程安全、顺利。

1. 出发前的准备

导游人员应与司机确定好出发的时间和地点，督促司机做好出发前的有关准备工作。携带游览券、导游旗、导游证、宣传资料等有关物品，提前15分钟抵达出发地点，引导游客上车。如是散客小包价旅游团客人分住不同的饭店，导游人员应偕同司机驱车前往各饭店接游客。游客接齐后，再驱车前往游览地点。

2. 沿途导游服务

散客的沿途导游服务与团队游客大同小异。如导游人员接待的是散客小包价旅游团，初次与游客见面时，应致欢迎辞，代表旅行社、司机向游客致以热烈的欢迎，表示愿竭诚为大家服务，希望大家予以合作，多提宝贵意见和建议，并祝大家游览愉快、顺利。

3. 现场导游讲解

抵达游览景点后，导游人员应向游客提供游览路线的合理建议，由游客自行选择。讲解方法更为灵活，如是为个体散客导游，可采用对话的形式；如是散客小包价旅游团，导游人员应陪同旅游团，边游览边讲解，随时回答游客的提问。游览时，导游应注意观察散客的动向和周围的情况，以防游客走失或发生意外情况。

4. 其他服务

景点游览结束后，导游人员要将游客送回下榻的饭店。另外，由于散客自由活动时间较多，游客回到饭店后，导游人员还应当好他们的顾问。应游客要求，导游人员可协助其安排购物或晚间娱乐活动，提醒游客注意安全，引导他们去健康的娱乐场所等。

5. 后续工作

接待任务完成后，导游人员应及时将接待中的有关情况反馈给旅行社，并按旅行社的有关规定，填写接待零散旅游者登记表。

(三)送站服务

散客送站服务是指散客委托旅行社派遣导游人员将其从饭店送至交通集散地的服务。

1. 服务准备

(1) 详细阅读送站计划。导游人员应明确所送游客的姓名或散客小包价旅游团人数、离开本地的日期、所乘航班或车船次、游客下榻的饭店，是否与其他游客合乘一辆车去机场或车站码头等事项。

(2) 做好送站准备。导游人员必须在送站前 24 小时与游客或散客小包价旅游团确认送站时间和地点。若游客不在房间，应留言并告之再次联络的时间，然后再联系、确认。要准备好游客的交通票据，并与司机确认会合的时间、地点及车型、车号等。

导游人员应掌握好游客的离站时间，如游客乘国内航班，要提前 2 小时到达机场；如游客乘国际航班，须提前 3 小时或按航空公司规定的时间到达机场；如游客乘火车、轮船，应使游客提前 1 小时到达车站、码头。

2. 到饭店接运游客

按照与游客约定的时间，导游人员必须提前 20 分钟到达游客下榻的饭店，协助游客办理离店手续，交还房间钥匙，付清账款，清点行李，提醒游客带齐随身物品，然后照顾游客上车离店。

若导游人员到达游客下榻的饭店后，未找到送站的游客，导游人员应到饭店前台了解游客是否已离店，并通过微信、短信、电话等方式联系客人，视情况决定是继续等待还是返回或者前去接送下一批客人。

若导游人员送站的游客不止一个人，且分住不同的饭店，需合乘一辆车去机场或车站码头，要严格按约定的时间顺序抵达各饭店。若合乘车辆运送游客途中遇到严重交通堵塞或其他极特殊情况，需调整原约定的时间顺序和行车路线时，导游人员在抵达更改后的第一个饭店后，应及时打电话向旅行社报告，请计调人员将时间变化通知下一个饭店的游客。

3. 到站送客

在送游客到机场的(车站、码头)途中，导游人员应向游客征询在本地停留期间或旅游中的感受、意见和建议，并代表旅行社向游客表示感谢。

游客到达机场(车站、码头)后，导游人员应提醒和帮助游客带好行李物品，办理有关手续。

导游人员在同乘坐飞机的游客告别前，应向机场人员确认航班是否准时起飞。若航班延时起飞，应主动为游客提供力所能及的帮助；若确认航班准时起飞，导游人员应将游客送至隔离区入口处。送游客乘坐火车、轮船时，导游人员要安排游客上车(船)入座，协助游客安顿好行李，将车(船)票交给游客，然后再同其道别。

送别游客后，导游人员应及时结清所有账目，将有关情况反馈给旅行社。

补充阅读材料：一位美国旅游专家设计的旅游调查表

请您在离开前花费几分钟时间填写这份调查表，然后把它交还给您的导游。您的评价和印象是我们将来改进旅游、选择和服务的最好的信息来源。您没有必要署名，但请真实填写。

旅游团名称：＿＿＿＿＿＿　　　日期：＿＿＿＿＿＿＿　　导游：＿＿＿＿＿＿＿

请用下面的标准打分：

1 很好——每个细节都非常出色，远远超出我的预期

2 好——比我预期的好

3 一般——跟我预期或以前经历过的差不多，是恰当的，可接受的

4 差——我比较失望，旅行并没有达到我的预期

5 不满意——需要改进

导游：

有礼貌：　　　　　　　　　　1　2　3　4　5

组织得好：　　　　　　　　　1　2　3　4　5

服饰整洁：　　　　　　　　　1　2　3　4　5

准时：　　　　　　　　　　　1　2　3　4　5

让我觉得受到欢迎：　　　　　1　2　3　4　5

确认我知道我应该在什么地方：1　2　3　4　5

提供有趣的和有用的解说：　　1　2　3　4　5

司机:

有礼貌: 1 2 3 4 5

准时: 1 2 3 4 5

服饰整洁: 1 2 3 4 5

在路上注意安全，尽职尽责: 1 2 3 4 5

巴士:

干净: 1 2 3 4 5

座位舒适: 1 2 3 4 5

音响设备清晰: 1 2 3 4 5

能够很容易看到风景: 1 2 3 4 5

能够很容易上下车: 1 2 3 4 5

就餐:

质量好: 1 2 3 4 5

准备良好: 1 2 3 4 5

服务和上菜好: 1 2 3 4 5

提供多样选择: 1 2 3 4 5

在每天合适的时间提供: 1 2 3 4 5

当有要求时能快速服务: 1 2 3 4 5

饭店(或巡游船):

舒适: 1 2 3 4 5

干净: 1 2 3 4 5

所在位置交通方便: 1 2 3 4 5

工作人员礼貌、有效率: 1 2 3 4 5

良好的娱乐设施: 1 2 3 4 5

提供优质的娱乐活动: 1 2 3 4 5

提供有用的生活设施: 1 2 3 4 5

游览景点:

与小册子的介绍相符: 1 2 3 4 5

有趣: 1 2 3 4 5

维护完好: 1 2 3 4 5

允许观赏的时间通常

☐太长　　☐太短　　☐正好

每天参观的景点:

☐太多　　☐太少　　☐正好

关于旅行我最喜欢的是: _____

关于旅行我最不喜欢的是: _____

我会将这个旅行团推荐给我的朋友: ☐是　　☐否

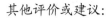

其他评价或建议:

(如果需要更多的空间，请使用本调查表的背面)

感谢您加入我们，我们希望很快再见到您!

(资料来源：[美]芭芭拉·布雷德伍德，苏珊·M. 罗伊斯，里查德·克若普. 360°导游：带团&赚钱&开公司[M]. 乐艳娜等译. 北京：中国水利水电出版社，2005)

本章案例讨论

【案例1】长沙某旅行社导游人员小王接待了一个来自杭州的内宾团，计划抵湘的第二天上午 8:00 前往岳麓书院参观游览。当天上午 7:50 左右，游客们陆续在宾馆门前的旅游车上就座。小王于 8:00 准时赶到宾馆门口，开始上车清点人数，发现有一名游客没有上车。小王向全陪问明情况，得知那名游客要求自己单独去长沙市内游玩。对此要求，小王表示同意。然后，小王向在座的游客简要说明了当天的主要活动安排，再次清点人数后，就请司机开车了。一路上，小王介绍了长沙五一大道的沿途风景和长沙的一些民俗，并教大家一两句长沙话。20 多分钟后，旅游车抵达了景区。小王引导游客下车后，说："大家请注意，我们的车就停在东方红广场，我们将在景区参观两个多小时，11:00 在这里准时集合上车。好，现在就请大家跟随我一起参观游览。"接着，小王迅速为游客买好门票，带领大家走进了岳麓书院。

案例思考题：小王的业务操作有哪些不妥当的地方？

【案例2】地陪小王接受××旅行社委派前往火车站迎接从北京来的某老年内宾团。上午 7 点整，小王与司机抵达车站，与司机确定了停车的地点和等候时间后，小王直奔出站口。7:20，团队准时到站。游客陆续从港口走出，而此时小王正在接听一个私人电话，谈及昨晚球赛。"请问，你是××旅行社的王导吗？"有人问他。小王连忙挂断电话，来到团队面前，与全陪核对了组团社名称、客源地、人数，确认无误。随后，他笑着对跟在全陪身后的游客说："各位游客，大家好!我是陪同大家此次旅游的××旅行社的导游人员。我姓王，叫王平，大家可以叫我小王或王导。首先，请允许我对各位的到来表示最诚挚的欢迎!这次能够陪同大家一起旅游，我感到十分荣幸!为了能够让大家的旅游活动更加顺利、平安和快乐，我将竭尽所能，也希望大家多多配合，对我们的工作多提宝贵意见。在此，小王先谢谢各位了!"说完，小王带着大家快速朝旅游车停靠点走去。

案例思考题：地陪小王的业务操作程序有何不妥当的地方？

 思考题

1. 请简述地陪服务规程中的重要环节。
2. 地陪在上团前应做好哪些准备工作？

3. 导游人员应如何做好全程导游接待工作?

4. 在各站服务中,全陪应做好哪些工作?

5. 请论述散客导游服务的特点。

6. 请简述散客旅游与团队旅游的区别。

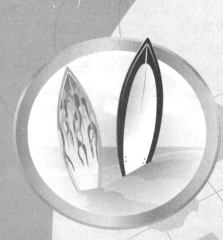

第五章

游客个别要求的处理

【学习要点和目标】

　　本章主要介绍处理游客个别要求的一般原则及其具体方法和规范。通过对本章的学习，掌握游客个别要求处理的原则在实践中的应用，熟悉游客在餐饮、住宿、购物、娱乐、自由活动等方面个别要求的处理方法。

【关键词】

　　个别要求　合理而可能

游客的个别要求是相对于旅游团的共同要求而言的。在一个旅游团中,游客的共同要求主要体现为旅游活动计划中包含的内容,它是游客在到达旅游目的地之前通过客源地旅行社与目的地旅行社之间以合同形式确定下来的。所以,游客的个别要求是指在旅游团到达旅游目的地后的旅游过程中,个别游客或少数游客临时提出的各种计划外的特殊要求。

游客的要求多种多样,每个人都有自己的特殊要求,而且都希望得到满足。导游人员在满足游客共同要求的同时,如何处理这些个别要求,不仅对导游人员处理问题的能力是一个考验,而且也是对导游人员服务质量的一种检验。因此,导游人员对游客提出的个别要求,不管其难易程度如何,也不管其合理与否,都应给予足够的重视,并及时、合情合理地予以处理,使得到满足的游客高高兴兴,使不能得到满足的游客对导游人员的努力表示理解,使那些爱挑剔的游客也无可厚非。所以,处理游客的个别要求相当烦琐,还有一定的难度。因此,导游人员在处理游客的个别要求时,不仅要注意处理的方式、方法和技巧,而且也要遵循一些必要的原则,在处理时保持头脑清醒,处置有度,方法恰当,才能取得较好的处理效果。

第一节　处理游客个别要求的一般原则

游客的个别要求一般分为三类:一是合理而可能的要求,即游客提出的要求是合理的,经过导游人员的努力可以满足的要求;二是合理而不可能的要求,即游客提出的要求具有合理性,但由于种种原因难以满足或无法满足的要求;三是不合理的要求,即那些违反合同规定或不合情理,甚至是无理取闹的要求。对游客提出的个别要求,导游人员在处理时应遵循以下四条基本原则。

一、符合法律法规的原则

在《中华人民共和国旅游法》《导游人员管理条例》和《旅行社条例》等法律法规中规定了游客、导游人员、旅行社三者之间的权利和义务,导游人员在处理游客个别要求时,要符合法律对这三者权利和义务的规定。同时,还要考虑游客的个别要求是否符合我国法律的其他规定,如果相违,应断然拒绝。

二、合理而可能的原则

合理而可能的原则是导游人员处理问题、满足游客要求的依据和准绳。合理的基本判断标准是不影响大多数游客的权益,不损害国家利益和旅行社的合理权益,不损害导游人员的人格尊严;而可能则是指具备满足游客合理要求的条件。

游客外出旅游一般都会产生求全心理,往往把旅游活动理想化,常常在生活和游览活动方面提出种种要求、意见和建议。作为导游人员在情感上要予以理解,但是不能一味顺从。面对游客的各种要求,导游人员必须冷静仔细地分析,判断其要求是否合理,是否可能实现。游客是导游人员的主要服务对象,满足他们的正当要求,使他们度过愉快的旅游生活是导游人员的主要任务。所以，游客提出的要求，只要是合理可行的，即使很困难，导游人员也要设法予以满足。

三、维护尊严的原则

满足游客的需求是有限度的，既不意味着要以牺牲旅行社、地区甚至国家的利益为代价来讨好游客，也不意味着游客提出的无理要求，或游客的要求虽然合理但无法办到的也勉强为之。导游人员在对待旅游者的个别要求时，要坚持维护祖国的尊严和导游人员人格的尊严。对游客有损国家利益和民族尊严的要求要断然拒绝、严正驳斥；对游客提出的侮辱自身人格尊严或违反导游人员职业道德的不合理要求，有权拒绝。

四、尊重游客的原则

当游客提出要求，不管合理还是不合理，导游人员都应认真倾听、微笑对待，继而进行冷静、客观的分析，不要没有听完就指责游客的要求不合理，也不要胡乱作解释，更不得一听不顺耳的话就表示反感，甚至恶言相向。在认真分析游客的要求时，如发现有合理并可实现的部分，应立即满足游客；若要求虽然合理但无法满足，或貌似合理但超出了协议书的内容，导游人员不能轻易地以"办不到"加以拒绝，而要耐心解释，实事求是地说明不能满足要求的原因。导游人员在处理不合理要求时，一定要注意方式、方法，力争使游客心悦诚服。

旅游团中难免有无理取闹的人，他们可能会故意提出苛刻的要求来刁难导游人员。对少数游客的苛刻指责、无理取闹，导游人员要努力做到礼让三分，不卑不亢，必要时导游人员应与客人讲道理，坚持有理、有利、有节的原则。说理要不伤主人之雅、不损客人之尊，导游人员不能得理不饶人，做嘴上胜利者，而要理明则让，给对方台阶下，不与游客争吵，不发生正面冲突。如果个别游客的无理取闹影响了旅游团的正常活动时，导游人员或请领队出面处理，或直接面对全团游客，请他们主持公道，以求孤立少数无理取闹者。确有困难时，可报告旅行社，请领导协助解决。

【案例】秋季的一天，北京的导游人员郭导陪同一个10多人的美国旅游团去八达岭长城游览。大家在长城玩得很开心。下午参观完定陵后，有些游客提出要继续参观长陵。郭导告诉大家旅游计划中没有安排长陵，况且时间也不够用，所以不能满足大家的要求。但是游客听后，不以为然，仍坚持要求去长陵，并称自己另付门票也愿意去。经与全陪、司机商议后，郭导同意了游客的要求。由于去游览长陵很晚才吃上晚饭，但那些游客没有怨言，仍要求在适当的时候再去慕田峪长城游览。这次郭导有了上一次的经验，他想游客的心理就是想多参观一些有兴趣的景点，如果像上一次那样直接拒绝他们的要求，大家一定会不满意。于是，郭导对游客说，可以和旅行社联系一下，尽量满足大家的要求。第二天，他对游客讲，已经与旅行社联系过了，由于旅游日程安排太紧，无法抽出时间去慕田峪长城游览，希望大家谅解。游客见他确实为此事尽了心，便没再坚持去慕田峪长城。

【点评】在接待过程中，客人经常会提出一些难以满足的要求。遇到此类情况导游人员应该注意从游客的心理出发：①不能直接说"不"，因为这很容易伤害客人的自尊心，同时会使他们感到你对工作不负责任；②要表现出尽心的姿态，并通过行动让客人看到，你确实是在为他们提出的要求而努力；③不能马上说不行，也不要急于解释办不到的原因。因为，这样客人不但不会接受，甚至还容易引起他们的反感。

第二节　餐饮、住宿、购物、娱乐
方面个别要求的处理

游客在餐饮、住宿、娱乐、购物方面的要求一般比较多，这是因为吃好、休息好是旅游活动顺利进行的基本保证，导游人员应高度重视游客的个别要求，认真、热情地设法予以满足。

一、餐饮方面个别要求的处理

根据有关法律法规，旅行社与旅游者签订的旅游合同中应明确写明旅行行程中餐饮服务安排及其标准，如酒店名称、餐饮规格等都要约定。但是，游客在旅游过程中还是会提出各种各样的餐饮方面的个别要求。

(一)特殊饮食要求

由于游客在宗教信仰、民族习俗、生活习惯、身体状况等方面有所不同，来自不同国家和地区的游客在饮食方面会提出各种特殊要求，例如不吃荤，不吃油腻、辛辣的食品，不吃猪肉、羊肉或其他肉食，甚至不吃盐、糖、面食等。

若游客的特殊饮食要求在旅游协议书上有明文规定，或在游客抵达前提出，且接待方应允了，那就应早做准备，落实具体事宜，不折不扣地兑现。

若旅游团抵达后才有人提出特殊的饮食要求，则需视情况而定。一般是由导游人员与有关餐馆联系，在可能的情况下尽量予以满足；确有困难时，地陪可向游客说明情况，并协助其解决。如建议他到餐厅自己点菜，或带他到附近餐馆(最好是旅游定点餐馆)用餐或购买相应的糕点，但应事先说明费用自理。

(二)要求换餐

由于种种原因，有时游客会提出换餐的要求，如将中餐换成西餐、便餐换成风味餐、更换用餐地点、改变餐饮档次等。

若旅游团在用餐前 3 小时提出换餐要求，导游人员应报告旅行社，经同意后尽量与餐厅联系，协助解决。若计划中的供餐单位不能提供相应服务，应考虑更换餐厅。但需事先向游客说明，如能换妥，差价由游客自付。

若旅游者在接近用餐时间或到达餐厅后才提出换餐要求，一般不应满足，但导游人员要做好解释工作；若游客仍坚持换餐，导游人员可建议他们自己点菜，但费用自理。

游客用餐时要求加菜、加饮料的要求可以满足，但应告知费用自理。

【案例】意大利国家歌剧团的演员一行来中国巡回演出，在近半个月的时间里，从北京到上海，从上海到广州，所到之处受到了中国人民的热烈欢迎，不仅演出非常成功，也让中国的艺术爱好者欣赏到了世界顶级艺术家的精彩表演。

演员们一行所到之处，除了正常的演出活动外，也在旅行社的安排下到各处游览和参观，许多意大利艺术家被中国悠久的历史和文化所吸引。当然，在欣赏美景之余，美食亦是必不可少的。一路下来，歌剧院的演员们品尝到了各地独具风格的菜肴，艺术家们对中国之行非常满意。

在广州演出结束后，歌剧团准备调整一天后就离开中国。这时，有一位演员找到领队说："我的朋友，有一个小小的建议，能不能为我们安排一顿意大利餐，我们的肚子有些想家了。"随即，领队将这个意见转达给了旅行社。第二天，旅行社将上飞机前的最后一餐安排在广州市一位意大利厨师开的西餐厅里。艺术家们在西餐厅品尝着地道的意大利餐，看着窗外中国式的建筑和黄皮肤的中国人，临行前的不舍眼神不经意地流露出来。

【点评】在本案例中，虽然艺术家们对整个游程的安排都非常满意，但导游人员却忽视了大家会产生"饮食疲劳"的感觉，这是一种心理作用。通常，当人们即将结束一段异地的访问或旅行时，心里对家的渴望情绪会突然高涨。而这一阶段对导游人员来讲，也是最好的服务弥补阶段。因此，在行程的最后一天，一顿地道的意大利餐，让所有人的胃口都有了"归属感"。

(三)要求单独用餐

由于旅游团内部矛盾或其他原因，个别游客提出单独用餐的要求，此时导游人员要耐心解释，并告诉领队请其出面协调。如游客仍坚持，导游人员可与餐厅联系，但要告知餐费自理，综合服务费不退。

(四)要求提供客房用餐服务

若游客生病，导游人员或饭店服务人员应主动将饭菜端进客房以示关怀。如果健康的游客要求提供客房用餐服务，导游人员要与餐厅联系，若有此项服务，可满足其要求，但应告知服务费和有可能产生的餐费差价由游客自理。

(五)要求自费品尝风味

游客要求自费品尝风味，导游人员要积极协助，具体做法如下。

1. 请旅行社预定

地陪将旅游团的要求告诉旅行社的有关人员，请其报价(包括风味餐费、车费和服务费等)。然后向游客讲清所需费用，若接受，则请旅行社订餐，地陪按约定时间带旅游团前往风味餐厅。

2. 地陪协助游客订风味餐

地陪可协助游客与餐厅联系订风味餐，订妥后可让游客自行前往或带他们前往。但是，地陪必须向游客讲明，风味餐订妥后应在约定时间前往，若不去就餐，则需赔偿餐馆的损失(离用餐时间越近,交付的损失费就越多)。

(六)要求提前或推迟用餐时间

旅游者因生活习惯、活动安排等原因提出提前或推迟用餐时间的要求,导游人员可积极与餐厅联系,视餐厅的具体情况处理。一般情况下,导游人员要向旅游团说明餐厅有固定的用餐时间,提早或推迟用餐需另付服务费。

(七)要求不随团用餐

游客由于外出自由活动、生病或疲劳等原因不想随团用餐时,导游人员可同意其要求,但应向其讲明别处用餐费用自理,原餐费不退。

二、住房方面个别要求的处理

(一)要求调换饭店

旅游协议书一般都对旅游团在旅游期间享受什么标准的住房进行了明确规定,如果由于旅行社的原因,导致向旅游者提供的住房与计划中的不符(这种不符有两种情况:一是接待社以同星级的饭店代替合同中规定的饭店;二是接待社向游客提供的饭店低于合同中规定的饭店或住房标准),此时,导游人员应按组团社的决定或予以调换,或说明原委并提出补偿条件。

若是由于合同中规定的饭店在客房条件、服务等方面存在严重问题,游客要求调换饭店,地陪应及时与旅行社联系,调换饭店。

(二)要求调换房间

1. 卫生条件太差

如果住房内发现臭虫、跳蚤、蟑螂或老鼠等,证明这里的卫生条件太差,游客要求换房应满足其要求,必要时还应调换饭店。

2. 设施、清洁卫生方面有缺陷

游客因房内设施缺损、卫生间的消毒不合标准、房间没有打扫干净而要求调换房间,地陪应要求饭店服务员立即修理设施,重新消毒、打扫房间;如果游客还不满意,地陪要与饭店有关部门联系,妥善解决。

3. 对楼层或房间朝向不满

游客因不满住房所在楼层或房间朝向而提出调换房间的要求,地陪一般应请领队或全陪在内部调整;也可与饭店有关部门联系,若有空房间,可酌情予以满足。确有困难时,应讲清原因。

有些位于风景区的饭店,不同朝向的客房其房费也不同,如有游客要求调换朝向不同的房间,地陪应讲明价格差异等情况。

(三)要求住更高标准的客房

游客希望住高于合同规定标准的客房，地陪要与饭店联系，若有空房间，可以满足，但应事先讲明，客房差价游客自理。如饭店没有游客要求的客房，要解释清楚并请其谅解。

(四)要求住单间

住双人间的游客要求住单人间，如饭店有空房间可予以满足，但需告知房费自理。同屋游客因闹矛盾或生活习惯不同而要求住单间时，导游人员应请领队协调或在内部调配；若协调、调配不成，饭店有空房可满足其要求，但导游人员须事先说明房费由游客自理(一般由提出者支付)。

(五)要求购买客房中的物品

游客在住店期间看上了客房中的某一件物品，想要购买，导游人员应积极协助其与饭店有关部门联系，按照饭店的规定办理。

三、购物方面个别要求的处理

购物是旅游活动的六要素之一，是参观游览活动的重要补充。大部分游客都有在旅游目的地购买当地土特产或旅游纪念品的愿望和要求，导游人员应按照旅游协议中商定的购物安排带游客到旅游定点商店购物。除此之外，对游客在购物方面提出的一些特殊要求，导游人员要不怕麻烦并设法予以满足。

(一)要求增加购物次数和时间或单独外出购物

1. 要求增加购物次数和时间

旅游团在一地的购物次数和时间在接待计划中有明确规定，地陪须遵照执行。如果游客希望购买更多的纪念品，要求增加购物次数和时间，地陪要与领队或全陪及游客商量，征得旅行社的同意后尽量满足游客的要求，例如利用晚上自由活动的时间安排游客去商场购物。

2. 要求单独外出购物

游客要求单独外出购物，地陪要予以协助并当好参谋，了解其要购买何物，然后建议游客去哪家商场，或提供多家商场并介绍其各自的特色，以供游客选择。若为游客安排出租车，要写中文便条(写明商场名称、地址、饭店名称等)让游客带上，提醒其不要太晚回来，注意安全。

但在旅游团快离开本地时，导游人员应劝阻游客单独外出购物。

(二)要求退换商品

游客提出退换已购商品的要求,导游人员的正确做法如下。

1. 积极协助退换

游客在旅行社的合同商店购物后发现是残次品、计价有误或对物品的颜色、式样等不满意,要求导游人员帮助退换,导游人员绝不能以"商品售出,概不退换"之类的话搪塞、推托,也不得以其他借口拒绝退换,而应积极协助,以维护本国本地的商业信誉。

2. 建议鉴定真伪

游客以"假货"为由要求退货时,导游人员可建议进行商品真伪鉴定。鉴定证明是假货,商店承担一切责任;若鉴定是真货,费用则由游客支付。但是,即使确定是真品,若游客仍坚持退换,导游人员也应协助其退换。

但是,不是所有的商品都可以退换,例如,穿过的鞋子、弄脏了的衣物就不能退换。对此,游客应该自律,导游人员也应讲清道理。

【案例】一个新加坡旅游团在 N 市由地陪小李接待。下午参观某佛寺后,小李介绍大家去一家珍珠馆并说:"店主是我的好友,保证价廉物美。"在珍珠馆,一位女游客对标价为 4000 元的项链产生兴趣。小李立即热情地介绍识别珍珠的方法,并帮助其进行讨价还价,最终以 900 元的价格成交。

次日,女游客手持珍珠项链,告诉小李:"经鉴定它是残次品。"要求小李帮其退掉。小李表示项链不可能是残次品,也不可能退换。上午参观结束后,地陪又带全团去了一家工艺品商店。

【点评】显然地陪小李在新加坡旅游团购物过程中做错了不少事:带旅游团到非定点商店购物,违反纪律;介绍商品不实事求是,以次充好;拒绝帮助游客退换假珍珠项链,还强词夺理;强行推销、多次安排购物,严重影响了游客在 N 市的游览效果。

(三)要求购买古玩和仿古艺术品

游客要求购买古玩和仿古艺术品,导游人员应予以重视并向他们讲清有关规定。

1. 劝阻游客去地摊购物

地陪在饭店或旅游车上要向游客讲明:若希望购买古玩和仿古艺术品,应去正式的商场或文物商店,劝他们不要去地摊购买,以免上当受骗。另外还应说明即便游客在地摊上购买的是真的文物,根据我国海关的有关规定,没有中国文物管理部门的鉴定证明,海外游客是不允许携带文物出境的。

2. 建议保存发票和火漆印

游客在商店购买了古玩和仿古艺术品,导游人员要建议他们保存好发票;物品上若有火漆印,要告诉游客在离境之前不要去掉,因为中国海关对古玩和仿古艺术品出境有明确规定:凭文物外销发票和中国文化行政管理部门的鉴定标志(火漆印)放行,若无,就会遇到麻烦。

3. 提醒去文物部门鉴定

如有游客告诉导游人员有朋友赠送或帮他在民间购买的古玩或古字画,导游人员一定要提醒游客去文物部门对物品进行鉴定并取得鉴定证书。还应明确告诉其上述物品中国海关凭鉴定证书和许可出口证明放行,若无证明,一概不准出境。如果游客不听导游人员的建议,不去文物部门鉴定,导游人员必须及时报告有关部门。

4. 阻止文物走私

导游人员若发现个别游客有走私文物的可疑行为,必须及时报告有关部门。

【案例】美国游客格林夫妇在北京地毯厂购买了一块地毯,在办理托运手续时,格林先生告诉地陪小王,一个朋友帮他在民间购买了一幅中国古画,画轴太长,不便携带,问小王,是否可以将古画包在地毯里一起托运。小王认为古画珍贵,建议他随身携带以保安全。格林夫妇称赞小王考虑周到。

【点评】地陪小王处理此事不妥。古画可能是文物,应该询问格林夫妇是否有文物部门的鉴定证书,若无,应建议他们带古画去文物部门鉴定,并对其讲明古画之类的物品出境的有关规定。格林夫妇若不去文物部门鉴定古画,地陪应及时报告有关部门。

(四)要求购买中药材、中成药

海外游客想购买中药材、中成药,导游人员应告知我国海关的有关规定:入境游客出境时携带用外汇购买的、数量合理的中药材、中成药,需向海关交验盖有国家外汇管理局统一印制的"外汇购买专用章"的发货票,超出自用合理数量范围的不准带出。

(五)要求再去商店购买相中的商品

游客曾在商店相中一件物品,但因某种原因当时没有购买,后又决定购买,要求导游人员帮助其购买。只要时间许可,导游人员应帮助安排出租车,写一便条(上面写上商品的名称,请售货人员协助之类的内容)。导游人员若有空,也可陪同前往。

(六)要求代为购买、托运物品

1. 要求协助托运物品

游客欲购大件商品,要求导游人员帮其托运。导游人员可以告诉游客,出售大件商品的商场一般都代办托运业务,购物后就能当场办理托运手续;若商场无此业务,导游人员就要协助游客办理托运手续。

2. 要求代为购买、托运商品

游客欲购某一件物品,但当时无货,要求导游人员帮助购买并托运,导游人员应予以正确处理。

(1) 婉言拒绝。游客要求导游人员代为购买物品,尤其是贵重物品时,导游人员应婉言拒绝，建议游客亲自来挑选、购买。

(2) 请示领导。即使游客一再坚持，导游人员也不能马上答应，而要请示旅行社领导，经批准后方可接受委托。

(3) 手续要完备。请委托人写下委托书并留下足够购物、托运物品的款项或订金以及详细的通信地址，导游人员向领导汇报并上交委托书和钱款。

购物、托运后，导游人员要将购物发票、托运单和托运费收据复印，请领导审查后，将原件和余款一并寄给委托人，并保存好相关复印件。

【案例】一年前，英国游客史密斯夫妇希望购买一件高档湘绣，在湘绣园挑选了半天，相中了一款屏风，标价为 12 000 元，但此绣品有瑕疵，故没有买成。后来史密斯还是很想要那款屏风，于是要求地陪小李代为购买。小李欣然接受并收下史密斯留下的 2000 美元货款和托运费。尔后，小李与湘绣园联系，终于买到了那款屏风并办好了托运手续，将 12 000元的购物发票和托运单及 800 元的托运费收据及时寄给了史密斯夫妇。

【点评】地陪小李处理此事不妥：游客委托导游人员购买贵重物品，一般应婉言拒绝，小李却欣然接受，事先也没有得到领导批准；应让史密斯夫妇留下委托书，而小李没有这样做；购物、托运后应将发票、托运单和托运费收据复印，经旅行社领导审阅后再将原件寄给委托人，保存复印件，而小李既没有复印，又没有经领导审查就将原件寄出；购物、托运后还余下一部分费用，小李应将剩余费用交旅行社寄还给委托人，而小李却留下了，既没有上交旅行社也没寄还给委托人。

四、娱乐活动方面个别要求的处理

(一)计划内的娱乐活动

计划内的娱乐活动一般在协议书中有明确规定，若无明文规定，导游人员最好事先与游客商量，然后再安排。

旅行社已安排观赏文艺演出后，游客要求观看另一场演出，若时间许可又有可能调换时，可请旅行社调换；如无法安排，导游人员要耐心解释，并明确告知票已订好，不能退换，请游客谅解；游客若坚持己见，导游人员可予以协助，但应讲明费用自理。

若部分游客要求观看其他演出，处理方法同上。若游客分路观看文艺演出，在交通方面导游人员可作如下处理：如两个演出点在同一线路上，导游人员要与司机商量，尽量为少数游客提供方便；若不同路，则应为他们安排车辆，但车费自理。

游客观看演出期间，导游人员要注意观察游客的动态及周围环境，注意他们的人身和财产安全；若有游客中途要求退场，应尽量劝阻，可通过讲解节目内容和背景来增加游客的兴趣，使他坚持看完；若游客坚持退场，可让其自费返回，但要做好协助工作；要注意游客的情绪，避免在观看演出期间发生个别游客扰乱演出秩序的现象。

(二)计划外的娱乐活动

游客要求自费参加娱乐活动，导游人员一般应予以协助，如帮助购买门票、叫出租车等，通常不陪同前往。

如果游客要求去大型娱乐场所或环境复杂的场所，导游人员须提醒游客注意安全，必要时应陪同前往。

【案例】一旅游团 21 日一早到达 K 市，按计划上午游览景点，下午自由活动，晚上 19:30 观看文艺演出，次日乘早班飞机离开。抵达当天，适逢当地民族节庆活动，晚上是通宵篝火晚会并有歌舞等精彩文艺节目。部分游客要求下午去观赏民族节庆活动，晚上放弃计划中的文艺演出而参加篝火晚会，并希望地陪派车接送。

导游人员是这样处理这一要求的：满足了部分游客的要求并提醒游客尊重当地民族的风俗习惯；下午自由活动时去观赏民族节庆活动，地陪协助安排车辆，费用自理；晚餐后篝火晚会地点和计划中的文艺演出地在同一路线，且时间基本相同，于是满足了他们派车送的要求；但游客要自己回饭店，地陪提醒他们要记住回来的路线、饭店名称及电话号码；提醒游客最好不要分散活动，注意安全；提醒他们不要太晚回饭店，更不能通宵逗留，以免耽误第二天早晨的航班。

【点评】导游人员正确处理了游客的要求。但处理这样的要求，还要注意以下两点：如果篝火晚会与计划中的演出不在同一线路，导游人员应为他们安排车辆，费用由游客支付；如果可能，地陪和全陪可分别陪同他们活动。

(三)要求去不健康的娱乐场所

游客要求去不健康的娱乐场所和过不正常的夜生活时，导游人员应断然拒绝并介绍中国的传统道德观念，严肃指出不健康的娱乐活动和不正常的夜生活在中国是禁止的。

第三节　自由活动要求的处理

团队游客大部分时间都是集体活动。个别游客希望自由活动或单独活动时，导游人员应根据不同情况予以妥善处理，并认真回答游客的问询，提出合理建议，提醒注意事项，力争既满足游客的要求又保证他们的安全。

一、劝阻游客自由活动的几种情况

有些情况下游客不宜自由活动，如果有人提出此类要求，导游人员应及时劝阻，但要说明原因。

(一)影响旅游团活动计划顺利进行

当游客提出自由活动要求的涉及面过大，影响到旅游团活动计划的顺利进行时，导游人员要劝其随团活动。

(二)旅游团即将离开本地

旅游团离开本地的当天，尤其是即将离境回国时，为避免影响旅游团准时离站，导游人员要阻止游客自由活动,也不要让他们单独外出购物。导游人员自己也应注意,在此种情况下,不要带旅游团到大型商场购物,不安排他们去地形复杂的景点游览。

(三)存在不安全因素

1. 地方治安不理想

如果地方治安不理想,导游人员要劝阻游客自由活动,更不要在晚上单独外出活动,但必须实事求是地说明情况。

2. 地方复杂、混乱

游客想去复杂、混乱的地方活动,导游人员要加以劝阻,以免出事。

3. 单独骑自行车上街

在人生地不熟、车水马龙的街头骑自行车存在不安全因素,导游人员要加以劝阻。

4. 划小船游湖(河)

旅游团游湖(河),必须按规定乘坐所指定的船只,如果游客提出划小船游湖(河)时,导游人员不得自作主张满足其要求,更不能置大部分游客于不顾,陪少数人去划船。

5. 在非游泳区游泳

如果有游客要求在自然风景区的河道或其他非游泳区的水域里游泳,导游人员要加以劝阻。

(四)要求去禁区、不对外开放的地区、机构参观

如果游客要求去不对外开放的地区、机构参观游览时,导游人员应婉言拒绝,不得自作主张答应游客的这种要求,必要时,须提醒对方尊重中国方面的有关规定。

二、允许游客自由活动的几种情况

(一)在某地游览期间要求自由活动

旅游团在某地游览期间,个别游客或希望自由自在地游览当地,或愿与在当地的亲友一起活动,或因其他理由,提出不随团活动的要求时,导游人员可酌情予以满足并提供必要的帮助。

(1) 提醒游客注意安全,保管好证件、财物。

(2) 向游客讲清自由活动时所需费用一切自理,综合服务费不退。

(3) 详细告知旅游团在当地游览活动的具体安排,欢迎其归队游览、用餐。

(4) 告诉游客旅游团的离站时间,要求游客在旅游团离开前归队。

(5) 建议游客带上饭店卡片,以备不时之需。

(6) 交换手机号,或导游人员将自己的手机号告诉游客,或记下游客亲友家的电话号码,以便联系。

(二)在游览景点要求自由活动

旅游团抵达景点后,有人要求不随团活动,如环境许可,可满足其要求。但在游客离团前,导游人员必须告知游客如下几点:

(1) 一定要注意安全,保管好证件、财物。

(2) 告知旅游团集合时间和地点(可在示意图上指明),以及用餐餐馆的名称、地点,希望他在集合时间前到集合地点归队,或赶往指定餐馆用餐;建议他如果错过了时间就乘出租车回饭店。

(3) 告知自由活动所需费用自理,原团费不退。

(4) 交换手机号码,以便联系。

(三)晚间要求自由活动

有时,旅游团晚间没有团队活动或晚间活动结束回饭店的时间还早,游客希望外出自由活动,除非社会治安不佳,导游人员一般不应阻拦,但要做好提醒工作,即在晚饭结束未离席分散前或在晚上回饭店的旅游车上,提醒游客注意以下几点:

(1) 不要走得太远,不要太晚回饭店。

(2) 不要到太闹、太乱的场所游玩。

(3) 不要携带贵重物品,要保管好证件、财物。

(4) 最好不要在小摊上购买食物。

(5) 最好不要一个人外出。

(6) 带好饭店卡片,必要时乘出租车返回饭店,告知出租车的计费方法。

总之,允许游客自由活动前,导游人员一定要认真、细致地做好提醒工作,确保游客的安全。

【案例】贺老先生和夫人到中国内地旅游已经快 4 天了,临行前儿女们嘱咐老人千万不要跟着导游买东西,以免"上当受骗"。如果老两口相中了什么东西,就到大型超市或大商场去购买。夫妻二人"严格恪守"儿女们的交代。所以,任凭导游人员说得天花乱坠,两位老人家就是不动心。

晚上,旅游团在某城市的旅游活动结束了。导游人员和领队沟通后宣布了第二天叫早和集合的时间。大家各自领取房卡后便回去休息了。贺老先生叫住了导游,问道:"导游,麻烦你,能告诉我离这家饭店最近的超市在哪里吗?我们想买些特产带回去送人!"导游一听,心里在嘀咕着:"这对老夫妻,明显是不想让导游挣钱啊!"虽然如此,导游还是将一张画好的向导图交到了老人手中。老人家非常感谢。随后,导游人员从酒店的前台拿来一张酒店的欢迎名片,上面详细写着酒店的联络电话及乘车路线。一旦老人找不回来,这张卡片就可以派上大用场了。

老两口一看导游这么热情,非常不好意思地说:"导游,今天我们不在购物店里买东西你不会生气吧!会不会想,这两个老家伙就是不捧场!"导游人员立刻回答:"您二位可千万不要这么想,我们当导游的,的确在购物中有一些利益所得,但这也是在游客完全自愿的前提下,您有您的权利,我祝您二位一会儿购物愉快!"看着导游离开的背影,夫妻二人又将导游称赞了一番。

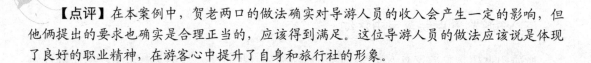

【点评】在本案例中，贺老两口的做法确实对导游人员的收入会产生一定的影响，但他俩提出的要求也确实是合理正当的，应该得到满足。这位导游人员的做法应该说是体现了良好的职业精神，在游客心中提升了自身和旅行社的形象。

第四节　探视亲友、亲友随团活动要求的处理

游客要求探视亲戚朋友，可能是他们来旅游的重要目的之一。帮助游客找到亲友，协助安排会见或随团活动，这有利于缩短游客和导游之间的心理距离，有利于旅游活动的顺利进行，因此，导游人员应尽力为之，努力满足他们的要求。

一、要求探视亲友

(一)探视有联系的亲友

如果游客与希望探视的亲友有联系，知道其姓名、地址和电话，导游人员可以让游客自行联系，也可协助联系并帮助安排见面。

(二)寻找失散多年的亲友

游客希望找到失散多年的亲友，只知其名，不知其他，或记得亲友曾经住过的地方、曾经工作过的单位，此时，导游人员要积极帮助寻找。

(1) 请游客详细写明亲友的有关情况，经由旅行社请公安户籍部门协助寻找，找到了应及时告诉游客，帮其联系并安排见面。

(2) 如果游客在旅游期间找不到亲友，导游人员可让其留下详细的通信地址，待找到后书面通知他。

导游人员应高度重视游客寻找失散亲友的要求，若能帮其找到亲友，会在旅游团内产生较大影响，有助于提高导游服务质量。

(三)要求会见同行

入境游客要求会见中国同行，洽谈业务、联系工作或其他活动，导游人员应问明事由，向旅行社汇报，在领导指示下给予积极协助。

二、要求在华亲友随团活动

有的游客在会见亲友后希望他们在当地随团活动甚至随团到外地去旅行游览。游客提出此类要求，导游人员应视具体情况尽量予以满足，但必须做好如下工作：

首先与领队或全陪及游客商量，征得他们的同意。

迅速报告旅行社，经旅行社同意后，去旅行社或让旅行社派人来饭店办理随团手续；请游客的亲友出示有效证件，证明其身份。如果是外国外交官和外国驻华记者，应请示领

导，严格按我国政府的有关规定办理；填写随团表格；缴纳费用。如果因时间关系无法按上述方式办理随团手续，导游人员应电话联系旅行社有关部门，经允许后，代为查验证件、代收费用，并尽快将收据交给付款者。

不办理手续、不缴纳费用者不得随团活动，但导游人员要向游客及亲友认真解释，告知有关规定，请他们谅解。

【案例】一天早上，地陪看见一位不认识的老太太随一位老年华人上了旅游车，于是前去询问，老先生说老太太是他多年未见的妹妹，这次相见非常高兴，希望在北京期间能一起游览。但地陪让老太太下车，老人嫌地陪语气生硬，很不友好，就争吵了起来。地陪不松口，坚持让老太太下车。最后，老年华人指责地陪缺乏人性，生气地带老太太下了车，并告诉地陪在北京期间不再与旅游团一起活动。

【点评】地陪让老太太下车，应该是对的，但是地陪没有向两位老人讲清楚游客亲友随团活动的有关规定，这是闹得不愉快的症结所在，而且地陪的语气可能是生硬了点，使用的方法也过于简单粗暴。

对这类个别要求，导游人员应该这样处理：问清老太太的身份后，就向两位老人讲明游客亲友随团活动的有关规定并告知不办理随团手续、不缴纳费用的亲友不能随团活动，请老人谅解。如果老人愿意办理随团手续，就先征得领队或全陪和其他游客的同意，与接待社联系，请其报价，经批准后，代旅行社查验老太太的身份证、代收费用，并向老人讲清收据在晚上或第二天早上送来。随后，通知司机开车。

第五节　中途退团、延长旅游期要求的处理

游客要求中途退团的情况并不多见，旅游团或部分游客被迫或主动要求延长旅游期的现象相对多一些。游客的这种特殊要求不是导游人员所能解决的，所以当旅游团或部分游客提出此类要求时，导游人员必须立即报告旅行社，由其视具体情况作出决定，导游人员则应在领导指示下做一些具体工作协助游客。

一、要求中途退团

(一)有正当理由要求中止旅游活动

游客因患病、受伤，或因家中出事，或因工作急需，或因其他特殊原因，要求中止旅游活动，提前离开旅游团，导游人员必须立即报告接待社，经接待社与组团社协商后可予以满足。至于因提前离团而没有享受的综合服务费，按旅游协议书的规定或根据旅行社之间协商的办法处理，或部分退还，或不予退还。

(二)无正当理由要求中途退团

游客无特殊原因提出中止旅游活动、提前离开旅游团的要求，导游人员应采取以下措施：

1. 问明原因

有游客提出中途退团要求，导游人员一定要问明原因，并报告接待旅行社。

2. 正确处理

问明原因后，导游人员要根据不同情况，予以正确处理。

(1) 做好劝说工作。与领队一起做说服工作，劝其继续随团活动。

(2) 设法弥补或耐心解释。如果游客因对接待社安排失当或导游人员工作失误不满而要求中途退团，导游人员应设法尽快弥补，并赔礼道歉；如因不合理要求得不到满足而提出退团，导游人员要耐心解释。

(3) 满足要求。若说理、弥补无效，游客执意中止旅游活动，可满足其要求，但须告诉他未享受的综合服务费不予退还。

入境游客不管因何种原因要求中止旅游，提前回国，导游人员一般要协助游客办理以下手续：持旅行社证明办理分离签证；重新办理机票订座手续以及离团、回国手续；安排车辆送其去机场(车站)，但所需费用由离团游客自理。

【案例】一个印度尼西亚旅游团到中国进行北京、承德、天津七日游。行程的第三天，领队找到北京地陪，急切地说：印尼发生骚乱，很多华人住宅区、商店被抢，而团内大部分人来自骚乱地区，现决定放弃旅游，立即回国。地陪回答已得知骚乱消息，对游客表示同情并表示愿协助旅游团办理相关手续。

地陪请示旅行社，经批准后立即着手办理旅游团提前回国事宜。旅游团的机票是组团社预购的双程机票，于是地陪与印尼航空北京办事处联系，得知因骚乱，机票已被预订完。地陪与其他航空公司联系，只有香港的港龙航空还有部分飞往雅加达的机票。于是地陪和游客商量，告知香港的港龙航空有票并给打折扣，但要在香港转机，需9个多小时才能到雅加达，印尼航空也只收15%的损失费。游客接受这一现实，地陪马上就办妥了机票及其他回国手续，将游客平安送抵机场。

【点评】从处理这件不常见的突发个案中，可以得出如下启示：①冷静、灵活和有主见是导游职业的需要，是正确处理事故和问题的必要条件；②地陪对突发事件和游客的遭遇表现出强烈的关注和同情，但没有将其与导游业务相混淆：导游人员代表旅行社为游客服务，处理问题的决定权一般在旅行社；③地陪在了解确切情况后才就机票等问题的处理与游客商量、解决问题，而没有用"试试吧"这样模棱两可的话来应付游客；④关于游客未享受的综合服务费问题，导游人员应讲清：旅行社会妥善解决这一问题，但因游客主动放弃，按规定不退还费用；⑤旅游团一旦决定提前回国，旅行社必须马上退车、退房和退餐并取消其他一切预订事项；⑥在处理这样的突发事件时，接待旅行社最好也出面与游客协商，并适当赠送一些慰问品。

二、要求延长旅游期

(一)因伤病延长旅游期

游客因伤病需要延长在旅游地的停留时间，导游人员应协助为其办理入院、出院等有关手续，还应不时前往医院探视，以示关心并解决病人及家属在生活方面的困难。

如果游客为外国游客，则还应协助其办理分离签证，必要时办理延长签证手续；帮助其办理机票及订座手续以及其他回国手续；安排车辆送其前往机场，离开中国。

上述服务中所需费用由游客自理；住院期间没有享受的综合服务费按协议书的规定或相关旅行社协商决定处理，或部分退还或不予退还。

(二)其他原因要求延长旅游期

旅游团在旅游活动结束后，有游客要求继续在中国旅行游览，导游人员应正确处理这类要求。

(1) 不需要延长签证，一般可满足其要求。

(2) 需要延长签证，原则上应予以婉拒。若游客确有特殊理由，导游人员经请示后可向其提供必要帮助。

(3) 旅游团离境前，导游人员对要求延长旅游期的游客要做两件事：一是持旅行社证明帮游客办理分离签证和延长签证手续；二是协助游客订妥客房、机票或火车票等，费用由游客自理。

(4) 旅游团离境后，留下的游客若需要旅行社继续提供导游服务，应与旅行社另签合同，按散客标准收取费用。

【案例】1997 年 7 月，正值抗日战争爆发 60 周年纪念。一对日本老年夫妇进行了一次完美的北京四日游。行程即将结束时，老先生拉着地陪的手，要求地陪将日程延后两天，并安排他们去北京昌平大杨山。原来老先生是一名老军人，50 多年前作为侵略军占领过大杨山，几十年来，老人一直有一个心愿：回故地看看，亲口向当地民众表达自己的忏悔之心。地陪得知详情后，立即报告旅行社，在领导的指示下，帮游客解决了住宿、重新确认了机票、收取了增补的费用，然后专程陪老年夫妇"故地重游"，了却了老人的夙愿。

【点评】地陪的处理是妥当的。①日本老人的要求合理，地陪的处理正确，及时处理好了住宿、机票两大关键问题；②地陪积极协助日本老人了却了"故地重游、亲口忏悔"的夙愿；③游客主动要求延长游程，旅行社收取了必要的费用。

本章案例讨论

【案例 1】 正值旅游旺季，地陪小郑带 1 个由 3 个单位游客拼起来的旅游团在普陀山旅游，由于普陀山饭店客房紧张，3 个单位的游客必须分别住到 3 家饭店，并且要到下午才有空房。导游人员小郑只好把客人带到一家交通相对方便的饭店——碧海山庄，在与该饭店商量后，该饭店同意让游客把行李集中放到饭店总台服务员的值班室内。导游人员小郑安顿好游客的行李后带领客人出去参观，当傍晚客人游览回到碧海山庄后，导游人员小郑就按旅行社接待计划上各单位的住宿标准分别把客人分配到碧海山庄、香樟园和息来小庄 3 家饭店住宿，其中被安排在香樟园和碧海山庄的游客没有提出异议，但被安排在息来小庄的客人却不同意。这些游客的理由是游累了不想再走动，并认为别人可以住碧海山庄，自

己也可以。

案例思考题：如果你是小郑，应如何处理此事？

【**案例2**】导游人员小陆带领的华东 5 市 6 日游旅游团的行程即将结束了。在临上飞机用餐时，地陪特意安排大家在南京特色旅游酒店里用餐，希望大家在华东留下一个美好的回忆。在吃饭时，酒店老板拿着一包东西走了过来，很客气地对小陆说："我听地陪说，大家是从银川来的，我有个兄弟也在那儿，您能不能帮我把这包东西带回去交给他？"小陆是个热心肠，问了一句："行，这是什么啊？""这是南京的特产盐水鸭。""是吃的啊！这个……"小陆犯了难，心想："大家一路坐火车回银川，万一食物变质可怎么办呢？"但怎么拒绝呢？

案例思考题：如果你是小陆，怎么拒绝酒店老板的请求呢？

 ## 思考题

1. 导游人员处理个别要求的原则是什么？
2. 导游人员如何处理游客在餐饮、住房、购物和娱乐方面的个别要求？
3. 外国游客要求帮助转交物品时，导游人员应如何处理？
4. 导游人员如何处理游客中途退团的要求？
5. 游客要求自由活动时，导游人员应如何处理？
6. 游客要求亲友随团活动时，导游人员应如何处理？
7. 游客要求延长在一地的旅游期限时，导游人员应如何处理？

第六章

旅游问题、事故的预防与处理

【学习要点和目标】

本章主要介绍旅游问题与事故的类型和处理的一般原则，旅游问题与事故的预防措施和处理方法。通过本章的学习，掌握旅游问题与事故处理的原则在实践中的应用，熟悉活动计划和日程变更、接送故障等问题的处理方法。

【关键词】

问题　事故　预防　处理

第一节　旅游问题、事故的预防与处理原则

一、旅游问题与事故的预防

不出或少出旅游问题与事故是提高旅游服务质量的基本条件。为了把事故发生的可能性降低到最小限度，导游人员必须做好预防工作。预防工作的基本原则可以概括为以下六个方面。

(一)牢记服务宗旨，加强责任意识

导游人员必须在思想上充分地认识到事故预防的必要性，加强责任心。

一方面，导游人员的责任心来自法律和行业规定的约束力量。《导游人员管理条例》明确规定："导游人员在引导旅游者旅行、游览过程中，应当就可能发生危及旅游者人身、财物安全的情况，向旅游者作出真实说明和明确警示，并按照旅行社的要求采取防止危害发生的措施。"导游人员应将保护游客权利和权益的责任放在最重要的位置。

另一方面，导游人员的责任心取决于导游人员的自觉、自律，这一点更为重要。技术性责任事故的发生很多情况下是导游人员的大意和失职造成的。导游人员要牢记游客至上、服务至上的宗旨，时刻想着游客，时刻关心游客。

(二)制订周密计划，安排要留有余地

导游人员特别是地陪要制订周密的活动计划，对于新开放的景点及不熟悉的游览地应提前进行详细了解，必要时自己应先去一次，然后根据游客的年龄、身体状况等条件妥善安排，要经常了解周围环境的治安和交通等情况。

在安排活动日程时，要特别注意留有余地，活动项目应注意合理安排、劳逸结合。容易使游客疲劳的游览项目不能集中在一天，晚间活动不宜太晚，以保证游客的体力和精力；去机场(车站、码头)前要安排充裕的时间。

(三)出门多作预报，处处多作提醒

1. 养成带客出门必作预报的好习惯

(1) 报告全天行程。在出发前或旅游车离开饭店后，地陪要向游客报告当天的行程，上午、下午的游览地点和中、晚餐就餐餐厅的名称和地址，晚间活动的安排等，如果已分发活动日程表，要注意核实是否有变动。

(2) 预报天气、地形。如果有登山或登高项目，或需要较长时间的步行，导游人员应提前一天通知游客，并提醒游客做好着装，特别是运动鞋等准备工作。出发前，地陪要预报当天的天气情况，介绍游览地的地形和环境。

(3) 介绍游览线路。到达游览地点后，在景点示意图前，地陪要向游客介绍游览线路，告知旅游车的停车地点，强调集合时间和地点，再次提醒旅游车的特征和车牌号。

2. 做好各个环节的提醒工作

(1) 提醒游客量力而行。在登山、登高或做比较剧烈的运动时，提醒游客量力而行，速度不要太快，注意安全，避免太累，谨防摔伤。

(2) 提醒游客不要走失。在大型游览地点和人多的地方游览时，要特别提醒游客紧随导游人员，不要走散；自由活动时，提醒游客不要走得太远；若晚间自由活动时间游客外出，要提醒其注意安全，不要太晚回饭店。

(3) 提醒游客保管好财物。随时提醒游客保管好自己的财物，特别是证件和贵重物品。在离开饭店前往下一个目的地时，特别是在旅游团(者)离境或全程旅游的最后一站时，要提醒客人清点自己的证件、物品和行李，并在开车前做最后的提醒。

(4) 提醒游客注意饮食卫生。在用餐过程中，提醒游客注意饮食卫生，不喝自来水和河水，不吃不卫生的食品和过期食品。

(5) 提醒司机注意交通安全。在乘车前往目的地的途中，要提醒司机注意交通安全。在交通拥挤、时间仓促时，在走险路、窄路时，在恶劣天气行车时，要特别提醒司机注意安全，绝不要催促司机开快车；要劝阻司机不开"英雄车""赌气车"；阻止司机酒后开车；阻止非本车司机开车；阻止司机在中途停车搭载无关人员；遇到不明身份的人拦车时，提醒司机不要停车。

(四)留心观察游客，注意环境变化

导游人员要注意察言观色，一旦发现游客的身体状况和神情有异常变化，不能掉以轻心，要主动询问，针对不同的情况采取必要的措施。在游览时随时注意游客的行踪；要注意周围是否有异常动向，观察周围是否有安全隐患，一旦发现，马上采取应变措施。

(五)同行密切合作，不得擅离职守

导游工作中同行之间要注意合作，特别是带大团游览大景点时，地陪、全陪、领队之间要相互配合；参观游览期间，导游人员应随时与旅游者在一起，不得擅离职守，不得为私事而置旅游团于不顾。

(六)按照规程办事，及时联络汇报

导游人员要养成严谨的工作作风，严格按照导游工作程序和规章制度办事，认真做好票证、时间、人数、行李等各个环节的核实工作；主动与各方联络，遇事多请示汇报，不得擅自做主。

二、处理旅游问题与事故的原则

旅游事故一旦发生，导游人员必须沉着冷静、妥善处理。无论遇到什么类型的问题和事故，导游人员在处理时都必须牢记导游服务的基本宗旨，遵循其处理的基本原则。

(一)游客至上的原则

在处理旅游问题与事故时，导游人员应当将游客合法权益置于第一位来考虑，尤其是要尽一切可能保障游客的人身安全。在善后时，导游人员应当从游客的角度出发，帮助游客挽回损失，任劳任怨，争取游客的理解与配合。

(二)及时果断的原则

在即将发生和已经发生问题和事故时，导游人员要把握好第一时间，积极想办法，采取应急措施，迅速与相关部门联络。对于马上要处理的事情当机立断，切忌手足无措，贻误时机。

(三)影响最小化的原则

发生旅游问题和事故后，会对旅游企业带来三个方面的损失：经济损失、名誉损失和市场损失。导游人员作为旅游企业利益的代表，应当努力将事故带来的影响降至最低程度，防止复合性事故的连锁反应，从而扼制损失扩大的趋势。

(四)按章办事的原则

在处理旅游事故时，导游人员必须有牢固的法治观念，按章办事，切忌我行我素。例如，在抢救重病游客时，其救治方案必须经领队或患者亲属签字同意后方可实施。

(五)合情合理的原则

导游人员在处理事故时，要尊重当事人的意愿，体谅当事人的心情，采取必要的措施安慰游客，以稳定游客情绪，要注重保护游客的基本权利与利益。

在不违反我国现行法律、法规的情况下，各项具体事宜的处理，要尽可能地尊重伤亡人员及其家属的意愿，不要激化矛盾。海外旅游者来自不同的国家和地区，分属不同民族，有些还有不同的宗教信仰，应事先了解这方面的有关情况，在善后处理工作的有关事项中，尽量尊重当事人的有关要求。

【案例】一批来自我国台湾地区的同胞(18人)组团来桂林旅游。按照计划，游客应在阳朔用午餐，12:30，旅游团准时按预定时间到达餐厅。服务员热情地招待客人，一会儿热菜、热饭就上来了。但是上完第三道菜后，全陪小刘发现，已经过了10多分钟了，再也没有一道菜上来。经了解，原来是这个餐厅来了名人用餐，厨师们正在为名人做菜。这种情况，让客人们非常不满。他们认为：凡事应该有个先来后到，名人也不应该有什么特权。在大家的议论声中，领队对大家说："这也太不礼貌了，我们的菜连一半还没上齐就没人管了，我建议大家一起到里面和'名人'对话。"

这时，旅游团游客的意见非常统一，对着在单间里用餐的名人就喊："如果我们团的5个菜再不上来，你也别吃饭了。"在里面用餐的名人还不太清楚发生了什么事情，向服务员一了解，才知道是自己的特殊身份让台湾游客生气了。这位名人马上走进厨房对工作人员说，按规矩办事，不能有什么特例，我们来得晚，你们该怎么办就怎么办，不要给台湾游客留下不好的印象。出来后，这位名人还亲自向台湾客人赔礼道歉。

【点评】在本案例中，游客和领队出现的反应，是因为他们感觉自己没有受到别人的重视。领队在纠纷的处理过程中，坚持了将客人利益放在首位的原则。为客人争取权益是对的，但其方法不太合适。首先，不应该让客人参与交涉；其次，情绪和言行中的一些不当之处不应在客人面前表现出来；最后，全陪在整个事情发生的过程中，如能起到主要的沟通和协调作用，将事态的发展控制好，就一定能够较好地解决问题。

第二节　旅游活动计划和日程变更的处理

一、游客要求改变活动计划和日程

游客到某地后要求延长或缩短在当地的活动日程，或要求留在当地而取消下一站的旅游行程，导游人员一般应婉言拒绝，说明地接社不能单方面不执行旅游合同。如果是领队提出此类要求，地陪不能当场拒绝，而应通过地接社报告组团社，根据组团社的决定，或接受变更要求，或婉言拒绝。

【案例】某旅行社的一位资深导游人员为一个台湾旅行团提供四晚五天的导游服务，旅游活动十分顺利，游客也很满意。在北京的最后一天，上午没有安排活动，准备于12：15乘坐国航班机离京前往下一站游览。游客临时提议，希望游览卢沟桥。地陪凭经验计算了一下时间，又征求全团游客的意见，带领旅游团高高兴兴地游览了卢沟桥。然而接下来却麻烦了，首先道路严重堵塞(四环路正在建设中)，接着司机想"抄小路"，结果乡村道路路况不佳只得重返公路。当旅游车赶到机场时，飞机已经上了跑道。

【点评】"诚"是导游人员的服务准则。要真心诚意地为游客服务，但必须强调实事求是。该案例体现了地陪的诚意，但其结果却是"好心办了坏事"。在游客提出变更旅游计划时，要特别注意：旅游团离站当天不可随意增加活动。台湾游客要求去卢沟桥参观，本应满足，但旅游团中午要乘机离京，而且卢沟桥和首都机场相距较远，还有可能发生堵车等情况，地陪不能不考虑。导游人员不能仅凭经验办事。

二、客观原因造成计划和日程的变更

在旅游活动中，因天气、自然灾害、交通问题等客观原因和不可预料的因素，造成旅游团不能按计划时间抵达和离开，迫使旅游计划和活动日程变更的情况时有发生。遇到此类情况，地陪应主动与全陪配合，向游客做好解释工作，稳定游客的情绪，及时将旅游团的意见反馈给组团社和接待社，并根据组团社和接待社的安排做好工作。具体可分如下几种情况。

(一)延长活动日程的处理

旅游团推迟离开会延长在本地的游览时间，此时地接社和地陪应立即行动，正确处理。

1. 旅行社的工作

(1) 立即通知下一站地接社。

(2) 解决旅游团滞留当地的具体问题，如住房、餐饮、市内交通车辆和机票等。

2. 地陪提出应变计划

旅游团滞留当地，地陪应与计调人员联系，调整活动日程，酌情增加游览景点；适当延长在主要景点的游览时间；晚上安排娱乐活动，努力使活动内容充实。

(二)缩短活动日程的处理

旅游团提前离开或推迟抵达，都会缩短在一地的游览时间。

1. 旅游团推迟抵达

旅游团推迟抵达，相应地缩短了在当地的活动日程。在得知旅游团推迟抵达的确切消息后，应作如下处理。

(1) 地接社的应变措施。地接社要尽快退掉当日的住房、用餐、车辆，并重新安排，将损失降到最小限度。

(2) 导游人员要与计调部门一起确定新的接待计划。

① 只要时间许可，一定要将原计划中的参观游览景点及其他活动都安排进去，保护游客的合法权益。

② 时间不许可，就选择最具代表性、最有特色的旅游景点，让游客对当地的旅游景观有一个基本的了解。

2. 旅游团被迫提前离开

由于当地的某些原因，旅游团被迫要提前离开，地陪一般应做如下处理。

(1) 应立即与全陪、领队商量，实事求是地说明情况，提出应变计划。

(2) 向旅游团中有影响的人物说明情况，诚恳地赔礼道歉，详细介绍应变计划，争取他们的谅解和支持，然后分头做游客的工作。

(3) 由地接社办理退房、退餐、退车等相关事宜，通知组团社和下一站接待旅行社。

(4) 适当补偿，必要时经旅行社领导同意可加酒、加菜，赠送小纪念品；若游客反应强烈，可由旅行社领导出面表示歉意并提出补偿办法。

旅游团延长或缩短在一地的活动日程时，导游人员还应注意以下两点。

(1) 缩短行程，导游人员应尽力不让游客感到损失太大；延长行程，则不能让游客感到在本地浪费了时间。

(2) 在一地延长或缩短行程超过半天，地接社要报告组团社，同时必须将行程变化的信息及时通知下一站接待旅行社。

三、活动内容变更的处理

在旅游活动过程中，由于自然因素(大雪、洪水、地震等)，计划中的某一景点无法前往；

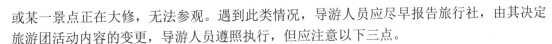

或某一景点正在大修，无法参观。遇到此类情况，导游人员应尽早报告旅行社，由其决定旅游团活动内容的变更，导游人员遵照执行，但应注意以下三点。

(1) 实事求是地说明情况，提出替代项目。

(2) 详细介绍替代项目，激起游客游览替代项目的兴趣。

(3) 带领游客继续其他游览活动，并提供精彩的导游讲解以及高质量的服务。

第三节　漏接、错接的处理

一、漏接的预防和处理

漏接是指旅游团抵达机场(车站、码头)，没有导游人员迎接的现象。

(一)漏接的预防

漏接的原因是多方面的，其中有导游人员主观原因造成的漏接，如导游人员未按预定时间抵达接站地点，或弄错了接站地点，或新旧时刻表交替，导游人员没有认真核实等；也有客观原因造成的漏接，如旅游团提前抵达，或导游人员没有接到变更通知等。导游人员应增强自己的责任心，尽量避免因主观原因造成的漏接，应做到如下四点。

1. 认真审阅接待计划

导游人员接站前，一定要详细审阅接待计划，问清是否有计划外通知。

2. 做到时间"三核实"

接站前要与机场(车站、码头)联系，最好与上一站接待旅行社联系，做到计划时间、时刻表时间、问询时间三核实，还要核实确切的接站地点。

3. 提前抵达

提前 30 分钟到达接站地点。

4. 迎接旅游团

站在醒目位置，举接站牌迎接旅游团。

(二)漏接的处理

发生漏接情况后，一般会造成旅游团原地滞留、活动受阻、影响行程等一系列麻烦，同时也会造成游客的不满。因此，导游人员应作妥善处理，做到如下三点：

1. 认真对待

得知旅游团已抵达，导游人员必须立即赶去与旅游团会合，实事求是地说明情况，诚恳地赔礼道歉，以求得游客的谅解。如果是外来因素造成的漏接，地陪要认真解释，消除误解。

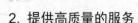
2. 提供高质量的服务

发生漏接情况时，导游人员要更加热情周到地为游客服务，进行更精彩的导游讲解，高质量地完成旅游接待任务，尽快消除因漏接造成的不愉快。

3. 补偿游客

发生漏接情况时，导游人员要尽量采取弥补措施努力完成计划，使游客的损失减少到最低程度；必要时可请旅行社的领导出面赔礼道歉或酌情给游客一定的物质补偿。

二、错接的预防和处理

所谓错接，是指导游人员接了不应该由他接的旅游团(者)的现象。错接是责任事故。

(一)错接的预防

错接事故一般是由于导游人员责任心不强、粗心大意造成的，一旦发生，会造成很不好的影响。导游人员为了避免这样的事情发生，应做到如下几点。

(1) 认真阅读接待计划，掌握旅游团的相关信息。

(2) 接到旅游团(者)后，导游人员要认真核实其团号、人数，问清领队和全陪姓名等；如果是散客，要问清游客的全名和国籍。

(3) 提前到达接站地点迎接旅游团(者)，警惕非法导游接走旅游团(者)。

(二)错接的处理

通常，发生错接的同时可能会伴生漏接，即错接的导游人员应接的旅游团(者)有可能会出现无人迎接的情况。发现错接旅游团(者)，导游人员应根据具体情况采取相应的措施。

(1) 若错接发生在同一家旅行社接待的两个旅游团(者)，地陪应立即向领导汇报，经领导同意，地陪可不再交换旅游团(者)；如果地陪兼全陪，则应交换旅游团(者)并向游客道歉。

(2) 若接错的是另外一家旅行社的旅游团(者)时，地陪应立即向接待社领导汇报，设法尽快交换旅游团(者)，向游客实事求是地说明情况并诚恳道歉。

(3) 若发现非法导游接走了旅游团(者)，地陪应立即报告接待社，请其协助寻找。并马上联系饭店，看游客是否已入住应下榻的饭店。若找到非法导游，应交有关部门予以严肃处理。

第四节　误机(车、船)事故的预防和处理

误机(车、船)事故是指由于某些原因或旅行社有关人员工作的失误，旅游团(者)没有乘原定航班(车次、船次)离开本站而导致暂时滞留。误机(车、船)是重大事故，不仅给旅行社带来巨大的经济损失，还会使游客蒙受经济或其他方面的损失，严重影响旅行社的声誉。导游人员要高度认识误机(车、船)的严重后果，杜绝此类事故的发生。

一、误机(车、船)事故的原因

(一)客观原因造成的非责任事故

客观原因造成的非责任事故是指由于游客方面的原因或由于途中遇到交通事故、严重堵车、汽车发生故障等突发情况造成的迟误。

(二)主观原因造成的责任事故

主观原因造成的责任事故有以下几种情况:

(1) 地陪安排日程不当或过紧,使旅游团(者)没能按规定时间到达机场(车站、码头)。

(2) 地陪没有认真核实交通票据,将离开本站的时间或地点搞错。

(3) 班次(车次)变更,但接待社的有关人员没有及时通知导游人员。

【案例】一个40人的国内旅游团,计划于4月15日15:30乘火车离开北京前往西安。旅游团在一家大型商场旁的餐厅用餐,午餐于13:00结束。游客要求去商场购物,地陪开始不同意,但禁不住游客的坚持,还是同意了,不过他一再提醒大家一个小时后一定要返回原地集合。

一个小时后只有38人回来了,等了一会儿,地陪让已经回来的游客在旅游车上休息,自己与全陪及两名年轻游客进商场寻找,找到两人时,离火车的开车时间只有20来分钟了,旅游团赶到北京火车站时,火车已经离站。

【点评】这起误车事故的责任在地陪,他犯了以下两个错误。

(1) 地陪同意游客去商场购物,违反了"旅游团离站当天不得让游客自由活动,不得带游客去大型商场购物"的纪律;38人已经返回,地陪应该让全陪携带票证带旅游团先去车站等候,自己留下寻找走失者,而他却让所有的人在旅游车上休息等候。

(2) 游客进了商场,一旦分散活动,就算再三强调集合时间,不少人还是会因选购中意商品而忘了时间。导游人员应该充分认识到这一点。为了避免游客饭后购物,地陪可以安排午餐时间略晚,或用餐时间拖得长一点,以免留有足够的时间让游客产生购物欲望;或与计调部门商量更换餐厅,不安排旅游团在靠近大商场的餐厅用午餐。

二、误机(车、船)事故的预防

发生误机(车、船)事故,无论怎么处理,总会有游客不满意,而且这类事故会对旅行社造成经济损失和不良影响。所以,应着力预防,设法杜绝此类事故的发生。为防止误机(车、船)事故的发生,地陪应做好以下几项工作。

(1) 地陪、全陪要提前做好旅游团(者)离站交通票据的落实工作,并核对日期、班次、时间、目的地等。

(2) 离开本站的当天,不安排旅游团(者)到范围广、地形复杂的景点参观游览;不安排旅游团到热闹的地方购物或自由活动。

(3) 安排充裕的时间去机场(车站、码头)，保证旅游团(者)按以下规定时间到达离站地点：乘国内航班，提前 2 小时到达机场；乘国际航班，提前 3 小时到达机场；乘火车或轮船，提前 1 小时到达车站或码头。

三、误机(车、船)事故的处理

导游人员在旅游接待服务过程中，无论是预知误机(车、船)，还是已经造成误机(车、船)，都应采取相应的应急措施。

1. 将成误机(车、船)事故的处理

导游人员已知旅游者不能按有关交通部门规定的时间抵达机场(车站、码头)，误机(车、船)事故将成为事实，叫将成事故。导游人员应做好以下几项工作。

(1) 导游人员要立即向旅行社有关部门报告情况，请求协助。

(2) 导游人员和旅行社有关部门尽快与机场(车站、码头)调度室联系，请求等候，讲明延误情况、该团名称和人数、所乘航班、现在何处、大约何时抵达机场(车站、码头)。

(3) 旅行社应协调各方面的关系，力争让旅游团按原计划离开。

(4) 事后要写书面报告，分析事故的原因和责任，叙述事情的处理经过及游客的反映，对有关责任人和部门要进行批评和处罚。

2. 已成误机(车、船)事故的处理

当旅游者误机(车、船)已成为事实，导游人员应立即做好以下几项工作。

(1) 立即向旅行社领导及有关部门报告并请求协助。

(2) 地陪和旅行社尽快与机场(车站、码头)联系，争取让游客尽快改乘后续班次离开本站，或采取包机(车厢、船)或改乘其他交通工具前往下一站。

(3) 稳定游客的情绪，安排好滞留期间的食宿、游览等事宜。

(4) 及时通知下一站，对日程作相应的调整。

(5) 向游客赔礼道歉，必要时旅行社领导应亲自前往并给予适当的补偿，尽量挽回旅行社的声誉。

(6) 事后写书面报告，分析事故原因，查清责任，并对责任人及其部门给予相应的处罚。

【案例】北京某旅行社组织的一个旅游团，原计划乘 8 月 30 日 1301 航班于 14:05 离京飞往广州，9 月 1 号早晨离广州飞往香港。订票员订票时该航班已经满员，便改订了 3105 航班(12:05 起飞)，并在订票通知单上注明：注意航班变化，12:05 起飞，计调部门由于疏忽，只通知了行李员航班变化时间而没有通知导游，也没有更改接待计划。8 月 30 日上午 9:00，行李员发现导游留言条上的时间和他任务单上的时间不符，经过提醒也没有引起导游的注意。导游也没有认真检查团队机票上的起飞时间，结果造成误机的重大责任事故。

【点评】此案例中导游没有核对团队机票上的起飞时间，又没有重视行李员的提醒，对误机事故负有一定的责任。当然，导游不应负全责，计调部门也有过错，也应负相应的责任。按照我国旅游法律法规，旅行社在支付了因导游的行为造成的游客损失赔偿之后，

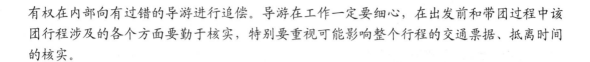

有权在内部向有过错的导游进行追偿。导游在工作一定要细心，在出发前和带团过程中该团行程涉及的各个方面要勤于核实，特别要重视可能影响整个行程的交通票据、抵离时间的核实。

第五节　证件、行李、物品遗失的预防和处理

一、遗失事故的预防

旅游期间，游客遗失物品是比较常见的现象。丢了证件、行李和贵重物品，不仅给游客造成诸多不便和烦恼，也会给导游人员带来不少麻烦和困难。因此，导游人员要采取有效措施，防止遗失事故的发生。

(一)多做提醒工作

导游人员要不厌其烦地提醒游客保管好自己的证件、财物，这是防止物品遗失或失窃的最有效方法。

(1) 入住饭店时，提醒游客不要随身携带贵重物品和大量现金，更不要将其放在客房内，最好放在饭店为旅客准备的保险柜内。离开饭店时，提醒游客取出存放在保险柜内的物品。

(2) 到达景点下车时，提醒游客不要将贵重物品遗留在旅游车上；在参观游览时，随时提醒游客带好随身物品；在热闹、拥挤的场所以及在商场购物时，要一再提醒游客保管好自己的证件、钱包和物品；用餐后离开餐厅时，要提醒游客带好随身物品。

(3) 结束在一地的游览活动离开饭店时，要多次提醒游客检查自己的证件、财物，不要遗忘任何物品；到机场、车站、码头时，提醒游客带好随身物品；游客下车后，导游人员要检查旅游车，发现游客遗留的物品，应立即交还。

(二)不负责保管游客的证件和贵重物品

(1) 导游人员不负责保管游客的证件和贵重物品，游客的物品应由游客自己保管。

(2) 需要游客的证件时，由领队或全陪收取，用毕立即归还并当面点清。

(3) 旅游团离开一地时，导游人员要检查自己的行李，若保存有游客的证件或物品，应立即归还。

(三)提醒司机关好旅游车的门窗

在游览期间，导游人员要随时提醒司机在游客下车后关好旅游车的门窗，司机最好不离开旅游车；若离开，一定要锁好车门。游客返回旅游车后，导游人员和司机要尽量阻止小商贩上车兜售商品。

(四)严格按规定交接行李

如果有行李员接送行李时，地陪要严格按规定检查、清点、签字、交接，认真做好行

李的交接工作。

二、游客遗失证件的处理

游客丢失证件时，导游人员应先请游客冷静地回忆，详细了解丢失情况，尽量协助寻找。如确认已丢失，应马上报告组团社或接待社，根据组团社或接待社的安排，协助游客向有关部门报失，补办必要的手续，所需费用由游客自理。

(一)丢失外国护照和签证的处理

(1) 由接待社开具签证遗失证明。

(2) 请失主准备照片。

(3) 失主去当地公安局(外国人出入境管理处)报失，由公安局出具证明。

(4) 失主持照片和证明去所在国驻华使、领馆申请新护照或临时证件。

(5) 失主持新护照或临时证件再去公安局出入境管理处申请入境签证。

【案例】某波兰旅游团在北京游览，第四天上午参观天坛，下午逛王府井自由活动。一位老先生在外文书店前突然焦急地叫起来，说放在上衣口袋里的护照不见了。全陪在附近陪游客购物，得知消息后赶了过来，一面安慰老人，一面迅速用手机与地陪联系。地陪赶到后，请老人认真回忆，在身上与腰包中寻找，确认护照丢失后，地陪将此事通报了接待社，写好波兰大使馆的地址，让全陪带失主去北京市公安局和波兰大使馆办理相关手续，自己则带领旅游团其他成员继续在王府井逛街、购物。

【点评】导游人员要熟练掌握导游业务的方方面面，才能有条不紊地处理游客证件丢失事故。处理这类事故的时候，导游人员还应注意两点：①导游人员之间要密切合作，这样才能既办好事情，又不影响旅游团的游览活动。②把知情范围尽量控制在相关几个人之内，以免影响其他游客的游兴；事后要一再提醒游客照管好自己的证件、财物，避免发生类似事故。

(二)丢失团体签证的处理

(1) 由接待社开具团体签证遗失证明。

(2) 备齐相关材料，包括：①原团体签证的复印件；②按原团体签证格式重新打印旅游团的名单；③全团游客的护照。

(3) 领队持上述证明和材料到公安局出入境管理处报失，填写申请表，申领新的团体签证。

(三)华侨丢失中国护照和签证的处理

(1) 失主准备照片。

(2) 当地接待社开具遗失证明。

(3) 失主持遗失证明和照片到公安局出入境管理处报失并申请办理新护照。

(4) 持新护照后去侨居国驻华使、领馆办理入境签证手续。

(四)丢失港澳居民来往内地通行证的处理

(1)　由接待社开具遗失证明，向派出所挂失，取得报失证明。

(2)　到当地公安局出入境管理处申请赴港澳证件，经核实后发给失主有效的一次性《中华人民共和国出境通行证》。

(3)　失主持该入出境通行证回港澳地区后，填写《港澳居民来往内地通行证件遗失登记表》和申请表，凭本人的港澳居民身份证，向通行证受理机关申请补发新的通行证。

(五)丢失台湾居民来往大陆通行证的处理

(1)　接待社开具遗失证明，到当地派出所挂失并取得报失证明。

(2)　携旅游团接待计划和上述证明到当地公安局出入境管理处申请一次性有效的入出境通行证。

(六)丢失中华人民共和国居民身份证的处理

(1)　接待社开具遗失证明，到当地公安局报失并取得身份证明。

(2)　回居住地后，持报失证明及相关材料到公安机关申请办理新身份证。

三、游客丢失财物的处理

1. 安抚情绪，帮助寻找

(1)　稳定失主情绪，尽可能详细了解物品的丢失经过，丢失物品的数量、形状、特征、价值以及可能丢失物品的时间和地点。

(2)　仔细分析物品的丢失原因，迅速判断财物是遗失还是被盗。

2. 迅速报案

(1)　一旦确认财物丢失或被盗，应立即向公安机关报案，必要时向保险公司报案。

(2)　及时报告旅行社，听取指示并开具遗失证明。

3. 开具必要证明

(1)　丢失的如果是贵重物品，失主应持报失证明、本人护照或其他有效身份证件到当地公安局出入境管理处填写《失物经过证明》，列出失物清单；丢失的如果是入境时向海关申报的物品，失主应出示《中国海关行李申报单》。

(2)　丢失的如果是行李申报单，要在公安局申请办理《中国海关行李申报单报失证明》。

(3)　遗失的如果是在国外办理了财产保险的物品，要在公安局出入境管理处办理《财物报失证明》。

(4)　遗失物品如果是旅行支票、信用卡等票证，在向公安机关报失的同时也要及时向有关银行挂失。

公安机关开具的上述证明，可供失主离境时由海关查验或回国后向保险公司索赔。

四、游客行李遗失的处理

1. 来华途中丢失行李

海外游客的行李在来华途中丢失，不是导游人员的责任，但导游人员应帮助游客查找。

(1) 导游人员带失主到机场失物登记处办理行李丢失和认领手续。失主须出示机票及行李牌，详细说明始发站、转运站，说清楚行李件数及丢失行李的大小、形状、颜色、标记、特征等，并一一填入失物登记表；将失主要下榻饭店的名称、房间号和电话号码(如果已经知道的话)告诉登记处并记下登记处的电话和联系人，记下有关航空公司办事处的地址、电话以便联系。

(2) 游客在当地游览期间，导游人员要不时打电话询问寻找行李的情况，一时找不回行李，要协助失主购置必要的生活用品。

(3) 离开本地前行李还没有找到，导游人员应帮助失主将接待社的名称、全程旅游线路以及各地可能下榻的饭店名称转告有关航空公司，以便行李找到后及时运往最适宜的地点交还失主。

(4) 如行李确系丢失，导游人员应协助失主向有关航空公司索赔。

2. 行李在中国境内丢失

游客在中国境内旅游期间，在托运过程中丢失行李，一般是交通部门或行李员的责任，但导游人员应高度重视并负责查找。

(1) 冷静分析情况，找出差错环节。

① 如果游客在出站前领取行李时找不到托运的行李，就有可能在上一站交接行李或托运过程中出现了差错，此种情况发生时导游人员可采取以下措施：带领失主到失物登记处办理行李丢失和认领手续；立即向接待社领导汇报，请求协助。

② 如果旅游团抵达饭店后游客没拿到自己的行李，问题则可能出现在饭店内、本地交接或运往行李的过程中，此时地陪应和全陪、领队一起先在本旅游团所住房间寻找，查看是行李误送还是本团游客错拿。如找不到，则应与饭店行李部取得联系，请其设法寻找。饭店行李部仍找不到，地陪应报告接待社有关部门。

(2) 主动做好失主的工作，就丢失行李事故向失主表示歉意，并帮助其解决因行李丢失而带来的生活方面的困难。

(3) 经常与有关方面联系，询问查找进展情况。

(4) 将找回的行李及时归还。如果确定行李已经遗失，则应由旅行社领导出面向失主说明情况并表示歉意。

(5) 帮助失主根据惯例向有关部门索赔。

(6) 事后写出书面报告。报告中要写清行李丢失的经过、原因、查找过程及失主和其他团员的反映等情况。

第六节　游客走失的预防和处理

游客走失，会严重影响旅游活动的顺利进行。如果因走失危及游客的生命安全，还会给旅行社造成重大损失和不良影响。因此，导游人员要加强责任心，努力避免游客走失。

一、游客走失的原因

在参观游览或自由活动时，游客走失的情况时有发生，其原因主要有以下四个方面。

(1) 导游人员对游览路线或集合的时间、地点和停车位置未讲清楚，或未做好必要的提醒工作。

(2) 地陪导游员讲解欠佳，不能引起游客的兴趣，导致游客参与到其他旅游团中听讲和随团游览，而脱离了自己的旅游团，造成走失。

(3) 游客在参观游览中忘记了导游人员的提示或因对某种现象、事物或摄影感兴趣而自行走散。

(4) 游客自由活动、外出购物时没有记清所走路线和下榻饭店的名称和地址所引起的走失。

旅游者走失不一定是导游人员的直接责任，但与导游人员责任心不强、工作不细致有很大关系。无论哪种原因造成游客走失都会影响游客的情绪，严重时会影响旅游计划的完成，甚至会危及游客的生命和财产安全。导游人员必须加强责任心，周到细致地工作以防此类事故发生。

二、游客走失的预防

1. 增强责任心

有着强烈责任心的导游人员会把游客的安全作为旅游活动顺利开展的基本任务，周到细致地安排游览行程。

2. 做好提醒

(1) 进行途中讲解时，地陪要提醒游客记住接待社的名称，旅游车的车号和标志，下榻饭店的名称、电话、导游人员的联系方式。

(2) 游客单独外出时，地陪要提醒游客记住导游人员的联系方式、下榻饭店的名称及电话号码或带上饭店的向导卡(guide card)等。

(3) 自由活动时，地陪要建议游客最好结伴而行，不要走得太远；提醒游客不要回饭店太晚，不要到秩序混乱的地方去。

3. 做好预报

(1) 导游人员每天都要向游客报告一天的行程，讲清楚上、下午的游览地点，中、晚餐用餐的地点和餐厅的名称。

(2) 进入游览点后，在该景点的示意图前，地陪要向游客介绍游览路线、所需时间、集合的时间和地点等。

(3) 下车后进入游览点之前，地陪要告知全体游客旅游车的停车地点、车号及车的特征，并强调开车的时间。

4. 分工合作

导游服务团队的成员要密切分工合作，做好游览活动过程中旅游者的安全工作，地陪在前引导，全陪则断后。注意游客的动向，经常清点人数。

5. 技高一筹

导游人员讲解内容是否丰富，导游技巧是否运用得好，直接关系到游客的注意力是否集中。为此，导游人员要以丰富的讲解内容和高超的导游服务技巧吸引游客。

三、游客走失的处理

(一)参观游览时游客走失的处理

游客在游览活动中走失，导游人员应采取以下措施。

1. 了解情况，立即寻找

地陪应立即向团内其他游客了解情况并请领队、全陪迅速分头去寻找，自己则带领其他游客继续游览。

2. 争取有关部门的协助

认真寻找后仍找不到走失游客时，地陪应立即向游览地的派出所和管理部门求助，同时与该团下榻的饭店前台和楼层服务台联系，询问该游客是否已回饭店。如采取以上措施仍找不到走失的游客，地陪应向接待社及时报告并请求帮助，必要时经领导同意后向公安部门报案。

3. 做好善后工作

找到走失的游客后，导游人员应问清情况，分析走失的原因，如果是自己的原因，应向游客道歉；如责任在走失者，应对其予以安慰，不可指责、训斥，但要提醒走失者或其他游客多加注意，以免再次发生走失事故。

4. 写出事故报告

如发生严重的游客走失事故，导游人员应写出书面报告，内容要包括游客走失的经过、走失原因、寻找的经过、善后处理及游客的反映等详细情况。

【案例】某年暑假，由 80 人组成的银川中学生旅游团游览北京。旅游团分乘两辆车前往颐和园，到达颐和园时，入口处已是人山人海。两位地陪商量后，决定 A 车学生从东宫门入园，B 车学生由北如意门入园，3 个小时后在新建宫门的门口集合。

两个小时后，A 车一行 40 名学生游览了石舫，地陪清点人数时，40 名学生都在现场，便带团登船前往东岸文昌阁。船抵码头，游客陆续下船，地陪一点人数，发现少了喜欢照相的 4 名学生。这 4 名学生，都没有手机，这下带队的老师、全陪和地陪都开始着急了。这时，地陪让全陪照顾其他学生就地拍照、休息。自己跑去颐和园管理处，请求广播找人，通知 4 名学生直接到东宫门，地陪去东宫门等候。30 分钟后全团会合，乘车返回市区。

【点评】此事虽然没有耽误太多时间，但还是有几个值得注意的问题：①地陪没有向学生讲清楚两车人员分别进入颐和园，分路活动，使一路照相的 4 名学生以为后面还有大部分学生没有过来，造成走失。②地陪凭经验办事，以为刚清点完人数，大家都会跟着上船的，上船后就没有再清点人数，造成 4 名学生走失。③地陪没有安排全陪或带队老师殿后，也没有向游客反复强调要跟上团队。④地陪应将手机号码告诉游客，以备不时之需。

(二)自由活动时游客走失的处理

游客在自己外出时走失，地陪在得知后应采取以下措施。

1. 及时报告

得知游客外出时走失，导游人员应立即报告接待旅行社和饭店保卫部门，请求指示和帮助；通过旅行社或饭店向公安机关报案，并告知走失者可以辨认的特征，请求帮助寻找。

2. 安抚工作

找到走失者，应予以安抚，稳定其情绪；必要时提出善意的批评，并以此为戒，提醒游客避免再次发生类似事故。若游客走失后发生其他情况，应视具体情况作为治安事故或其他事故处理。

第七节　游客患病、死亡的处理

因旅途劳累、气候变化、水土不服或饮食起居等生活习惯发生变化，难免会造成游客尤其是年老体弱者身体不适甚至患病；游客中可能有人会旧病复发，有的甚至病情严重，危及生命。导游人员要时刻关心游客，尽量避免因为自己的安排不当致使游客生病、受伤。如果有游客生病、受伤，甚至死亡，导游人员要沉着应对，正确处理。

一、游客患病的预防与处理

(一)游客患病的预防

要努力避免因人为因素致使游客生病，导游人员应掌握的预防措施有以下几点。

1. 了解旅游团成员的健康状况

导游人员可以通过多方面了解本团游客的健康状况，做到心中有数。接团前通过研究接待计划了解本团成员的年龄构成；从接到旅游团起，地陪可从领队处了解团内有无须要特殊照顾的患病游客；在游客之间进行了解；通过察言观色对身体肥胖或瘦弱，走路缓慢、费力、面部表情和举止异常的游客多关心，预防突发疾病的发生。

2. 活动安排留有余地，注意劳逸结合

旅游活动安排要留有余地，要注意劳逸结合，使游客轻松愉快地旅行游览。游览活动不能安排得太多、太满，不能将大运动量的活动集中在一起，以免疲劳旅游；晚间活动不宜太多、时间不宜过长，应安排游客早点休息，尽快恢复体力；旅游团中若老人多、体弱者多、小孩多，导游人员要结合他们的特点安排活动，行进速度要慢，活动量要适中。

3. 做好提醒、预防工作

每天早上出发游览前，导游人员要向游客预报当天的天气，并根据天气的变化，及时提醒游客增减衣物，带上雨具或遮阳伞(帽)。导游人员要随时提醒游客注意饮食卫生，不喝生水，不吃小摊上的食品；在餐馆用餐时，若发现提供的食物不卫生、变质变味时，导游人员要干预，与供给方交涉，要求其调换并报告接待旅行社。

(二)游客患一般疾病的处理

旅游期间，游客所患一般疾病主要有：感冒、发烧、晕车(船、飞机)、中暑、失眠、便秘、腹泻等。对这类疾病，导游人员应做相应处理。

1. 劝其及早就医并多休息

游客患一般疾病或遭受轻微损伤时，导游人员要劝其尽早去医院看病或请医生诊治，并留在饭店内休息，如需要，导游人员应陪同患者前往医院就医。

2. 关心游客的病情

如果游客留在饭店休息，导游人员要前去询问身体状况并安排好用餐，必要时通知餐厅为其提供送餐服务。

3. 向游客讲清楚治疗费用自理

需要时，导游人员可陪同患者前往医院就医，但应向患者讲清楚，所需治疗费用自理。提醒其保存诊断证明和收据。

4. 严禁导游人员擅自给患者用药

若旅游者选择留在饭店内休息，导游员需不时地送上关心和问候，但严禁导游员擅自给患者用药或未经医生诊断的情况下，随意介绍患者去药店买药。

(三)游客突患重病的处理

1. 在前往景点途中突然患病

游客在去旅游景点的途中突然患病，导游人员应做到以下几点。

(1) 在征得患者、患者亲友或领队同意后，立即将患重病游客送往就近医院治疗，或

拦截其他车辆将其送往医院。必要时，暂时中止旅行，用旅游车将患者直接送往医院。

(2)　及时将情况通知接待社有关人员。

(3)　一般由全陪、领队、病人亲友陪同患者前往医院。如无全陪和领队，地陪应立即通知接待社请求帮助。

2. 在参观游览时突然患病

(1)　不要搬动患病游客，让其就地坐下或躺下。

(2)　立即拨打电话叫救护车(医疗急救电话：120)。

(3)　向景点工作人员或管理部门请求帮助。

(4)　及时向接待社领导及有关人员报告。

3. 在饭店突然患病

游客在饭店突患重病，先由饭店医务人员抢救，然后送往医院，并将情况及时向接待社领导汇报。

4. 在向异地转移途中突患重病

在乘飞机、火车、轮船前往下一站的途中游客突患重病：

(1)　全陪应请求乘务员帮助，在乘客中寻找医护人员。

(2)　通知下一站旅行社做好抢救的各项准备工作。

5. 患者在医院抢救过程中导游人员的工作

(1)　游客病危，需要送往急救中心或医院抢救时，需由患者家属、领队或患者亲友陪同前往。

(2)　如果患者是国际急救组织的投保者，导游人员应提醒其亲属或领队及时与该组织的代理机构联系。

(3)　在抢救过程中，需要领队或患者亲友在场，并详细记录患者患病前后的症状及治疗情况，并请接待社领导到现场或与接待社保持联系，随时汇报患者的情况。

(4)　如果需要做手术，须征得患者亲属的同意，如果亲属不在，需由领队同意并签字。

(5)　若患者病危，但亲属又不在身边时，导游人员应提醒领队及时通知患者亲属。如果患者亲属系外籍人士，导游员要提醒领队通知所在国使、领馆。患者亲属到达后，导游人员要协助其解决生活方面的问题；若找不到亲属，一切按使、领馆的书面意见处理。

(6)　有关诊治、抢救或动手术的书面材料，应由主治医生出具证明并签字，要妥善保存。

(7)　地陪应请求接待社领导派人帮助照顾患者、办理医院的相关事宜，同时安排好旅游团继续按计划活动，不得将全团活动中断。

6. 患者滞留期间导游人员的工作

患者转危为安但仍需要继续住院治疗，不能随团继续旅游或出境时，导游人员要照顾好患者。

(1)　接待社领导和导游人员(主要是地陪)要经常去医院探望，帮助患者解决生活方面的困难。

(2) 如果是出境游客，导游员持旅行社证明帮助办理分离签证，必要时帮助办理延长签证手续。

(3) 帮助办理出院手续，机票再订座手续及其他回国手续；安排车辆，送其去机场。

7. 相关费用

(1) 帮助患者办理的各种手续所需费用由患者自理。

(2) 患者住院和医疗费用自理。如果患者现金不足，请领队或组团社与境外旅行社、其家人或保险公司联系解决其费用问题。

(3) 患者在离团住院期间未享受的综合服务费由旅行社之间结算后，按协议规定处理。

(4) 患者亲属在此期间的一切费用自理。

(四)游客患特殊疾病的处理

外国旅游者进入我国国境都要出示健康证明，若患有传染病隐瞒不报者作为逃避检疫论处。但有些旅游者在中国旅游过程中才发现患有某种传染病，导游人员应立即采取措施进行处理。

(1) 详细弄清患者健康情况，如患者可能患有鼠疫、霍乱、黄热病、性病、传染病、麻风病、开放性结核病、艾滋病、精神病和其他传染性疾病时，应马上向旅行社领导和当地防疫站、卫生检查机关汇报情况，并请示处理意见。

(2) 如有关部门认为应对旅游者进行防疫检查，导游人员应在领队(团长)和旅游者本人的同意下，送该旅游者到当地防疫站进行血清试验和有关检查。

(3) 如经检查证实该旅游者确实患有某种传染病，导游人员应遵照防疫部门和有关部门的意见，对该患者进行隔离等措施，以免传染病在该团和其他地方传开。

(4) 请领队(团长)向所属国驻华使(领)馆通报情况，以得到该使(领)馆协助。

(5) 向患者和领队(团长)说明，按我国有关规定，患者应提前出境。在他们的同意下办理该患者提前出境事宜和因此而出现的其他善后事宜。

(6) 将详细处理情况向旅行社和有关部门书面汇报。

二、游客死亡事故的处理

在出现旅游者死亡的情况下，导游人员应沉着冷静，立即向当地接待社领导和有关人员汇报，按旅行社的意见和有关规定办理，不得自行其是。在处理的每个环节都应有文字根据，以备需要时查证。

(1) 如死者的亲属不在身边，导游人员必须立即通知其家属；如死者的亲属系外籍人士，应提醒领队或经由外事部门及早通知死者所属国驻华使、领馆。

(2) 由参加抢救的医师向死者的亲属、领队及死者的好友详细报告抢救经过，并写出抢救经过报告、死亡诊断证明书，由主治医师签字后盖章并复印，分别交给死者的亲属、领队和旅行社。当地接待社应向司法机关办理《公证书》，以向公安部门注销该游客的签证。

(3) 对死者一般不做尸体解剖，如要求解剖，应有由死者亲属或领队，或其所属国驻华使领馆有关官员签字的书面请求，经医院有关部门同意后方可进行。解剖后写出《尸体解剖报告》。

(4) 若死者属非正常死亡，导游人员要保护好现场，立即向公安部门和旅行社领导汇报，协助查明原因，死因确定后，在与领队、死者亲属协商一致的基础上，请领队向全团宣布死者死亡原因及抢救、死亡过程。

(5) 死者的遗物由其亲属或领队、死者生前好友代表、全陪、接待社代表共同清点，列出清单，一式两份，由上述人员签字后分别保存；遗物交其亲属或领队带回，或交其所属国驻华使领馆铅封托运回国；接收遗物者应在收据上签字，收据上应注明接收时间、地点、在场人员等；若死者有重要遗嘱，应将其复制或拍照后交其所属国驻华使领馆转交，以防转交过程中发生意外损毁。

(6) 遗体的处理，一般应以在当地火化为宜。遗体火化前，应由死者的亲属或领队，或所属国驻华使领馆写出《火化申请书》，交我方保留。遗体火化后，火葬场将死者《火化证明书》交死者亲属或领队，由我国民政部门发给携带骨灰出境证明。

(7) 若死者亲属要求将遗体运回国，除应办理上述手续外，还应由医院对尸体进行防腐处理，并办理"尸体防腐证明书""装殓证明书""外国人运送灵柩(骨灰)许可证""尸体灵柩进出境许可证"等有关文件，方可将遗体运出境。由死者所属国驻华使领馆办理一份遗体灵柩经由国家的通行证，此证随灵柩同行。

在整个处理过程中，导游人员应注意的问题是：必须有死者亲属、领队、使领馆人员和旅行社有关领导在场，导游人员切忌单独行事；有些环节还须公安局、旅游部门、保险公司等有关人员在场；每个重要环节应有文字根据，以便事后查证，口头协议和承诺均无效；事故处理后，将全部报告、证明文件、清单及有关材料存档备查。

第八节　旅游安全事故的处理

国家旅游局在《旅游安全管理暂行办法实施细则》第七条规定："凡涉及旅游者人身、财物安全的事故均为旅游安全事故。旅行社接待过程中可能发生的旅游安全事故，主要包括交通事故、治安事故、火灾、食物中毒等。导游人员在带团期间必须提高警惕，一旦遇到突发事件，要沉着应对，果断采取措施，合情、合理、合法地予以处理，尽量将损失和影响降到最低限度。

一、交通事故的预防和处理

交通事故的范围很广，最常见的是汽车交通事故，导游人员必须将安全放在第一位，做好交通事故的预防工作。

(一)交通事故的预防

导游人员在接待工作中应具有安全意识，时刻注意游客的安全，尤其在当地的旅游活动中，导游人员一定要很好地与旅游车司机配合，协助司机做好安全行车工作。

(1) 提醒司机经常检查车辆，若发现隐患，应及时修理或要求更换车辆。

(2) 行驶途中，导游人员不要与司机聊天，以免分散其注意力；但长途行车时，导游人员要不时与司机聊两句，以免司机打瞌睡。

(3) 安排日程，在时间上要留有余地，以免司机因赶时间而违章超速行驶，避免司机疲劳驾驶；在任何情况下，导游人员都不应该催促司机开快车，有时还要阻止司机开"英雄车""赌气车"。

(4) 如遇天气不好(雨、雪、大雾天)、交通堵塞、路况不佳，尤其是在窄道、山区行车时，导游人员要随时提醒司机注意安全，谨慎驾驶。

(5) 如天气恶劣、发生灾害时，导游人员可适当调整日程安排，但事先应向领队和游客说明情况，征得旅行社和游客的同意。

(6) 司机在工作期间不得饮酒，如果司机饮酒，导游人员要加以劝阻，若司机不听劝告，要立即报告旅行社，要求更换司机或改派车辆。

(7) 强调非本车司机不得开车。

(二)交通事故的处理

一旦发生交通事故，只要导游人员没有受重伤，神志还清醒，就应立即采取措施，冷静、果断地进行处理并做好善后工作。

1. 立即组织抢救

发生交通事故出现伤亡时，导游要立即组织抢救受伤的游客，尤其是重伤者。如不能就地抢救的，应立即送往医院。在冬季，伤者易因天气寒冷而发生休克，可用毛毯、衣服包裹御寒。

2. 保护现场，立即报案

交通事故发生后，要沉着冷静，不要在慌乱中破坏现场，为避免尾随车辆撞来而发生更严重的事故，必须采取安全措施，例如，用照明灯照亮现场或竖立警告牌等。要指定专人保护现场，同时迅速通知有关部门，请求援助。

3. 迅速与旅行社联系

导游人员应马上与旅行社联系，报告交通事故的发生及游客伤亡情况，听取领导的意见和指示。

4. 做好旅游团的安抚工作

交通事故发生后，导游人员要做好旅行团的安抚工作，继续组织安排好下面的参观游览活动。事故查清后，要向全团游客说明情况。

5. 事故善后工作

请医院开具诊断和医疗证明书，并请公安局开具交通事故证明书，以便向保险公司索赔。交通事故处理结束后，导游人员要写出事故报告，报告的内容包括：事故的原因和经过，抢救经过、治疗情况，事故责任及对责任者的处理，游客的情绪及对处理的反应。报告要力求详细、准确和清楚(最好和领队全陪联名报告)。

二、治安事故的预防和处理

在旅游期间,遇到坏人行凶、诈骗、偷盗、抢劫、恐怖等活动,导致游客身心及财物受到损害,统称治安事故。

(一)治安事故的预防

在接待工作中,导游人员要始终提高警惕,采取有效措施并随时提醒游客,尽力防止发生治安事故。

1. 入住饭店后做好提醒工作

(1) 入住饭店后,提醒游客保管好贵重物品。

(2) 向游客讲清外币兑换的有关规定,提醒他们不要私自与他人兑换外币,更不要在偏僻的地方与不熟悉的人兑换外币。

(3) 提醒游客不要将自己的房间号告诉不熟悉的人,出入房间一定要锁好房门;晚间,不要有人敲门就贸然开门,以防意外;不要让不熟悉的人进入房间等。

2. 旅行、游览时导游人员的工作

(1) 在旅游车行驶途中,不得停车让非本车人员上车,若有不明身份者拦车,应提醒司机不要停车。

(2) 在下旅游车时,提醒游客不要将证件和贵重物品遗留在车上;游客下车后,提醒司机关好车窗、锁好车门,不要让陌生人上车,不要离车太远;游客返回上车时,导游人员和司机要尽力阻止小商贩上车兜售商品。

(3) 在参观游览活动时,导游人员要始终和游客在一起,随时注意观察周围环境和游客的行踪,不时清点人数;发现可疑现象,应尽力引领游客避开;在人多拥挤的公共场所,要提醒游客不要离开团队,注意保管好自己的证件和财物。

(二)治安事故的处理

一旦发生了治安事故,导游人员绝不能置身事外,要全力保护游客的人身、财物安全。

1. 保护游客的人身、财产安全

遇到歹徒骚扰、行凶、抢劫,导游人员要临危不惧,绝不能临阵脱逃,可能时要将游客转移到安全地点。导游人员要勇敢,但不能鲁莽行事,要防备歹徒的凶器,要保护游客的安全,也要保护好自己。力争与在场群众、当地公安人员一起缉拿罪犯,追回钱物;如有游客受伤,应立即组织抢救。

2. 立即报警

治安事故发生后,导游人员应立即拨打110,向当地公安部门报案并积极协助破案。报案时实事求是地介绍事故发生的时间、地点、案情和经过,提供作案者的特征,告知受害者的姓名、性别、国籍、伤势及损失物品的名称、数量、型号和特征等。

3. 及时向领导报告

导游人员要及时向旅行社领导报告治安事故发生的情况并请求指示,情况严重时应请领导到现场指挥处理。

4. 稳定游客的情绪

治安事故发生后,导游人员应采取必要措施稳定游客的情绪,努力使旅游活动顺利地进行下去。

5. 写出书面报告

导游人员应写出详细、准确的书面报告,报告除上述内容外,还应写明案件的性质、采取的应急措施、侦破情况、受害者和旅游团其他成员的情绪、反应和要求等。

6. 协助领导做好善后工作

导游人员应在领导指挥下,准备好必要的证明、资料,处理好各项善后事宜。

三、火灾事故的预防和处理

火灾事故在旅游活动中一般不多见,但一旦发生危害就非常严重,损失十分巨大。因此,导游人员对火灾事故要有高度的警觉。

(一)火灾事故的预防

1. 必要提醒

导游人员应提醒游客不要携带易燃、易爆物品,不在托运的行李中夹带易燃、易爆等违禁物品;提醒游客不在床上吸烟,不乱扔烟头和其他火种。

2. 熟悉饭店安全通道

入住饭店后,导游人员要熟悉所在饭店楼层的太平门、安全通道并向游客详细介绍;提醒游客熟悉客房门上贴的安全路线示意图,掌握失火时应走的路线;提醒游客,一旦发生火灾时,不要乘坐电梯,只能从安全通道逃生。

3. 牢记火警电话119

导游人员要牢记火警电话119;掌握领队及全团成员的住房号码,以便失火时及时通知游客。

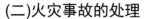

(二)火灾事故的处理

(1)　立即报警。

(2)　迅速通知领队及全团游客。

(3)　听从工作人员的统一指挥，迅速通过安全出口疏散游客。

(4)　引导游客自救。

如果情况紧急，千万不要搭乘电梯或随意跳楼，导游人员要镇定地判断火情，引导游客进行自救。

①　若身上着火，可就地打滚，或用厚重衣被压灭火苗。可用湿毛巾捂住口鼻，趴在墙根，爬行穿越浓烟，爬到烟少的地方，避免被烟气熏呛、烧伤或窒息，可能时打开窗户。

②　必须穿过浓烟时，用浸湿的衣物披裹身体，捂住口鼻，贴近地面顺墙爬行。

③　大火封门无法逃出时，或泼水降温，或用浸湿的衣被封堵塞严，越严实越好。

④　房内有明火时，或泼水灭火，或用浸湿的被褥包住身体保护自己，等待救援。

⑤　消防队员到来后，要一面高声喊叫，一面挥舞色彩鲜艳的衣物，争取救援。

5. 协助处理善后事宜

导游人员撤至安全地带，就要寻找本团游客，让大家聚集在一起。发现有人失踪，应组织人力尽快寻找。游客得救后，导游人员应立即组织抢救受伤者，若有重伤者应迅速送往医院；若有游客死亡，按有关规定处理；采取各种措施稳定游客的情绪，解决因火灾造成的生活方面的困难，设法使旅游活动继续进行；协助领导处理好善后事宜；写出翔实的书面报告。

四、食物中毒的预防和处理

游客因食用变质或不干净的食物经常会发生食物中毒，其特点是：潜伏期短，发病快，且常常集体发病，若抢救不及时可能会有生命危险。

(一)食物中毒的预防

(1)　严格执行在旅游定点餐厅用餐的规定，若发现餐馆的食物不洁、变质、有异味，应立即要求更换，并要求餐馆负责人出面道歉，必要时向旅行社领导汇报。

(2)　提醒游客不吃小吃摊上的食品，不喝自来水或不洁生水；提醒游客不要随意采摘景点、景区中的野果食用，以免中毒；提醒游客吃买来的水果时要洗净，最好去皮。

(二)食物中毒的处理

1. 立即采取排毒措施

若发现有游客食物中毒，导游人员应立即设法为患者催吐，并让患者多喝水加速排泄，以缓解毒性。疑为毒蘑菇、河豚或其他有毒物质中毒时，应立即催吐，先让患者饮水 300～500 毫升，然后用手指刺激其舌根、咽部，呕吐后再饮水反复进行呕吐，吐清为止；疑为细菌性食物中毒时应禁食。

2. 开具证明

导游人员应立即将患者送往医院抢救、治疗,针对病因进行治疗,并封存患者所食用物品或呕吐物,以备查验。请医生开具诊断证明。

3. 迅速报告

若旅游团集体中毒,必须立即报告卫生防疫部门,同时报告旅行社管理部门,追究有关单位的责任。

【案例】北京某旅游团游览九寨沟。从成都到九寨沟全程 385 公里,由于路况不好,加上用餐、如厕的时间,旅游车走了约 10 个小时。到达一处山寨边时,大家看见路边有一筐筐的水果,要求停车,很多人买了经不法商贩"加工"过的"新鲜"水果,当场食用,以求补充体能和水分。但没想到,不到半个小时,就有人说肚子不舒服,在接下来的一个多小时里,全团 30 人竟有 22 人发病,其中包括全陪。看到这种情况,地陪介绍说再往前开车 1 个多小时,就可到达松潘县城,那里有医院。于是旅游车赶往县城。导游人员则组织没有发病的游客,为病人喂水,帮他们擦汗,一路上安慰他们、照顾他们。在即将抵达县城时,地陪拨通了 120,很快,急救车就赶过来了,对重病号进行救治。经过一夜紧急救治,除两人外,其他人基本康复。全陪、地陪和司机商量,决定由全陪留下照顾这两人,还留下其中一人的家属,其余游客则由地陪带领前往九寨沟;考虑到大部分游客的身体状况,与游客商量后,决定放弃海拔较高的黄龙景区。次日,留下的两位游客也已康复,搭乘别团的旅游车赶到九寨沟,与大家一起游览。

【点评】旅游卫生直接关系着游客的健康安全和旅游活动的进程,导游人员对此绝不能有半点懈怠,应反复强调饮食卫生的重要性,提醒游客不喝不洁之水,同时要特别注意时令水果、山珍、野味等食物的卫生。出现集体症状,不要慌乱,也不要延误时间,而应立即拨打 120,向医生求援;切不可向游客随意提供药物。旅游团集体生病,有时不得不放弃某些活动,但事先要与游客商量。至于索赔,可与游客参照旅游合同进行。

五、溺水的预防和处理

(一)溺水的预防

(1) 在河、湖边游览时,导游人员要提醒游客,尤其要提醒孩子、老人不要太靠近河、湖边行走,以免落水。

(2) 在乘船和竹筏时,要提醒游客不要超载、不能打闹。

(3) 不让游客在非游泳区游泳;在游泳区游泳前,要提醒游客做好全身准备活动,提醒水性不好的游客不去深水处游泳;提醒父母看护好自己的孩子。

(4) 进行水上活动时,应穿好救生衣,带好救生圈等救护设备。

(二)溺水的处理

有人落水或在游泳、水上活动时发生危险,导游人员应立即组织抢救,必要时请救生员、救生艇协助救援；将溺水者救出水后，迅速清除口鼻内污物，拉出舌头，保持呼吸道通畅。救上岸后，将其置于俯卧位(可将患者腹部放在抢救者膝上)，头部朝下，按压其背部使脏水流出。如呼吸、心跳停止，立即进行口对口人工呼吸及胸外按压。待溺水者恢复呼吸、心跳和知觉后，注意换下湿衣服，给予保温，饮用热糖水，并尽快送医院进一步治疗。对严重溺水者，应拨打120求助并及时报告旅行社。

六、天灾逃生常识

(一)地震

1. 现场自救

室内遇险，应就地躲避：尽量躲在小的空间内，例如卫生间、厨房的内墙角；可能时，初震后迅速撤至室外。

室外遇险，切忌乱跑乱挤，不要扎堆，避开人多的地方；远离高大建筑物、窄小胡同、高压线；注意保护头部，防止砸伤。旅游团在游览时遇到地震，导游人员应迅速引领游客撤离建筑物、假山，集中在空旷开阔的地域。

【案例】1996年2月的一天，云南丽江发生大地震。晚7时许，突然，大地震颤，当时，一个上海旅游团正在集合，准备去用晚餐。带团的是一位经验丰富的导游人员，发现发生地震，就镇定地高喊："大家不要乱跑，快到街中心来，这里没有建筑物，安全。"他一面把老人、孩子往人堆中推，一面让大家保护好头部。几秒钟后，古镇到处断墙残壁，周围一片漆黑。两位导游人员密切配合，一前一后带着旅游团在初震后几分钟内冲出险区，进入了安全地带。

【点评】①天灾无法预知，但一旦发生，都很危险，导游人员一定要处乱不惊，引领全团游客冷静应对。②地震时，让游客站到较宽阔的街中心，显示导游人员很有经验，若让游客各自乱跑逃生，危险性会增加。③初震后，利用短暂的空隙时间，引领游客迅速撤离险地，是非常必要的逃生手段。④如果旅游团在人多拥挤、建筑物密集的地区遭遇地震，旅游团可能被迫解散，各自逃生，可能时导游人员一定要反复强调集合的时间和地点。

2. 协助遇险者进行自救

地震时被压在废墟下、神志还清醒的幸存者，最重要的是不能在精神上崩溃，故导游人员应该创造条件帮助其脱离险境或保存体力等待救援。例如，提醒游客若能挣脱开手脚，应立即捂住口鼻，以隔挡呛人的灰尘，避免窒息；设法保存体力，不要乱喊，而是要听到外面有人时再呼救；若能找到水和食物，要计划使用，尽可能长地维持生命。提醒游客在地震发生时绝不要放弃希望。

(二)海啸

海啸是由海底激烈的地壳变化引起的海洋巨浪。当海啸发生时，海水陡涨，突然形成几十米高的"水墙"，惊涛骇浪向陆地席卷而来，所到之处一片废墟。那么导游人员在带团出行时遇到海啸该怎么办呢？

(1) 地震是海啸的"排头兵"，如果感觉到较强的震动，导游人员就要提醒游客不要靠近海边、江河的入海口。

(2) 如果听到有关附近地震的报告，导游人员要立即做好防海啸的准备，因为海啸有时会在地震发生几小时后到达离震源上千公里远的地方。

(3) 因为海啸在海港中造成的落差和湍流非常危险，若是正在海上观光游览，听到海啸预警不可以回港或靠岸，导游人员应建议轮船马上驶向深海区，深海区相对于海岸更为安全。如果没有时间开出海港，导游人员要带领所有游客撤离停泊在海港里的船只。

(4) 海啸登陆时海水往往明显升高或降低，如果看到海面后退速度异常快，导游人员应组织游客立刻撤离到内陆地势较高的地方。

【案例】2004年12月26日印度洋发生大海啸时，一位杭州的导游小姐正带领24人的旅游团在泰国普吉岛(PP岛)游览。下午，旅游团刚回饭店，突然后面传来巨响，凭直觉，她感到一股不祥的气息，于是立即高喊："大家快上楼，都到三楼以上来，可能有大海浪。"顷刻，海水扑来，把岸上的所有东西撞成一团，到处一片狼藉。站在楼上的导游小姐，在清点人数时发现少了4人，于是不顾个人安危，踩着漂浮的冰箱、桌椅，在海水冲砸过的地方寻找失踪的游客。终于，全团24人，一个不少地被她"集中"在饭店的楼顶上，等候救援队伍的到来。

【点评】在灾难面前，这位导游人员表现出来的勇敢和智慧是令人钦佩的。当突发事件来临时，导游人员应该做到以下几点。①要有先期设想各式灾难的意识。②人的生命安全第一，游客的生命安全最重要。③处事沉着、反应机敏、果断行事，导游人员的这些心理素质在处理突发事件时显得特别重要。不管发生什么灾难，只有导游人员不慌乱，游客才可以做到镇定，并能保持秩序，形成合力，形成团队智慧，就有可能将灾祸的损失和影响降到最低。④措施得当。如本案例中的导游小姐指挥大家往高处逃生，确保了旅游团的安全；她不顾个人安危寻找失散者，将大家"集中"在一起，从而能相互照应，共渡难关。

(三)泥石流

在旅游团行程中如果有泥石流、滑坡多发地区，导游人员必须密切注意天气预报，若有连绵阴雨或大雨，要与旅行社或游客商量，对行程作出必要的修改。暴雨刚停时，旅游团最好不要在山区活动。

遇到泥石流，导游人员要镇定地引导游客逃生，具体措施如下。

(1) 泥石流发生时，不能在沟底停留，而应迅速带领游客向山坡坚固的高地或连片的石坡撤离，抛掉一切重物，跑得越快越好，爬得越高越好。

(2) 提醒游客切勿与泥石流同向奔跑，而要向与泥石流流向垂直的方向逃生。

(3) 到了安全地带，导游人员应将游客集中在一起，等待救援。

(四)飓风

旅游团若遇强大风暴，尤其遇到龙卷风时，导游人员应提醒游客采取如下自我保护措施。

(1) 若在室内，最好躲在地下室、半地下室或坚固房屋的小房间内，避开重物；不能

躲在野外小木屋、破旧房屋和帐篷里。

(2) 若困在普通建筑物内，应立即紧闭临风方向的门窗，打开另一侧的门窗。

(3) 若被飓风困在野外，不要在狂风中奔跑，而应平躺在沟渠或低洼处，但要避免水淹。

(4) 旅游团在旅游车中时，导游人员提醒司机立即停车，组织游客立即撤离，躲到远离汽车的低洼地或紧贴地面平躺，并注意保护头部。

第九节　游客不当言行的处理

一般而言，游客的不当言行是个人问题，但处理不当会产生不良后果。所以，处理此类问题时要慎重、实事求是，也要合情、合理、合法。为了正确处理此类问题，导游人员应做好下述工作。

(1) 积极宣传国家的有关法律、法规。应在一开始就向游客积极宣传我国的有关法律、法规和相关注意事项，以避免个别游客无意中做出越轨、违法的行为。

(2) 必要的提醒和警告。一旦发现可疑现象，就要有针对性地给予必要的提醒乃至警告，迫使预谋越轨者知难而退。

(3) 认真调查核实。发现个别游客违规、违法，导游人员要认真调查核实，并分清有意和无意的界限，分辨是有因还是无故的界限，分清言论和行为的界限。只有这样，才能正确处理问题。

(4) 严肃处理。对冥顽不化者，应立即将其不当言行实事求是地报告有关部门并协助调查，分清性质，严肃处理，维护我国的国家主权和尊严。

一、对攻击和污蔑言论的处理

有些境外游客对我国的方针政策不理解，甚至存在误解，在一些问题上存在分歧，出现言论越轨，这种现象一般是因不同的社会政治制度和不同的国情造成的。导游人员要积极地宣传中国，介绍我国的国情，认真回答游客的问题；面对少数人的不当言论，导游人员要认真阐明我国对有关问题的立场和观点，求同存异。

但是，若有人站在敌对立场上对我国进行肆意的攻击和污蔑，导游人员要严正驳斥。驳斥时要理直气壮、观点鲜明，要有理、有据，必要时要报告有关部门进行处理。

二、对违法行为的处理

若有人违法，一经发现，导游人员应立即阻止，但要对其讲清道理并指出这种行为触犯了中国的法律。如果违法者由于对中国的法律缺乏了解而违法，听了导游人员的解释，就会停止违法活动；如果继续违法，就是明知故犯。不管出现哪种情况，导游人员都必须将违法行为报告有关部门并配合调查核实，按情节轻重，进行处理。

导游人员若发现旅游团中有人窃取军事机密和经济情报以及进行走私、贩毒、偷盗文物、卖淫、嫖娼等犯罪活动，应立即报告相关部门。

三、对不当宗教活动的处理

若有外国游客在大街小巷散发宗教宣传品或进行宗教宣传活动，导游人员一定要予以制止，并向其宣传我国的宗教政策，指出未经我国宗教团体的邀请和允许，任何人都不得在我国布道、进行宗教活动，不得在非宗教场所散发宗教宣传品。还应指出，持旅游签证来中国旅游的外国人不得在我国从事与其身份不符的活动，例如宗教宣传等。处理这类事件要注意政策界限和方式方法，对不听劝告者和有明显破坏行为者，应立即上报，并由司法部门处理。

若有人以游客的身份宣传邪教，进行邪教活动，导游人员要坚决制止并迅速报告有关部门，予以严肃处理。

四、违规行为的处理

(一)违反景区、景点有关规定的处理

游客中总有一些人对景区、景点树立的醒目告示牌熟视无睹，明知故犯。导游人员在进行精彩讲解的同时，应进行文物保护、环境保护的宣传。导游人员要讲清景区、景点的有关规定并一再提醒游客注意遵守。例如，禁止乱涂乱画、禁止践踏草地、禁止攀登、禁止采摘花草果实、禁止采挖野菜、禁止随地吐痰和乱扔废弃物，有的地方禁止进入、禁止照相、禁止使用闪光灯等。导游人员还要注意游客的动向，防止少数人破坏景区、景点的环境，扰乱景区、景点的秩序。若发现违规行为，导游人员应坚决予以制止；若有人不听劝告、一意孤行，导游人员要报告有关部门，对其进行严肃处理。

(二)对异性越轨行为的处理

游客中若有人品行不端、行为猥亵并侵犯他人，导游人员应郑重地向其指出此种行为后果的严重性，令其立即改正。对境外游客，导游人员要明确告知中国人的道德观念和异性间的行为准则，请其尊重并遵守。对不听劝告者应指出问题的严重性，必要时采取果断措施，或报告旅行社或求助于其他旅游者。

为了尽可能避免这类问题的发生，作为导游人员(特别是女性导游人员)应做到自尊自爱、行为端庄，不随意单独去异性房间，不单独与异性相处，对异性的挑逗和非礼要求，要委婉但明确地表示拒绝，并设法找借口避开。若有个别游客蛮横无理，纠缠不休，或行为粗野，导游人员可以采取断然措施以求自卫并立即报告旅行社领导，情节严重者可交由有关部门依法处理。

(三)对酗酒闹事行为的处理

导游人员对游客酗酒应加以劝阻，向他们说明我国的法律规定，酗酒者在醉酒状态下

的犯罪行为同样应负法律责任。对不听劝告、酗酒闹事、扰乱社会秩序、触犯他人、造成他人人身和物质损失的肇事者，导游人员应配合司法部门追究其相应的法律责任。

本章案例讨论

【案例1】某旅行社导游人员杜鹃，接待了本公司自组的一个日本陶瓷研修团，团员为日本陶艺界的专家。该团于傍晚抵达景德镇，计划在景德镇住一晚。次日白天参观景德镇市内的几个古陶瓷遗址；晚餐后乘坐 20:00 起飞的国内航班离开景德镇。团队抵达的当晚，团长的朋友——一位景德镇考古界的名人应邀来酒店探望团长。他告诉团长，在距离景德镇市内 30 公里的乡下，最近刚发现了一个规模巨大、具有极高研究价值的元代窑址。团长听后非常兴奋，当即提出次日一早赶往该窑址参观，并把这种想法告诉了领队。领队及时把团长的意思告诉了杜鹃，希望小杜尽可能满足团长的要求。

案例思考题：请问小杜应该如何处理？

【案例2】李先生单位组织员工旅游，正赶上其夫人休年假，于是一同参加了九寨沟 7日游的旅游团。李先生和李太太参加的这个旅游团，行程前几天还算顺利。第 5 天行程表原为九寨沟—黄龙沟—九黄机场—成都，然而由于全陪事先未和地陪核对行程，地陪误以为此团是参观牟尼沟而非黄龙沟，加上地陪前一天也未事先宣布第 5 天的行程，全陪又没去过黄龙沟，不知黄龙沟是什么模样。在参观牟尼沟后，李太太发现这个沟好像和书上描述的黄龙沟不一样，于是进一步询问地陪。这时，地陪及全陪才发现行程错了，应该去黄龙沟，却去了牟尼沟。李太太和一些团员向全陪反映，既然行程安排有黄龙沟，明天无论如何都要想办法去。但另一派的团员认为既然错误已造成，就算了，明天还是按照既定行程进行，不要再变动第 6 天的行程了，就这样两派团员意见争执不下。

此时全陪也不知该如何是好了。团员的分歧很大，全陪无法说服游客，但也拿不定主意。最后，全陪接受李太太等游客的意见去黄龙沟。第 6 天一早，全团赶往黄龙沟，途中提早用午餐，用完午餐后，到了黄龙沟入口，全陪告知游黄龙沟需要 3～4 个小时，而当天下午由机场飞往成都的班机是下午 4:00，因此参观时间非常紧。当时，团员又分成了两派。一派是以李太太为首的坚持一定要全程游玩；另一派，则怕赶不上飞机，主张在附近参观就可以了。双方又是一阵言语争执，最后李太太等人还是坚持游全程，所以，他们就自己进去参观了。全陪和地陪都没有陪同。李太太等人沿途加紧脚步，回程时更是走走跑跑，总共花了 4 个半小时，虽然很累，但玩得非常开心。但没去参观的另一派团员就非常不高兴，因为苦等了 4 个半小时不说，还发生了团员在车上休息，司机不晓得跑到哪里去了，车门上锁，团员被困在车内下不来的情况，怒气难平。全团后来在 3:40 赶到九黄机场，但由于当天机位客满，候补的人很多，该团因为晚到，机位被取消了。这下子两派团员又怪来怪去，吵来吵去。飞机搭不上，怎么办？地陪和全陪紧急安排游览车。全团在黑漆漆的山路上，花了十多个小时摸黑赶到了成都，沿途险象环生。团员在伸手不见五指的山区下车"方便"，大家都很害怕一不小心会掉到山谷里去，也很害怕途中遇到山贼遭抢。所以全团游客没人敢休息睡觉。所幸有惊无险，次日凌晨 3:00 团队抵达了饭店，结束了这场惊魂记。由于这样的更改变动，原来安排的"川剧变脸""青城山风景""成都风味小吃""成都

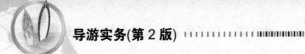

麻辣火锅"等项目只得被迫取消。全团团员对此表示非常不满。

案例思考题：请问在这次行程中导游犯了哪些错误？在旅游过程中，当游客意见发生分歧时，导游人员应该如何处理？

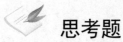 **思考题**

1. 如何预防旅游事故的发生？一旦发生，处理的基本原则是什么？
2. 如何预防和处理漏接、错接事故？
3. 空接事故发生的原因是什么？一旦发生，导游人员应如何处理？
4. 如果入境旅游团人数发生变更，导游人员应如何处理？
5. 误机事故一般是怎样发生的？导游人员应当如何来预防和处理误机事故？
6. 如何处理游客在旅游过程中的行李丢失事故？
7. 如何预防和处理游客走失事故？
8. 发生交通事故时，导游人员应如何处理？
9. 游客在旅途中生病，导游人员应如何进行处理？
10. 在旅游期间发生游客死亡事故，导游人员应当怎样处理？
11. 当游客发表攻击性和污蔑性的言论时，导游人员应如何处理？

第三篇　技能篇

☞ 导游协作艺术

☞ 导游交际艺术

☞ 导游组织艺术

☞ 导游语言艺术

第七章

导游带团艺术

【学习要点和目标】

　　本章主要介绍了导游带团的理念、导游服务集体之间及导游人员与旅游接待单位之间的协作艺术、导游人员与游客之间的交际艺术、导游带团的组织艺术等内容。通过对本章的学习，读者应理解导游带团的理念和特点，掌握好导游人员带团艺术。

【关键词】

　　理念　特点　协作艺术　交际艺术　组织艺术

　　导游带团艺术，就是导游人员在带团期间处理团内、团外各种关系的艺术。旅游团是松散性的团体，导游人员在带团过程中如何确立自己在团队中的主导地位，同旅游者友好相处，并具有一定的凝聚力、影响力和调控力，是导游带好团的关键。

第一节　导游带团的理念和特点

一、导游带团的理念

　　导游人员在同旅游团相处的过程中所形成的相对稳定的认识即为带团理念。带团理念决定了导游人员同旅游团相处的深浅程度和导游人员对工作任务的积极程度。一次良好的带团活动应当树立的理念主要为诚信待人、理解游客、有序引导和融为一体。

(一)诚信待人

　　导游带团活动，在一定程度上也是人际交往活动，而"诚"是一切人际友善往来的行为基础。

　　诚，即真诚、坦诚。诚信是中国传统伦理道德的核心之一，也是现代商业活动应遵循的准则之一。有诚意才能赢得游客的好感与信赖。当旅游者认定导游人员对他们利益的维护是真心实意时，即使发生了旅游故障，他们也会持合作的态度。俗话说"一伪灭千真"，导游人员哪怕有一丝的虚情假意，都会招致带团的障碍。

(二)理解游客

　　理解游客，在某种意义上就是对游客的尊重。只有善解人意的导游人员才能够听到游客的心声。

　　这一理念要求导游人员要宽以待人和求同存异。旅游者出门旅游，有懒散和不拘小节的表现，导游人员应予宽容和谅解；对于游客的闪失，导游人员要善于体谅和关心。由于文化背景相异，旅游者与导游人员在某些问题上往往存在着较大的认识差距，导游人员要尊重游客的意见和习惯，不要干涉游客的自由。

　　当然，导游人员对游客的理解，并不排斥对游客的提醒、劝服和善意的批评。对于个别游客的无理取闹和挑衅，导游人员不能一味迁就，要不失原则地加以指正。

(三)有序引导

　　导游是一种引导旅游者进行旅游活动的积极行为，作为旅游团活动的主导者，导游人员要确立有序理念。

　　旅游团一般是一种比较松散的团体，缺乏严密的组织性。导游人员要善于促成旅游者的行为趋于一致，把无序的状态引向有序。例如，导游人员要尽量按计划进行旅游活动，不要有盲目和随意修改计划的行为；要树立在旅游团中的威信，这样才有利于旅游者的服从；要强化游客的时间观念，对于旅游团出现的低落情绪要及时地进行调节等。

(四)融为一体

导游人员与旅游团的融和程度体现在两个方面，即导游的内容和技巧能为游客接受的程度和旅游者对旅游活动的参与及配合程度。

当旅游者在观念上和情感上都能接纳、亲近导游人员时，导游人员的指令就容易被旅游者所接受，导游人员的关心就会得到友好的回报。这时，导游人员与旅游者的关系不仅仅是服务者与被服务者的关系，他们已成为朋友，可以相互支持、相互谅解。当然，这需要导游人员很好地扮演自己的角色，提高自己的可信度。

在带团过程中，导游人员要争取旅游者对旅游活动的积极参与和紧密配合。假如旅游者对旅游活动不能产生共鸣，不能很好地配合导游人员，导游人员即使认真地执行了导游服务，也不能算是称职的。导游人员要积极调动并维持游客的游兴，并通过有效的引导，提高他们对景物的接受能力。当然，导游人员的这种引导行为必须以一定的科学性为前提。

二、导游带团的特点

导游员带领旅游团(者)开展各项旅游活动时，要注意遵循带团的特点来开展服务，才能做到事半功倍，达到最佳的带团效果。

(一)环境的流动性

导游员带团的工作环境是流动的，导游员在工作中要随时根据变化了的工作环境调整自己的工作，为旅游者提供与实际情况相吻合的导游服务，以求取得良好的导游效果。

(二)接触的短暂性

导游员和旅游者的直接接触主要集中在短暂的旅游活动时间内，这就使导游员与旅游者相互间了解程度不会太深，多为一种浅层次的泛泛之交，在有限的接触时间内，导游员要针对旅游者各自的特点，提供让旅游者满意的服务，这就对导游员自身的服务意识与服务技能提出了更高的要求。

(三)工作的主动性

导游员的职责决定了导游员是旅游团队的中心人物，其服务质量的好坏是旅游者旅游活动成败的关键。旅游活动的异地性使导游员与旅游者对旅游地所掌握的信息具有不对称性，导游员负有组织、联系、传播的职能，这就要求导游员要主动为旅游者提供旅游向导、旅游讲解和旅游生活服务。

(四)服务的契约性

旅游者与旅行社所签订的旅游协议或旅游者与旅行社间达成的约定是旅游者与旅行社间有约定法定效力的契约性文件，它既是旅行社制订旅游接待计划的依据，也是导游员向旅游者提供导游服务的基础。

在旅游中，导游人员才是旅游者的直接契约人。因此，导游员在带团中要树立契约意识，认真按照旅游协议或是约定的内容与要求，全面落实旅游接待计划，并按照标准提供规范化服务。接待计划是具有法定约定效力的旅游协议或是约定的具体体现，如需要调整或变更，须经双方协调一致，否则便是违约。

(五)方式的多样化

旅游团队是一个由旅游者组成的临时集体，旅游团成员在类型、构成及成员个性等方面存在较大差异。然而，在旅游活动过程中，旅游活动依据旅游日程安排开展，旅游团队的活动始终要保持旅游团队的整体一致。这就要求导游员在带团过程中既要重视旅游团的共同需求，确保旅游团队日程的顺利进行，也要注意研究个性特征，以提供有针对性的服务，展开多样化服务。

第二节　导游协作艺术

旅游团队的工作任务繁杂，单凭一名导游人员的力量很难完成团队的所有导游工作，因此在实践中，通常是一个由多名导游人员构成的工作集体共同承担了导游工作。这就是导游服务集体。本节主要介绍内宾团和外宾团中的导游服务集体。

一、导游服务集体之间的协作艺术

(一)导游服务集体的组成

内宾团的导游服务集体成员一般包括客源地组团旅行社委派的全陪、目的地接待旅行社委派的地陪。

外宾团的导游服务集体成员一般包括境外组团旅行社委派的领队、国内组团旅行社委派的全陪和目的地接待旅行社委派的地陪。

另外，在某些旅游团队的旅游行程中，需要前往一些特定的博物馆、纪念馆、主题公园等参观游览，该地的景点讲解员也是导游服务集体中的一员。

(二)导游服务集体的协作

导游服务集体是旅游合同的执行者。在为旅游团队服务的过程中，导游服务集体中的各个成员各司其职、互相尊重、密切协作，为游客提供规范化、标准化的服务。虽然彼此分工明确，但唯有同舟共济、鼎力相助，才能更好地实现共同的目标。

1. 导游服务集体的协作基础

全陪、地陪、领队分别代表不同旅行社的利益，在工作中有着各自的职责，但是在接待旅游团队时，他们有着合作共事的基础。其一，同一团队的旅游者是他们共同的服务对象；其二，执行该团队的旅游计划，为其安排落实各项旅游服务是他们共同的工作任务；

其三，组织好该团队旅游者的旅游活动，为其提供满意的服务是他们共同努力的目标；其四，中国有关政策、法规和旅游协议是他们共同处理问题的准绳。

国家法规和行业标准决定了导游服务质量是否合法、合理，这是导游服务集体提供服务时必须遵循的原则。而在实际工作过程中，海外领队、全陪和地陪之间难免会出现一些意见不一致或者对接待计划的理解有分歧的现象。这时，解决问题的最终标准并非掌握在某一个人手里，而是由旅游企业与旅游企业、旅游企业与游客之间所签订的旅游协议来决定的。

2. 导游服务集体的协作方法

1) 工作多协商，主动争取各方的配合

在工作中，全陪、地陪和领队各方遇到问题应多协商，主动争取其他两方的配合，以便形成合力，共同努力完成旅游接待任务。争取各方配合的主要途径是及时交流信息，加强沟通，在意见统一的基础上协同行动。例如，地陪在制订具体活动日程时，一般要事先征求领队和全陪的意见，如无原则性分歧，要尽量考虑和采纳他们的建议和要求，而通过领队和全陪，地陪可以更清楚地了解游客的兴趣爱好以及他们在生活、游览方面的具体要求，从而可以向游客提供更有针对性的服务；在旅游计划被迫更改时，地陪更要同领队、全陪进行磋商，只有得到了他们的理解和支持，旅游活动才有可能顺利进行下去；在处理旅游故障时，如寻找走失的游客、抢救危急病人等，地陪的处理也只有得到领队、全陪的认可和支持才会有效。

2) 尊重各方的权限和利益

导游服务集体成员虽然代表着不同旅行社的利益，工作也各有侧重，但三者之间的关系是平等、互补和互利的。在不妨碍旅游者利益和整体旅游接待工作的前提下，导游人员之间应互相尊重各方的工作权限，切忌干预对方的活动，侵害他方的利益。例如，带团过程中，地陪要注意适时给领队、全陪"面子"，如修改后的计划，让他们首先向全体游客宣布；一些可获取掌声的场合，让他们去抛头露面；同时要注意适当发挥他们的特长，满足其表现欲望。

【案例】 *某旅游团抵达北京，据全陪反映，该团领队很挑剔，和各地接待社的导游人员配合都不好，不是发脾气就是强行代替地陪讲解。导游人员在同领队攀谈后得知，该领队对东方国家的历史和佛教有一定的研究。一天，旅游团在赴碧云寺和卧佛寺的途中，导游人员就主动邀请领队为全团讲述一下佛教历史。导游人员真诚的邀请，领队非常感动，在讲完佛教历史后说："谢谢导游先生给我这个机会，关于碧云寺和卧佛寺的具体情况，请朋友们听导游先生讲，我相信，他肯定比我讲得更生动、更好。"导游人员马上补充道："我从领队先生的讲述中学到不少佛教的知识，对此表示感谢。"从此以后，该团领队在后续的旅游活动中同导游人员相处得非常愉快，后来还成为朋友。*

3) 建立友情关系

全陪、地培和领队之间要建立和谐、美好的友情关系，同时又要把握好尺度和距离，尊重彼此的隐私权，不涉及工作上的保密禁区。

领队和全陪是在远离自己的国度或家乡的环境里履行自己的使命，当他们在工作中或生活上遇到麻烦时，地陪应给予必要的支持和帮助，如帮助联络、做好向游客的解释工作

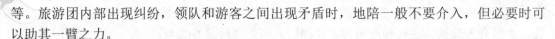

等。旅游团内部出现纠纷，领队和游客之间出现矛盾时，地陪一般不要介入，但必要时可以助其一臂之力。

4) 彼此尊重、相互学习、勇担责任

"三人行，必有我师"，导游服务集体的每个成员都有自己工作出色的方面和不足之处。各个导游人员应该在工作中彼此尊重、相互学习、取长补短。一旦出现了旅游问题或事故，导游人员应该从做好旅游团队服务工作的大局出发，在分析原因的基础上，分清责任，勇于承担各自应负的责任，切忌相互指责和推诿。

5) 坚持有理、有利、有节，避免正面冲突

在带团过程中，导游人员之间如果出现意见相左的情况，地陪应该主动与领队和全陪沟通，力求及早消除误会，避免分歧继续扩大。一般情况下，导游人员之间要尽量避免正面冲突。尤其是在外宾团的导游服务过程中，经常可能会出现领队不合作的现象，导游人员就更应该讲究方法，协作共事。

面对不合作的领队，第一，导游人员要争取主动，避免被动，坚持在合同允许的范围内提供服务；第二，导游人员应采取适当措施，如做好游客的工作，争取大多数游客的同情和谅解，必要时警告不合作的领队并向他的老板汇报；第三，对那些本身就是海外组团社老板的领队，可采用有理、有利、有节和适当的方式与之斗争。有理，即指出其要求已超出旅游合同确定的内容；有利，即选择适当的时机；有节，即言明后适可而止。最好采用伙伴间的交谈方式，使之有所领悟，必要时也可当着游客的面提醒领队；第四，在与领队斗争中，导游人员应始终坚持以理服人，不卑不亢，不与其当众发生冲突，更不得当众羞辱领队，还要适时给领队台阶下；第五，导游人员在后续工作中仍然要尊重领队，遇事多与领队磋商，争取领队以后的合作。

二、导游人员与旅游接待单位的协作艺术

导游工作是连接各项旅游服务的纽带和桥梁，它的顺利实施离不开其他相关旅游服务部门和人员的协作，而旅游者的满意程度同旅游各接待单位在吃、住、行、游、购、娱等方面的供给质量又有着直接的关系。因此，导游人员必须与旅游接待单位建立良好的协作关系。

(一)多与旅游接待单位沟通

旅游接待涉及的环节很多，情况可能经常会发生变化。因此，为了保证旅游接待环节不出现问题，导游人员应经常与景区、饭店、餐厅、飞机场(火车站、码头)等部门沟通，及时了解各种信息，协调供给关系。

由于旅游者的消费活动主要是通过有关接待单位的供给来完成的，任何一个环节出错都会影响到旅游产品的整体形象和质量，影响到旅游者的满意程度。有时，旅游供给单位会提供一些处于边缘状态的服务。所谓"边缘服务"，就是说，边缘线向上提高一点就可成为优良服务，向下一点就是劣等服务。服务人员的服务态度就属于这种服务。因而，导游人员应该与这些单位多交流和沟通，注意提高服务质量。

当某一或某些供给点出现差错或失去平衡时，导游人员要通过联络和调整等手段，协调相互间的行动，使各旅游接待单位的供给恢复有序。例如，一旅游团原定抵达目的地后直接去餐厅用餐，但没想到飞机晚点了，导游人员得知情况后，立即通知餐厅推迟供餐时间。

当有的接待单位"打小算盘"，为求本单位的经济利益，不惜降低供给质量时或者当有的接待单位因工作失误造成供给缺陷时，作为旅游计划的执行者，导游人员不能等闲视之、不闻不问，而应据理力争，以保障正常供给。

另外，带团的过程是一个流动的过程，会出现各种意想不到的或人力不可抗拒的因素，如天气、交通、自然灾害、突发事件等，迫使旅游线路或日程发生变更。在这种情况下，导游人员要及时与上下站、用餐、用车单位沟通，把变更情况通知到每一个协作单位，以保证旅游者在食、住、行等方面得到很好的安排。

(二)尊重旅游接待单位的工作人员

导游人员是否尊重为游客提供相关旅游接待的工作人员是衡量导游人员修养的重要标志之一，导游人员应尊重同事的劳动和人格。

以与司机合作为例，目的地接待旅行社所委派或者聘用的司机是完成旅游接待任务重要的服务人员之一。一方面，旅游车的司机能够临时代替导游人员开展某些与游客直接相关的接待服务工作，例如当导游人员不在场时回答游客的询问、游客离车时清理车上游客遗留的物品等。另一方面，导游人员在很多情况下都需要司机的配合才能开展一些服务，例如与司机协商确定游览时间与交通路线等。因此，导游人员与旅游车司机的合作十分重要。导游人员与司机的良好协作，是导游服务工作得以顺利进行的重要保证。

与司机进行合作时，导游人员应该注意：当交通路线发生变化时，应提前告诉司机；协助司机做好安全行车工作；与司机研究日程安排，征求司机对日程的意见等。导游人员注意倾听司机的意见是使司机积极参与到导游服务工作中来的好方法。

(三)与旅游接待单位工作上相互支持

导游人员单独带团在外，困难在所难免，要利用同协作单位的关系，主动争取他们的帮助。例如，误机事故发生时，导游人员可立即同机场联络，请求飞机等候，如果能获得机场工作人员的通力协助，就可能避免一场因导游人员的工作失误险些造成的误机事故；游客抵达车站时才发现贵重物品遗忘在客房里，导游人员可请求饭店帮忙找回物品，并送到车站；有游客提出用餐方面的具体要求时，如吃素不吃荤、忌吃辛辣菜肴等，导游人员可及时转告餐厅，请其帮忙解决等。争取到这些接待单位的支持和协作是导游服务让旅游者满意的有力保障。

同样，在旅游接待单位的工作中有时难免会有所疏漏，导游人员也应注意在工作上给予他们支持和帮助，共同补台。例如，导游人员的优质服务可以平息游客对餐厅供应不到位而滋生的不满情绪。

第三节　导游人员与游客的交际艺术

　　旅游活动是以旅游者为主体开展的社会活动，导游人员在其中所起的是协助、引导的作用。只有旅游者与导游人员通力合作，才能保障旅游活动的顺利进行，并达到预期的良好效果。导游人员为游客提供服务的过程，就是与游客交往的过程。导游人员与游客之间建立良好的人际关系，对赢得游客的支持和顺利地完成接待任务起着非常重要的作用。

一、了解旅游者心理，开展针对性服务

　　导游员在与旅游者交往的过程中，应做到掌握必要的心理学知识，了解旅游者的心理特征，并以此为依据来开展自己的工作，这是提高导游服务水平的前提。

(一)从人口统计因素的角度了解旅游者心理

　　人口统计因素包括旅游者的年龄、性别、职业、收入、受教育程度、家庭人口、国籍、民族、宗教信仰和社会阶层等。一般来说，具有相同的人口统计因素的旅游者在心理上会表现出一些相似的特征，而不同人口统计因素的旅游者会表现比较大的差异。

1. 不同地域的旅游心理特征

　　在不同的自然和社会条件下，世界各国人民都有本民族独特的心理状态和行为特征。整体上来说，东方旅游者含蓄、内向，往往委婉地表达意愿，善于控制感情；思维方式一般是从抽象到具体、从整体到局部，注重感性认识；西方旅游者开朗，自主意识强，感情外露，直截了当地表达意愿；思维方式一般是从具体到抽象、从局部到整体，注重理性认识。国际旅游者的心理特征表现，如表 7-1 所示。

表 7-1　国际旅游者的心理特征表现

地　域	心理特征
美国旅游者	开朗、大方，好奇心强，爱结交朋友，讲话随便，个性要求高，追求高效率
英国旅游者	矜持、冷静，绅士派头十足，时间观念强，思维较刻板，不喜欢多变
法国旅游者	热情、奔放，不拘小节，容易激动，比较活跃，性格自由，感情外露
德国旅游者	旅游者认真、踏实、勤奋，守纪律，好清洁，热衷古典文化，文化素质高
韩国旅游者	自尊、重礼，生活要求不高，耐性好，能够坚持不懈地开展快节奏的旅游活动
日本旅游者	好胜，办事认真，讲究礼貌，注重小节，重人际关系喜欢集体活动，自律性强，热衷购物，喜欢紧张丰富的游览安排
俄罗斯旅游者	热情奔放，乐善好施，过于急躁，缺乏耐心

　　因此，导游员应根据不同地域旅游者的心理特征，展开个性化服务，尽可能的使不同的旅游者得到满足。

2. 不同性别的旅游者

女性旅游者通常比较谨慎，纪律感强，喜欢倾听，喜欢娱乐性、观赏性强的旅游项目，易受导游员讲解的感染，乐意与风趣幽默、轻松活泼的导游员相处，情感丰富，热衷购物，看重价值，注重细节。若非完全信任，容易对别人产生怀疑，导游员应在接待女性旅游者时，尤其注意在讲解上要通俗易懂，丰富讲解内容，并通过优质服务建立起女性旅游者对自身的信任。

男性旅游者一般较开朗，不拘小节，注重消费过程的整体感受，对于导游服务有比较成熟的看法，不太计较经济或情绪上的得失，好表现，喜欢参与性的旅游项目，购物选择非常理性，基于男性旅游者这类的心理特征，导游员应和其保持良好理性的沟通，在游览中适当给予其表现的机会。

3. 不同年龄旅游者的心理特征

不同年龄旅游者的心理特征与导游服务技巧如表 7-2 所示。

表 7-2　不同年龄旅游者心理特征及导游服务技巧

年龄段	心理特征	导游服务技巧
少年儿童	出游经验少，兴趣浓厚，具有较强的好奇心；少年儿童生理、心理均不太成熟，自主性与自律性不强，习惯于接受指示；安全意识与自我保护能力较差；易受环境和其他人为因素影响	多关心饮食起居，多了解生活习惯；不能因喜爱儿童而忽略对成年旅游者的服务；注意餐、车、景点、房的收费问题
青年	思维活跃，富于幻想，精力充沛，表现欲强，追求个性张扬，较冲动，情绪化，希望多动多看，希望引人注意，喜欢与导游员探讨交流，喜欢探新求奇和刺激惊险的旅游活动，是新旅游产品的最早尝试者和最有力的推广者	多发挥青年旅游者在团队中的带动作用，不过多干涉其行为，使氛围更为活跃，但也要对其追求冒险刺激的想法加以引导控制
中年	生活阅历广，经验较丰富，情绪比较平稳，自制力较强，纪律观念较强；虽经济收入比较稳定，但多数家庭负担、生活压力较大，旅游消费行为比较理智，比较务实，注重旅游的质量与效果，对旅游的收获期望值高，追求舒适、放松	仔细周到地针对具体情况提供服务，使旅游者在旅游消费过程中觉得物有所值
老年	沉稳老练，容易思古怀旧，对旧地重游、名胜古迹及居民生活兴趣浓厚；视旅游为有益的身心调节，是休闲旅游的积极参与者；比较怕孤独，渴望陪伴，乐于交谈，比较随和与知足；但不是特别需要，不愿给别人添麻烦，生活经验丰富，内心潜在自我意识和因循守旧的思想比较重	多交流，给予他们讲述的空间，充分重视老年旅游者提出的问题和建议

【案例】中国旅行社的小俞是一位优秀导游员。一次，他带一个境外团由杭州赴黄山旅游。该团计划 7 月 6 日早上坐缆车上黄山，7 月 8 日下午步行下山。在上黄山途中，小俞

了解到，团中有一位年过60、行动不是很方便的游客。在山下那天，小俞主动找这位老先生聊天，意欲劝阻他上山，因为7月8日步行下山，这位老先生肯定承受不了。但还没等小俞把意图说出来，这位老先生先道出了他从小就梦想登黄山赏奇景的夙愿，并说这次的目的就是圆他近半个世纪的黄山梦。但是，如果让这位老者和旅游团一起下山则势必耽误大家的时间，怎么办呢？

小俞和领队、地陪为此聚在一起商量，拿出了两套方案。晚饭后，小俞、领队等来到老先生客房。小俞先把旅游团的行程计划介绍给老先生，并委婉地建议老先生上下山都坐缆车，但老先生听后有些不悦，他一定要登一回黄山。这时，小俞提出了第二套方案，提议让老先生在下山那天最后一个游览点不去，由自己陪他提早下山。老先生接受了这个方案。第三天，小俞带着这位老先生提前两个小时下山。一路上，石阶陡的时候，小俞就扶着老先生走，好走时，小俞边走边为他讲解黄山美景。走累了，两人就在石阶上坐一会儿。这样，走走停停，停停走走，等他俩快到山脚时，其他团员刚好和他们会合。回到饭店后，老先生把小俞叫到自己的客房，拿出100美元，硬是要塞给小俞，并说，这是他的一点心意，一定要小俞收下。小俞推脱不了，只好收下。旅游团行程结束后，小俞向旅行社上交了100美元，并汇报了事情经过。旅行社领导听后十分满意，不但表扬了小俞想游客之所想的举措，并当场决定奖励小俞400元人民币。

【点评】游客参加旅游团，主要目的之一是使自己身心愉悦。有的游客虽因身体年龄原因，行动不便，在别人看来难以完成某些游览项目或连累他人，但游客自己并不一定这样认为；他们往往把完成这种在常人看来不能完成的事情、征服在常人看来不能征服的困难，当作自我实现、自我升华的一种方式。因此，作为导游员必须掌握游客心理，然后依照服务宗旨，尽量满足游客要求。在本案例中，小俞既为全团游客所想，也为这位老先生着想，最终让游客圆了多年的黄山梦。处理方法两全其美，不愧是一名优秀的导游员。

4. 不同职业旅游者的心理特征

旅游者职业、工作性质不同，文化修养与社会地位也就不同，其心理活动和对事物的认识也具有差异。导游员把握不同职业旅游者的心理特征，可以在带团过程中，趋利避害，有效规避心理特征中不利于旅游活动开展的因素。

一般来说，商务旅游者沉着、老练，发表意见前经过深思熟虑，自尊心、支配欲强，等级观念强，求名心理较强，较为容易接受新鲜事物，更易于尝试接受新鲜的服务产品，比较注重旅游产品蕴含的价值及方便舒适，尤其注重社交功能。

文教科研旅游者文化水平较高，较重视旅游产品的价值品位和精神内涵，理智、稳重，善于对现象和行为进行分析，自制力强，对细节要求高，自尊心(包括虚荣心)和价格敏感性强。

工人旅游者合群，有较强的群体心理，心直口快，好做品评，喜欢发点牢骚，爱打抱不平，喜欢不拘形式的交谈，比较关心带有普遍性的社会问题，喜欢娱乐性、参与性和新奇性强的游览项目。

农民旅游者谨慎小心，体谅他人，不随便消费，好打听，纪律观念强。

(二)从个性角度看旅游者的心理特点

旅游者的个性各不相同，导游人员从其言行举止可以判断其个性，从而达到了解游客并适时提供心理服务的目的。

1. 活泼型旅游者

活泼型旅游者的特点是爱交际，喜讲话，好出点子，乐于助人，喜欢多变的游览项目。对这类游客，导游人员要扬长避短，既要乐于与他们交朋友，又要避免与他们过多交往，以免引起其他团员的不满；要多征求他们的意见和建议，但注意不让其左右旅游活动，打乱正常的活动日程；可适当请他们帮助活跃气氛，协助照顾年老体弱者等。活泼型游客往往能影响旅游团的其他人，导游人员应与之搞好关系，在适当场合表扬他们的工作并表示感谢。

2. 急躁型旅游者

急躁型旅游者的特点是性急，好动，争强好胜，易冲动，好遗忘，情绪不稳定，比较喜欢离群活动。对这类比较难对付的游客，导游人员要避其锋芒，不与他们争论，不激怒他们；在他们冲动时不要与之计较，待他们冷静后再与其好好商量，往往能取得良好的效果；对他们要多微笑，服务要热情周到，而且要多关心他们，随时注意他们的安全。

3. 稳重型旅游者

稳重型旅游者的特点是稳重，不轻易发表见解，一旦发表，即希望得到他人的认可。这类游客容易交往，但他们不主动与人交往，不愿麻烦他人；游览时他们喜欢细细欣赏，购物时爱挑选比较。导游人员要尊重这类游客，不要怠慢，更不能故意冷淡他们；要主动多接近他们，尽量满足他们合理而可能的要求；与他们交谈要客气、诚恳，速度要慢，声调要低；讨论问题时要平心静气，认真对待他们的意见和建议。

4. 忧郁型旅游者

忧郁型旅游者的特点是身体弱，易失眠，忧郁孤独，少言语但重感情。面对这类游客，导游人员要格外小心，别多问，尊重他们的隐私；要多亲近他们、多关心体贴他们，但不能过分亲热；多主动与他们交谈一些愉快的话题。

这四种个性的游客中以活泼型和稳重型居多，急躁型和忧郁型只是少数。不过，典型个性只能反映在少数游客身上，多数游客往往兼有其他类型个性的特征。而且，在特定的环境中，人的个性往往会发生变化。因此导游人员在向游客提供服务时要因人而异，要随时观察游客的情绪变化，及时调整，力争使导游服务更具针对性，从而获得令游客满意的效果。

(三)从旅游动机的角度来看旅游者的心理特点

动机是个体发动和维持其行动并导向某一目标的驱动力，旅游动机就是驱使旅游者开展旅游活动的动力。根据有关学者的研究，不同旅游动机的旅游者可以划分为六种主要类型：观光型旅游者、公务商务型旅游者、度假娱乐型旅游者、文化知识型旅游者、医疗保健型旅游者和购物型旅游者。需要说明的是，大多数时候，旅游者出游的动机往往并非单纯某一种，而是多种动机综合而成，只是其中某一种动机占据了主导地位。导游员的服务应当充分了解旅游者的主要旅游动机，围绕这一核心开展工作。

1. 观光型旅游者

观光型旅游者是旅游者中人数最多的一类。他们爱好广泛，旅游目标的指向性不是很强，在单个旅游目的地的逗留时间较短，旅游消费额不高，对旅游商品和服务的价格比较敏感。

2. 公务商务型旅游者

公务商务型旅游者是指在旅游目的地开展公务商务活动之余进行旅游的人，或是通过旅游活动办理公务商务事务的旅游者。他们对服务的要求多且高，对旅游商品和服务的价格不太在意，旅游目标的选择受工作限制较大，同行者比较少。

3. 度假娱乐型旅游者

随着带薪假期制度的推广和"黄金周"的实施，度假娱乐型旅游者的人数不断增长。这一类旅游者以年轻人为主，追求感官享受，对服务质量和安全性比较敏感，旅游消费较多，在旅游目的地停留的时间较长，其流动规模有较大的季节性变化。

4. 文化知识型旅游者

文化知识型旅游者的文化素质较高，求知欲强，喜好与人交流，对旅游目的地的选择性很强，比较喜欢在对旅游目的地和旅游计划都有了一定的了解后再外出。

5. 医疗保健型旅游者

医疗保健型旅游者多以中老年人为主，倾向于慢节奏的旅游活动，对目的地的选择有较强的针对性，逗留时间较长，追求舒适、安全的旅游享受。

6. 购物型旅游者

购物型旅游者中女性居多，消费欲望和消费能力都比较强，常会在做了充分比较的基础上再来确定旅游的目的地、时间、活动方式和内容等。

(四)从旅游活动阶段来了解旅游者心理特征

在旅游活动中，随着旅游进程的不断发展，旅游者的心理也会呈现初期阶段的求安全求新心理，中期阶段个性表露、懒散求全心理，结束阶段注重个人事务心理的变化。

1. 初期阶段——求安全求新心理

旅游初期阶段，目的地的一切事物对旅游者而言都是新奇的，旅游者的好奇心也特别突出，同时，陌生环境，容易让旅游者产生孤独感、茫然感和不安全感，求安全心理十分强烈；在行为方面表现出比较谨慎、小心，依赖感较强，比较愿意服从导游员的安排与指挥。

在这一阶段应该做到以下几点：

(1) 提供热情周到的服务；

(2) 多提醒安全注意事项，帮助旅游者树立安全感；

(3) 组织轻松愉快的活动，让旅游者放松，设法消除不安全感；

（4）尽量满足旅游者的追新求异心理。

2. 中期阶段——个性表露，懒散求全心理

这个阶段，旅游者的心理特征主要表现为以下两点。

（1）懒散心态。旅游者的弱点越来越暴露，时间概念和群体观念变弱，游览活动有点自由散漫、丢三落四，旅游团内部的矛盾也逐渐显现。

（2）求全心理。人们花钱外出旅游，往往会把旅游活动理想化，希望在异国他乡能享受到在家中不可能得到的服务，希望旅游活动的一切都是美好的、理想的，从而产生生活上、心理上的过高要求，对旅游服务横加挑剔，要求一旦得不到满足，就有可能产生强烈的反应，甚至会出现过火的言行。旅游者在这个阶段提出的问题范围更广泛，有个别人还会提出一些不友好、挑衅性的问题。

导游员在旅游活动这一阶段的工作最为艰巨，最容易出差错。这一阶段对导游员工作能力提出了严峻的考验，要求导游员：①精力高度集中，反复强调注意事项，严格按旅游接待计划活动，精心安排，正确、合情合理地处理旅游者提出的要求和发生的意外情况；②多提供针对性强的超常服务；③通过生动的讲解来提高旅游者的游兴。

3. 结束阶段——注重个人事务心理

在结束阶段，旅游者即将返程，心理紧张情绪再次高涨，其主要心思均放在自己的个人事务上。例如要与旅游地亲朋好友告别，为亲人朋友购买纪念品等诸多问题是其考虑的主要事情。同时，往往会对旅游服务进行整体比较与权衡。当然因为考虑事情既多且乱，情绪会频繁波动，很容易发生离开旅游地前的一些旅游意外。

导游员要高度重视这一阶段旅游者的心理，应该做到以下几点：①给旅游者留出充裕的自由活动时间，精心准备送行工作；②必要时做一些弥补和补救工作，使前一段旅游者未能得到满足的个别要求得到满足。由于种种原因，在服务中总会有一些缺憾存在，旅游者可能会对导游的服务、线路安排有意见或情绪，也可能会对酒店所提供的服务有所不满。对于客人出现的任何一种意见和情绪，都应该严肃对待，尽量弥补缺憾；③给旅游者留下最后的深刻印象，越是接近最后阶段，旅游者对导游人员的要求越高。导游人员应该保持旺盛的精力，善始善终，精心安排好旅游者最后几天的旅游活动。旅游活动的安排宜精不宜多，应能为游客留下深刻的印象，活动要特色鲜明，要在最后的低潮中凸显高潮。

二、尊重游客，对客人保持微笑和使用柔性语言

希望得到他人对自己的尊重是人的基本需求之一，这种心情在游客身上体现得更为突出和明显。在整个旅行过程中，导游人员时时处处都要尊重旅游者。这种努力是建立在导游人员对自己导游工作意义有着深刻理解的基础之上的，是以高度的敬业精神和对工作的强烈责任感为基础的。

所谓尊重，具体体现在对游客的理解和体贴上以及对游客的特殊需求给予特殊的关照中。它既包括了尊重旅游者的正确建议和合理要求，同时也包括当旅游者提出不尽合理、甚至难以满足的要求时也要给予尊重。因为游客在任何时候、任何情况下都有权提出他想

提出的任何问题和要求,而导游人员必须对此予以满足或是在不能满足时作出让旅游者感到满意的解释。旅游者只有从内心感到满足时,才会认为自己受到了真正的尊重。

尊重游客要讲究方法,尤其是对待团里的一些所谓"刺头"之类的游客。几乎每一个旅游团里都有一些对什么事情都喜欢评头论足的人。这时导游人员不能用鼓励他们说一些破坏性的批评性言论去满足他们的名望欲,而只能及时表扬他们所提的积极的建设性意见。因为良好的或恶劣的气氛都同样具有感染力。例如,在导游人员的一次带团中,尽管用餐方面的膳食质量无懈可击,但批评之声却与日俱增。导游人员究其原因,发现原来是因为有游客对餐食表达了否定意见,从而引起了其他游客的注意,使不少游客"人云亦云"起来,尤其是有的游客在发表批评意见时还说他在家时伙食如何如何好等。面对这种情况,导游人员应当努力制止这些言论。他可以直接去找散布这种言论的游客,亲自征求一下他们的批评意见,还可以要求客人具体说说饭菜糟糕表现在何处。然后要向客人申明,他一定会尽心尽力地去消除客人所指出的"糟糕"状况。如果客人能够说出具体的意见,导游人员应当表示感谢。即使客人讲不出具体的意见,导游人员也应当表示感谢。这样一来,客人就会觉得他的意见受到了认真对待,觉得他受到了别人的尊重。当然,这些游客心里也会明白,当他散布一些不切实际的言论时,是会受到导游人员注意的,因而他也就不会再随便散布一些不当的言论了。

在与游客接触的过程中,导游人员还要注意为客人"扬长隐短",也就是导游人员要注意宣扬游客的长处而回避客人的不足。扬长是为了增加客人的自豪感,隐短是为了避免触动客人的自卑感。只有当游客生活在热情友好的氛围中,在自我尊重的需要得到最大满足时,为他提供的各种服务才有可能获得最大限度的认可。

导游人员要与游客建立良好的关系,必须学会以微笑面对所有游客。由于导游人员与游客的接触为近距离接触,游客对导游的细微表情也极为在意,因此在游客面前,导游人员要始终保持自然的微笑。

柔性语言表现为语气亲切、语调柔和、措辞委婉、说理自然,并常用商讨的口吻与人说话。这样的语言使人愉悦亲切,有较强的征服力,往往能达到以柔克刚的交际效果。

一般情况下,用肯定的语气说话比用否定的语气说话会使人感到柔和一些。在人际交往中,特别是在表达否定性意见时,要尽可能采用那些"柔性的",让客人听起来觉得顺耳的语言,而不是那些"刚性的",让客人听起来觉得逆耳的语言表达方式。

三、与游客建立伙伴关系,提供个性化服务

导游大师哈拉尔德·巴特尔曾有一句很经典的话:"难对付的客人虽然不是国王,但仍是伙伴。他必须是伙伴,如若不是,旅行就不可能顺利进行"。

尊重游客,必须与他们保持平行性交往,力戒交锋性交往,从而形成融洽无间的伙伴关系。这种关系能使游客对导游人员产生信任感。导游人员与游客相处时绝对不要争强好胜,不要与游客比高低、争输赢,而应该在发生矛盾时提出力求实现"双赢"的解决方案,保护游客的自尊心乃至虚荣心,使他们产生满足感。戈德曼在《如何招徕顾客》一书中强调"虽然顾客不总是对的,但是承认顾客说得对,则往往是值得的"。这句话运用到导游接待上就是指导游人员应该原则上对游客持积极主动的态度,认真对待游客的任何意见和建议。

与游客建立伙伴关系，导游人员还要多提供"超常服务"。超常服务就是具有人情味的服务。导游人员的言行举止、待人处事方式都要尽量考虑到游客的需求，使旅游者觉得自己受到了优待而产生自豪感。同时，导游人员在带团过程中还要多做提醒工作，让游客感受到导游人员的关怀，进而将心比心地理解并配合导游人员的工作。

个性化服务与规范化服务相结合，是导游服务的一项重要原则。为了尽可能帮助所有旅游者最大限度地满足自己的旅游愿望，导游人员应当既做好合同内规定的服务，也应积极针对游客的个别要求提供个性化服务。

游客在接受服务的过程中都有一个共同的心理：既希望服务人员对自己不另眼相看，同时又希望服务人员对自己另眼相看。这两种心理要求看似矛盾，实际所指不同。前者是指服务人员不能歧视、怠慢客人，对所有的客人应一视同仁，提供标准化的服务；后者是指服务人员应了解每一个客人的独特个性与需求，将每位客人与其他客人区分开来，使客人有受到特别优待的感觉。

为了让每个游客都享受满意的服务，导游人员必须根据每个游客的个性特点，确定合适的服务方式，提供适宜的个性服务内容。日本导游专家大道寺正子曾从事导游工作20余年，在其所著的《日本导游工作》一书中，从客人的个性角度切入，提出了具体的待客方式，如表7-3所示。

表7-3　游客类型及导游接待方式

游客类型	特　征	导游接待方式
老好人型	常用温和语气说话	有礼貌
猜疑型	不相信没有根据和证明的事	讲话要有根据，不用模棱两可的语言
傲慢型	瞧不起人	让其充分亮相后，以谦虚态度耐心说服
腼腆型	性格内向，说话声音小	亲切相待，忌用粗鲁语言
难伺候型	爱挑剔，板着脸	避免陷入争论
唠叨型	说话啰唆，不得要领	在不伤害客人感情的前提下，耐心说服
性急型	不稳重，稍许不如意就发脾气	以沉着温和的态度相待
嘲弄型	不认真听讲，爱开玩笑	不要被缠住，不要理睬
沉默寡言型	不健谈	主动打招呼说话
散漫型	不遵守时间，自由散漫	有礼貌地耐心说服

提供个性化服务的关键，在于导游人员心中是否有游客。个性化服务虽然只是针对个别游客，有时只是旅游过程中极细微的一件小事，但导游人员做好这些小事，却可以展现出自己良好的个人修养和诚挚的服务态度，从而给游客留下的印象可能会胜过规范化服务。

四、与所有游客保持等距离交往

在全体旅游者中，总会有一些在兴趣爱好、生活习惯、文化程度等方面与导游人员比较接近、彼此产生好感的旅游者，也总会有一些旅游者与导游人员存在较大隔膜，难以产生共鸣。在这种情况下，导游人员必须牢记自己的身份，坚持贯彻所有游客一律平等的服务方针，与所有游客保持等距离交往，为全体游客服务。

如果导游人员不能平等对待全体旅游者，就会产生"亲者愈亲，恶者愈恶"的恶性循环，使旅游团内部形成与导游人员关系亲密和与导游人员关系疏远的游客群体。这种情况的出现会造成游客内部矛盾，妨害预订计划的顺利实施，加大游客提出苛求的可能性，加大导游工作的负担和难度。例如，一位导游人员在其他团员在场的情况下，几乎总是与某位游客交谈，其他人员只能旁听，他们几乎被排除在谈话之外。面对这种情况，旁听的团员要么会群起反对导游或向受到厚待的游客发脾气，要么屈从回避。即使某些游客能容忍这种"二等待遇"，但这种待遇却给他们留下了极坏的印象。他们不再与有关旅行社签订旅行合同，因为旅行社的服务承诺(出同样的钱获得同样的服务)没有全部兑现，因而这也会给旅行社的利益带来损害。

强调导游人员应当与所有游客保持等距离交往并不意味着导游人员对待所有游客都必须采用同样的服务方法。游客个体的差异，要求导游人员必须学会以不同的方式、方法面对不同的游客，这与等距离的原则并不矛盾。保持等距离侧重是指在与游客交往时的态度与服务的真诚程度上，而在工作方法上可以也必须有的放矢、对症下药。

五、学会调整游客的情绪

游客在旅游过程中，会随着自己的需要是否得到满足而产生不同的情感体验。如果他们的需要得到满足，就会产生愉快、满意、欢喜等肯定的、积极的情感；反之则会产生烦恼、不满、懊丧甚至愤怒等否定的、消极的情感。导游人员要善于从游客的言行举止和表情变化中了解他们的情绪，在发现游客出现消极或否定情绪后，应及时找出原因并采取相应措施来消除或进行调整。

(一)补偿法

补偿法是导游人员从物质上或精神上给游客以补偿，从而消除或弱化游客不满情绪的一种方法。譬如，如果没有按协议书上注明的标准提供相应的服务，应给游客以补偿，而且替代物一般应高于原先的标准；如果因故无法满足游客的合理要求而导致其不满时，导游人员应实事求是地说明困难，并诚恳道歉，以求得游客的谅解，从而消除游客的消极情绪。

(二)分析法

分析法是导游人员将造成游客消极情绪的原委向游客解释清楚，并一分为二地分析事物的两面性及其与游客的得失关系的一种方法。譬如，由于交通原因不得不改变日程，游客要多花时间于旅途之中，常常会引起他们的不满，甚至愤怒抗议。导游人员应耐心地向游客解释造成日程变更的客观原因，诚恳地表示歉意；并分析改变日程的利弊，强调其有利的一面或着重介绍新增加的游览内容的特色和趣味，这样往往能收到较好的效果。

(三)转移注意法

转移注意法是在游客产生烦闷或不愉快情绪时，导游人员有意识地调节游客的注意力，使其从不愉快、不顺心的事情转移到愉快、顺心的事情上去的一种方法。譬如，有的游客因对参观内容有不同意见而产生不快；有的游客因爬山时不慎划破了衣服而懊恼；有的游客因看到不愉快的现象产生联想而伤感等。此时，导游人员除了说服或安慰游客以外，还可通过讲笑话、唱山歌、学说本地话或讲些民间故事等形式来活跃气氛，使游客的注意力转移到有趣的文娱活动上来。

导游人员在为旅游者提供服务的时候，只有了解旅游者对旅游服务的心理需求，并能根据这种需求，采取相应的心理服务策略，才能做好导游服务，从而保证旅游企业的服务质量不断提高与整个旅游业发展不断完善。

补充阅读材料：自我暗示改变对游客的态度

导游人员可以通过自我暗示来使自己对游客的态度变得积极一些。多积极地想想相同的愿望就会抑制和去除消极的态度。下面的话有可能使导游改变对游客的态度：

(1) "我是个富有同情心、开朗、乐于助人的人……这样我就能同情别人、开朗、乐于助人和随和。"

(2) "谁见到我都愉快，我友好、亲切……是的，谁见了我也会高兴。我亲切、友好。"

(3) "我乐意倾听别人的陈述并可以微笑而缄默不语……是的，我很高兴听别人跟我说话，只是微笑而一言不发。"

(4) "我的谈话伙伴信任我。他们将会很友好。我们会很融洽……我信任别人。"

(5) "我愿意而且一定能做到让游客理解我……我不会激起与游客的对立情绪，他们都喜欢我。"

(6) "我喜欢旅游者……他们挣得了假期……他们操劳了整整一年，艰苦地工作……现在他们应该休息了。他们自己挣来了休假。"

(7) "游客很亲切……他们很高兴，充满着度假的欢快情绪……导游工作很有意思……比艰苦单调的办公室工作有意思……游客很赞赏我的工作……游客的唠叨和投诉不会干扰我。我给了我表现自己能力的机会……我是为游客服务的……"

(8) "游客为旅行花了很多钱……他们维持着我的旅行社和我的工作岗位……有人旅行是好事，没有旅游者，我必须去干别的工作……我愿意干导游工作……"

请大声朗读一下这些句子，重复读一读。你就会发现，这些思想将对你产生影响，并且你的基本态度将会发生变化。在做这种自我暗示时，人的思想必须集中，自己的内心要向这些话开放，使它们渗入自己的脑子里。

(资料来源：[德]哈拉尔德·巴特尔. 合格导游. 北京：旅游教育出版社，1988)

第四节　导游带团的组织艺术

一、塑造维护良好个人形象

具有良好形象的导游人员能对游客产生吸引力，能将旅游者紧密地团结在自己周围，从而出色地完成自己的导游工作。

(一)注重"第一印象"

"好的开始是成功的一半",先入为主的第一印象通常容易构成人们的心理定式,对人际交往起着非常重要的影响。因此,导游人员的第一次亮相时至关重要的是仪容、仪态、语言以及在游客面前显示的精神风貌。

在地陪服务中,接站服务是导游人员树立良好形象的主要环节。从中国传统的审美趣味来看,以含蓄为宜。民族特点与时代新潮的有机融合,为自己创造一个含蓄而雅致的形象是合乎时宜的。导游人员在前往迎接游客之前,必须仔细检查自己的外表形象,以得体的着装、整洁的仪表和饱满的精神迎接游客投来的第一眼目光。在致欢迎辞时,导游人员应该表达流畅、发音标准、语音洪亮,给游客留下良好的印象。而在组织游客从交通集散地转移到饭店的过程中,需要组织乘车、沿途讲解、安排客人进房等一系列工作程序,这些程序一环套一环,导游人员必须精确地计算时间,安排得有条不紊、节奏紧凑,让客人佩服,从而在游客心目中树立训练有素的职业形象。

美好的第一次亮相并不表示导游人员就此可以一劳永逸,导游人员在后续的带团过程中应努力保持良好的形象。尤其是在一些日常生活细节上要注意,在待人接物和与游客交谈时要自然大方,适度把握分寸,直率而不鲁莽,活泼而不轻佻,礼貌而不客套等,从而以自己的个人魅力吸引游客。

(二)强化可信赖度

在旅游者的心目中,优秀的导游员往往会成为"信赖"的代名词,这种信赖感会促使他们自觉地配合导游员的工作,增强旅游团队的凝聚力。为了强化自己的可信赖感,导游人员在待人接物和与游客交谈时都要自然大方,适度把握分寸,直率而不鲁莽、活泼而不轻佻、自尊而不倨傲、热情而不谄媚、礼貌而不客套,让游客产生好感。

(三)注重日常小节

"导游无小事"。在与游客交往的过程中,导游人员应当时刻注意保持自己在游客心目中树立的良好形象,尤其要注重一些日常细节,如与游客交流时的眼神,讲解景观时的身体姿态,在公共场合的文明礼貌习惯等。"勿以恶小而为之,勿以善小而不为"。

(四)及时弥补受损形象

在旅游过程中,经常会有意外事件发生,一旦处理不当,游客有可能因此对导游员产生不满情绪。当这种情况发生后,导游员不能漠然无视,而应该认真分析原因,及时与有关部门和人员协调,在向游客做好解释工作的同时,处理好有关善后事宜,力争让游客的不满情绪尽快冲淡或转移,从而把旅游服务的缺陷降低到最低限度,避免对后续的导游工作产生不利影响。

(五)留下美好的最终印象

旅游产品的最终体现是旅游者的经历,旅游者的回忆。心理学认为在人际交往中,最后给人留下的印象对人有着强烈的影响，这叫"近因效应"。所以导游员留给旅游者的最终印象也非常重要，若导游员留给旅游者的最终印象不好，就可能前功尽弃。

补充阅读材料：仪态美的相关规范

一、站姿

站立是人的最基本的姿势，"站如松"是指人的站立姿势要向青松一般端直挺立。这是一种静态美，是培养优美的仪态的起点，是发展不同质感的动态美的起点和基础。站立时要直立站好，从正面看，身体重心线应在两腿中间向上穿过脊柱及头部，要防止重心偏左或偏右。重心要放在两个前脚掌。站立的要领：挺胸、收腹，又可以总结为上提下压(指下肢、躯干肌肉线条伸长为上提。下压指双肩保持水平、放松)，前后相夹(指臀部向前发力，同时腹部肌肉收缩向后发力)，左右向中(指人体两侧对称的器官向正中线用力)。站立要端正，眼睛平视，环顾四周，嘴微闭，面带笑容。双臂自然下垂或在体前交叉，右手放在左手上。双手不可叉在腰前，也不可抱在胸前。

作为导游，在讲解的过程中，基本上都是以站姿的状态进行的，所以要注意既不要刻板地笔直挺立，也不要摇头晃脑，不以为然。在站立时，切忌无精打采地东倒西歪，耸肩勾背，或者懒洋洋地倚靠在墙上或椅子上，这样将会破坏自己的形象。两臂可以随着谈话的内容适当做一些调整，但在正式场合，不宜将手插在裤袋里或交叉在胸前，更不要下意识地做小动作，如摆弄打火机、香烟盒，玩弄衣带、发辫，咬手指甲等，这样不但显得拘谨，给人以缺乏自信和经验的感觉，而且也有失仪表的庄重。

二、坐姿

优美的坐姿让人觉得安详舒适，给人端正稳重之感，这也就是"坐如钟"了，这是体态美的重要内容。

基本坐姿的要求：入座要轻而稳，女士着裙装要先轻拢裙摆，而后入座；面带笑容，双目平视，嘴唇微闭，微收下颌；双肩平正放松，两臂自然弯曲放在膝上，也可放在椅子或沙发扶手上，但手心应向下；立腰、挺胸、上体自然挺直；双膝自然并拢，双腿正放或侧放；至少坐满椅子的2/3，脊背轻靠椅背；起立时，右脚向后收半步而后起立；谈话时，可以侧坐，此时上体与腿必须同时转向一侧。

为使你的坐姿更加正确优美，应该还要注意以下几点。

(1)　不论采取何种坐姿，都切忌两膝盖分开，两脚呈八字形，这一点对女性尤为不雅。

(2)　坐时不要两脚尖朝内，脚跟朝外，内八字形坐法最俗，不雅。

(3)　当两脚交叠而坐的时候，悬空的脚尖应向下，切忌脚尖朝天，并不可上下抖动。

(4)　与人交谈时，勿将上身前倾或以手支撑着下巴。

(5)　坐下后应该安静，不可一会儿向东，一会儿又向西，无一刻安静。

(6)　在椅子上前俯后仰，或把腿架在椅子上或沙发扶手上、茶几上，都是极不雅观的。

三、走姿

行走的姿势极为重要。在行走的过程中，基本的要求是昂首挺胸、重心平衡、步幅适中、动作协调。行走迈步时，应脚尖向着正前方，脚跟先落地，脚掌紧跟落地。要收腹挺胸，两臂自然摆动，节奏快慢适当，给人一种矫健轻快、从容不迫的动态美。

对于导游人员而言，也应该要遵守基本的礼仪，注意与游客保持适当的距离，以便更好地起到讲解的效果，尤其是陪同或引领游客行进时应注意，与客人同行要在对方左前方一米左右的位置。行进过程中处处以对方为中心，行进速度需与对方相协调，随时提醒道路的变化。交谈或回答问题时，应将头部或上身转向对方。出入电梯、上下楼梯等特殊情况也要注意，引导游客乘坐电梯时，导游应先进入电梯，等游客进入后关闭电梯门；到达时由导游先按开电梯门，让游客先走出电梯门。如果使用楼梯和自动扶梯时，不论上楼还是下楼，导游应走在前面。因为这样做可以到达目的地后迎接并引导游客。

二、有序安排旅游活动进程

导游人员是旅游活动的组织领导者，应合理安排旅游活动的进程，有节奏地开展导游服务，处理好游览活动的张与弛、行进速度的缓与急、导游讲解的快与慢、声音语调的高与低等关系。

(一)日程安排张弛得当

常言道："文武之道，一张一弛"。导游员在组织游览活动时，要考虑到旅游者的生理适应性，解决好日程安排的紧与松或是劳与逸之间的关系。

游览活动的张弛，可根据旅游团队人员构成(年龄、体质、需求等)，通过全程安排、日程安排及具体节目安排来反映。

在旅游活动安排时，要适应旅游团的特点和符合旅游者的需求，并兼顾参观、游览、购物、娱乐等各项活动，使客人在当地逗留期间既感到充实，又觉得轻松愉快，并且获得各方面需要的满足。另外，在安排旅途时间和游览时间时要注意遵循"旅速游缓"的原则。

在游览景点时，导游人员应沿最佳路线行走，避免走重复路线和回头路线。导游人员还应该将本地最有代表性的游览项目呈现给旅游者，注意点面结合，即参观游览点等日程上既定的项目和参观游览点以外的较为广泛的风貌都要让游客有所了解。

安排的活动内容不能雷同，而且要做到"渐入佳境"，采取"先一般后精彩"的顺序，使游客越游越有兴致，精彩的结尾往往也会给人以满足的感觉。

游览景点按"由远至近"的规律游览，先抵达游客住宿点最远的一个景点游玩，然后逐渐地向游客住宿点靠近。在安排整体游程时同样也需要遵循"由远至近"的规律，避免旅游团队接近离开旅游地时在偏远景区遇到意外，而无法及时灵活调整计划或获得有效援助。

导游人员也要兼顾"从高到低"的原则。所谓"从高到低"是指导游人员先可以安排登山项目，这是因为游客在游玩第一个景点时，其精神状态及体力最为充沛。反之，一天游玩结束前再安排登山活动，也许相当部分游客因体力关系，只能"望山却步"了。

(二)行进速度缓急有度

导游员在带领旅游者参观游览过程中，其行进速度的缓急也要形成一定的节奏，不能因为一味赶时间而走马观花式急速前进，也不能因为时间宽裕而故意慢慢腾腾。导游员应在整体协调和积极引导的基础上，一方面要照顾旅游者个体体力上的强弱，另一方面也要配合旅游景观的风景类型，把握好行进速度的节奏，提前做好统筹安排，使旅游者感到从容自如，享受到参观游览的乐趣。

导游人员根据旅行社下发的接待日程制定具体活动项目时，要考虑旅游团成员的年龄、身体及心理需求等情况，有张有弛地开展活动。如果团内有需要特别照顾的老、弱、病、残成员时，更应注意劳逸结合，给客人安排充足的休息时间，以便能使其消除疲劳，恢复体力，保持良好的游览情绪。

导游人员在带领游客参观、游览的行进过程中，其速度也要有节奏感，既不能为赶时间一味催促旅游者走马观花式地急速走完，也不能因时间宽裕而故意慢慢吞吞。行进过程的速度一方面要照顾旅游者个体体力上的强弱，另一方面也要配合旅游景观的风景类型。这样才能使旅游者感到从容自如，享受到参观和游览的乐趣。

在参观游览过程中，游客往往有摄影照相和自由观赏的要求，导游人员应给他们建议好的摄影照相地点，并留有自由活动时间，但一定要强化集体观念和时间观念，做到游客集中与分散相结合。

【案例】有位导游人员在带领游客参观南京中山陵时，从底下走到纪念堂前共有 392 级台阶(其中有 8 个平台)。导游人员带了一段路就站在原地开始讲解孙中山先生的伟大一生。等到后面的游客到齐后，又归纳性地总结以及介绍了孙中山先生的趣闻轶事，然后再带领旅游团队继续行走。过了一会儿，这位导游人员又停了下来，讲解孙中山先生的墨迹"天下为公"的历史背景和由来。以后，他停下来讲解纪念碑、两侧的桂花树……就这样，导游一会儿停，一会儿讲，停停讲讲，讲讲停停，带着游客一直来到纪念堂门前，游客既不觉得累，又增长了不少知识，整个旅游团没有一个游客掉队和走失。

【点评】导游人员在处理行走节奏上，其办法是尽量使整个旅游团队始终保持在一定的距离范围内活动，整体移动使得导游人员既能管住"面"，又能抓住"点"。导游人员要善于将较长距离的路程(包括爬山)有计划地分割成几个较短的路程，如果导游人员在此期间的风趣幽默和出色的"表演"以及宣传鼓动工作得当，是能够比较妥善地解决游客在体质上的差异问题的。

三、合理引导游客观景赏美

人们旅游的目的归根结底是要陶冶性情、愉悦身心、增添乐趣，从美学的角度来看，就是旅游者在有限的时间、不同的空间寻觅美、发现美、欣赏美的过程。导游员是旅游活动的中心人物，是旅游者的直接审美对象，是旅游审美信息的传递者和旅游审美行为的协调者。为此，导游员应该在正确认识旅游景观美的类型基础之上，充分地了解旅游者审美的需求，掌握旅游者的审美心理规律，正确运用观赏美的方法，向旅游者传递美的信息。

(一)正确传递审美信息

在审美体验过程中，人们获得美感享受的前提是正确认识审美对象。导游员在旅游审美过程中首先要引导旅游者正确地认识审美对象。旅游审美与人们日常审美的审美对象大同小异，都是各种自然界和人类社会中的事物及现象。导游员帮助旅游者在观赏旅游景观时，感觉、理解、领悟其中的奥妙和内在的美。譬如，欣赏武汉市黄鹤楼西门牌楼背面匾额"江山入画"，既要向旅游者介绍苏东坡"江山如画，一时多少豪杰"的名句，又要着重强调将"如"改"入"，一字之改所带来的新意和独具匠心的审美情趣。

从美的种类上来区分，旅游审美的对象主要包括自然美、社会美、艺术美、科学美等多种类型。旅游景观并非单纯某一种美的载体，而是多种美的融合，只是其中某一种或几种美特别突出而已。在这种情况下，游客审美信息的获得在很大程度上取决于导游人员向他们传递的信息，因此，一名优秀的导游人员必须不断提升自己的审美能力和素养。

(二)准确把握旅游者的审美习惯和需求

旅游者的审美习惯是其审美个性与固有的审美经验相互融合的产物。这种审美习惯常常会有意无意地影响旅游者对客观事物的审美评价，甚至在一定程度上制约人们的审美行为。审美经验是指人们对现实生活和艺术作品中美的事物多次感受所渐次形成的一种经验。每位旅游者都有审美的需要，都有基于自己的生活实践所形成的一定的审美经验。导游员必须尊重他们的审美个性特点及固有的审美经验，因势利导地进行导游、启发，使他们顺利地进入审美活动并且获得美的享受。

一般来说，旅游者对旅游景观的观赏，并非是尽收眼底，全盘接收，而是有轻有重、有所选择。所以，导游员要深入研究各客源国和地区的民族、文化、社会等，参照旅游者的个性审美差异，选择他们最感兴趣和最愿意接受的东西，收集具有代表性的资料，并在实地游览中加以生动形象的讲解，引起旅游者的共鸣。

(三)有序递进审美层次

旅游者在欣赏不同的景观时会获得不同的审美感受，但有时旅游者在欣赏同一审美对象时，其审美感受也不尽相同，甚至表现出不同的美感层次。我国著名美学家李泽厚就将审美感受分为"悦耳悦目""悦心悦意""悦志悦神"三个层次。

1. 悦耳悦目

悦耳悦目是指审美主体以耳、目为主的全部审美感官所体验的愉快感受，是一种初级的生理审美感受。这种美感通常以直觉为特征，就是"眼睛一看到形状，耳朵一听到声音，就立刻认识到美、秀雅与和谐"而进入"悦耳悦目"的审美境界。

2. 悦心悦意

悦心悦意是指审美主体透过眼前或耳边具有审美价值的感性形象，在漫无目的中直观地领悟到对方某些较为深刻的意蕴，获得审美享受和情感升华，进入一种"对心思意向的某种培育"的欢快喜悦状态，这种美感是一种意会。譬如，观赏齐白石的画，旅游者感到的不只是草木鱼虾，而是一种悠然自得、鲜活洒脱的情思意趣；聆听土家族姑娘优美动人的歌声，旅游者感到的不只是音响、节奏与旋律的形式美，而是一种饱含着甜蜜和深情的爱情信息流或充满青春美的心声。这些较高层次的审美感受，使旅游者的情感升华到一种欢快愉悦的状态，进入了较高的艺术境界。

3. 悦志悦神

悦志悦神是指审美对象引起审美主体由感知、想象、情感、理解等心理功能交互作用，从而唤起的那种精神意志上的昂奋和伦理道德上的超越感。它是审美感受的最高层次，体现了审美主体大彻大悟，从小我进入大我的超越感，体现了审美主体和审美对象的高度和谐统一。譬如，乘船游览长江三峡，唤起旅游者的思旧怀古之情，使旅游者产生深沉崇高的历史责任感。

导游员应根据旅游者的个性特征，分析他们的审美感受，有针对性地进行导游讲解，使旅游者从一般的以生理快感为主要特征的"悦耳悦目"的审美体验，升华到以精神愉悦为主要特征的"悦心悦意"的审美体验，尽可能最终达到以道德和理性启示为主要特征的"悦志悦神"的审美体验。

(四)有效激发审美想象

旅游审美可以说是一种想象的过程，山水等自然景物原来是无意义的物质的组合，却因为人的想象而变得有意义、有美感，没有人的想象的参与，任何山、水、草木都将失去旅游价值，想象思维是审美感受的枢纽。

1. 相似想象

相似想象是指由事物之间在属性上的相似而产生的想象，它分为外部特征相似想象和内在性质想象。如金鞭溪的"神鹰护鞭"、崀山的"将军石"等属于前者，而由菊花想象到陶渊明的高洁，看到精致的银器联想到劳动人民的智慧等属于后者。

2. 对比想象

对比想象是指由某一事物对于另一种性质、状貌截然相反或相对的事物的想象，它建立在具有共性的事物的性质或状貌的相反特点上，它不强调两者的对立，而是强化对两种事物对立关系的理解，譬如由偶尔几声清亮的鸟鸣感知到空谷的幽静等。

3. 再现想象

再现想象是指意象与表象保持着"同型"关系的想象，意象形象通过审美想象对原有表象的加工而成，它对原始材料有较强的依赖性，同时它也不能脱离主体的审美经验。

【案例】徐志长的《天坛公园导游词》中充分调动游客的想象力，收到了很好的讲解效果。在冬至那天凌晨 4 点多钟，黑暗中点燃各种坛灯，天气十分寒冷，圜丘前燔柴炉上只放一只牛犊，用松柏枝燔烧着。西南的望灯杆望灯高悬。台南广场上排列着 200 多人的乐队、舞队，在庄重的中和韶乐的衬托、文武百官的陪同和上千余人的配合下，皇帝登坛致祭。共乐章九章，典礼九程。皇帝要恭读致皇天上帝的祝文，礼仪进行完毕，各神位前所供的供品分别依次送到燔柴炉和燎炉焚烧，烟气腾空，以示送到天庭，大典就全部结束了。于是，皇帝就回到他的皇宫紫禁城，等待上天的降福了。

【点评】皇家昔日的辉煌已成历史，面对空旷的圜丘，导游借助追想，形象地再现了皇帝祭天大典时的礼仪盛况，把过去的事情说得栩栩如生，历历在目，为游客创造了身临其境的氛围。

4. 创造想象

创造想象是游客在审美情感的驱使下，为实现审美理想而自由发挥的一种想象，它一般不受现成描述或现有形式的约束。如3D电影《阿凡达》中的悬浮山可以说就是山体景观经由创造想象而成。

(五)合理引导观景赏美

观赏同一景物，有的旅游者获得了美感，有的却没有，究其原因，除了文化修养、审美情趣和情绪等因素外，还存在观景赏美的方式方法问题。导游人员应引导游客恰当运用观景赏美的方法，来获得更佳的审美享受。

1. 观赏状态——动静结合

无论是山水风光还是古建园林，任何风景都不是单一的、孤立的、不变的画面形象，而是活泼的、生动的、多变的、连续的整体。旅游者漫步于景物之中，步移景异，从而获得空间进程的流动美，这就是动态观赏。在移动过程中，旅游者感受到审美对象的变幻，不断接受新的感官刺激，从而获得审美享受。譬如李白的"两岸猿声啼不住，轻舟已过万重山"就是他乘船游览长江三峡时的动态观赏感受。近年来出现的全息虚拟旅游也可以算作是动态审美的一种新形式。不管是哪种方式的动态审美，都会令旅游者产生三种最基本的美感，即亲切感、立体感和运动感。

然而，在某一特定空间，观赏者停留片刻，选择最佳位置驻足观赏，通过感觉、联想来欣赏美、体验美感，这就是静态观赏。静态审美实质上是一种选择性的审美方法，即有选择地去欣赏景观。导游员应该在带领旅游者游览过程中，适时地选择重点景观，引导旅游者处于适当的位置来欣赏，在讲解之后留给旅游者一定的时间来细细品味。这种观赏形式时间较长、感受较深，人们可获得特殊的美的享受，如岳阳楼三楼，推窗望去，近处是波光粼粼，远处是水天相接、浑然一色，湖光山色荟萃于楼前，洞庭湖壮观景色一览无余，适合静态观赏，仔细玩味。

静态观赏与动态观赏是相对而言的。有时需要动中求静、静中求动、动静结合的观赏方法。动是寻求天趣与动美，静注意情趣与静美，导游员引导旅游者欣赏美，应"动""静"结合，努力使旅游者感受风景美的全貌，在情景交融中得到最大限度的美的享受。

2. 观赏距离——远近得当

距离是观景赏美必不可少的因素之一。自然美景千姿百态，变幻无穷，一些似人似物的奇峰巧石，只有从一定的空间距离去看，才能领略其风姿。例如崀山著名景点将军石，只有在扶夷江上远眺才会瞻仰到头戴方巾、身披铠甲、手持玉带、美须飘飘的将军正昂首挺胸、虎虎生威兀立天地间。导游员带团游览时要善于引导旅游者从最佳距离、最佳角度去观赏风景，使其获得美感。

除空间距离外，旅游者观景赏美还应把握心理距离。心理距离是指人与物之间暂时建立的一种相对超然的审美关系。在审美过程中，旅游者只有真正从心理上超脱于日常生活中功利的、伦理的、社会的考虑，摆脱私心杂念，超然物外，才能真正获得审美的愉悦，否则就不可能获得美感。譬如，恐海者不可能领略大海的波澜壮阔；刚失去亲人的旅游者欣赏不了地下宫殿的宏伟；有恐高症的旅游者体验不到"不到长城非好汉"的英雄气概；等等。常年生活在风景名胜中的人往往对周围的美景熟视无睹，也不一定能获得观景赏美带来的愉悦，"不识庐山真面目，只缘身在此山中"就说明了这个道理。

3. 观赏角度——角度合理

引导旅游者观景赏美，导游员还必须懂得找准观赏美景的最合适角度。"横看成岭侧成峰，远近高低各不同"，观赏的角度不同，也会产生不同的审美效果。观景的角度除了正面观赏、侧面观赏外，还有平视、仰视和俯视。平视是指看视线前方延伸较远的景物，一般用来看远处的景色，欣赏开阔的旷景等，如观赏"山色空蒙雨亦奇"的西湖景色应以平视的角度为最佳；仰视是指从低处往高处看，可使观赏对象显得更加雄伟、高大或险峻；俯视，则是从高处往下看，往往使一些景物尽收眼底，一览无余，叹为观止。

4. 观赏时机——时机相宜

导游员运用时机审美时，必须掌握好季节、时间和气象的变化。首先，许多旅游景观都会随季节变化而表现出不同的美感特征，导游员必须在不同季节引导旅游者调整审美焦点。通常来说，春观花、夏戏水、秋望月、冬赏雪等都是自然万物的时令变化规律造成的观景赏美活动，也是导游员在各个季节引导旅游者最主要的审美焦点所在。其次，旅游景观的辅助审美特征往往随着时间的变化而转移，导游员要在不同的时间段引导旅游者去欣赏这些辅助审美特征的变化。以北京天安门为例，虽然它的主要审美特征无论何时都一样，但早晨薄雾缠绕的幽雅感，中午艳阳高照的雄伟感，黄昏日暮途穷的沧桑感这些次要审美特征却可以让旅游者获得不一样的美感享受。最后，某些旅游景观是在特定气象条件下形成的，导游员还应该注意引导旅游者在特定的气象条件下欣赏。如山东蓬莱的海市蜃楼、四川峨眉山的金顶佛光、安徽黄山的云海奇观和江西井冈山的瀑布彩虹等。这些都是因时间的流逝、光照的转换造成的美景，而观赏这些自然美景，就必须掌握好季节、时间和气象的变化，把握住稍纵即逝的观赏时机。

本章案例讨论

【案例 1】导游人员小颜是一个从事导游工作时间不长的小伙子。一次，旅游旺季的时候，他出任全陪带一个 26 人的旅游团去黄山。依照计划，该团在黄山住××饭店，客房由黄山地方接待社代订。下了车，进了饭店，小颜把游客安顿在大厅，就随地陪、领队来到总台办理入住手续。地陪刚报完团号，总台小姐就不好意思地和地陪、小颜及领队说："对不起，今晚饭店客房非常紧张，原订的 13 间客房只能给 11 间，有 4 个游客要睡加床，但明天就可以给 13 间客房。"山上饭店少，附近没有其他饭店，而此时天色已晚，若再下山找饭店，因索道已停开，也不可能。小颜是个急性子，这种情况又是第一次碰到，当确知饭店已不可能再提供客房后，他转过身来对站在自己后边的地陪，脱口说道："你们社怎么搞的，拿客房能力那么差！"地陪听了这话，起先还一愣，但马上针尖对麦芒地回了一句："有本事，你们社可以自己订，何必委托我们订房呢？"说完，就离开了总台，赌气地在大

厅沙发上坐了下来。

领队看到小颜、地陪闹意见，也没多说什么，拿了11间客房的钥匙，把游客召集到一起，把情况和大家摊了牌，然后态度诚恳地说："各位，情况就是这样，希望大家能相互体谅，也能帮我的忙。有愿睡加床的客人请举手。"说完，领队自己先举起了手，跟着好几位游客都举起了手。就这样，领队轻而易举地解决了一个让小颜恼火、为难，又让地陪赌气的问题。

案例思考题：导游服务集体之间应该怎样共同面对困难和问题？

【案例2】一个自称是"王海式"的打假旅游团，他们每年外出旅游都要换一家旅行社接待。知道内情的旅行社都不敢轻易接待他们，不知内情的旅行社接待后总感到吃亏。因为他们提出的条件是先旅游后付款，如在旅途中稍不满意就拒绝支付旅游费用。搞得接待社很伤脑筋。由于这批游客太精明、太苛刻，有些导游人员给了他们一个"刁民"的雅号。

这一年，他们参加了上海中国青年旅行社所组织的桂林七日游活动，在旅途中因发现炒菜中有不洁之物，于是提出拒吃、拒游、拒付款的"三拒要求"。正巧，那位喊得最响的游客在下楼时不慎摔伤，导致小腿骨折。这时，导游人员二话没说就赶紧采取急救措施，只见他先用小木板夹住伤口，然后将他送往医院。在以后的旅途中，导游人员总是背着受伤的游客参观游览，每晚还背他上医院打针、洗脚、换药。导游人员真诚的服务使得全团的游客深受感动，导游人员和游客也变成了好朋友。

案例思考题：导游人员靠什么感动了游客？

思考题

1. 导游带团应树立哪些服务理念？
2. 导游服务集体应该怎样加强协作？
3. 导游人员应如何处理与旅游接待单位的关系？
4. 导游人员如何与游客确立良好的人际交往关系？
5. 导游人员的组织技能体现在哪些方面？

第八章

导游语言艺术

【学习要点和目标】

　　本章主要介绍导游语言的要求、导游语言运用的原则、导游口头语言艺术以及导游态势语言艺术。通过对本章的学习，读者应掌握导游语言的运用原则和要求，恰当运用导游交际语言和导游讲解语言，准确把握导游态势语言。

【关键词】

　　要求　运用原则　导游交际语言　导游讲解语言　导游态势语言

语言是思想感情及信息交流的工具。导游语言是导游人员履行其职责的一个重要工具，是导游人员在特定的环境中，借助语言艺术，通过对人文或自然景观进行讲解，满足旅游者需要的一种信息交流活动。同时也是导游在旅游活动中交际的工具。从某种意义上说，导游语言是一门艺术，导游效果很大程度上取决于导游语言运用水平的高低。人们常说："导游人员是靠语言吃饭的。"因此，熟练掌握并正确运用语言是对导游人员最起码的要求。

导游语言有广义与狭义两种含义。广义的导游语言应该包括所有与旅游活动有关的语言，可分为两类：一是相对静态的语言，比如书面导游词、旅游指南、风物志、专题景观介绍等；二是交际过程中的动态功能语言，包括导游交际全过程中的各个环节的言语，如称呼、问候、交谈、置疑、应对、拒绝、引导、讲解、告别等。狭义的导游语言专指导游词，包括书面导游词和口头导游词。

第一节　导游语言的要求

导游人员可以通过对语言材料的锤炼，使导游语言在语音、文字、语义、词语、句式等方面表现出独特的艺术魅力，并通过使用各种表达技巧，营造轻松的交际氛围，使讲解内容、讲解要点得到突出和强调，缩短旅游者与旅游景观的心理距离，同时，通过对游览景观的概括、点化，使导游语言的意境得到升华，产生美感。

一、美感性

旅游过程是一种追求美、享受美、陶冶于美的过程，因而对导游语言提出了审美要求，使旅游者能够从导游语言中得到美的陶冶和享受的特质。它表现在描绘性语言的藻丽美、叙述性语言的流畅美、置疑方式的得体美、缩距技巧的熨贴美、点化技巧的升华美等多个方面。

1. 描述性语言的藻丽美

导游人员在讲解中要通过对具有形象、传神、鲜明、生动等表达效果的语言材料的锤炼，使导游语言表现出独特的艺术魅力。这里所说的"藻丽"不是指那种冗长、空洞的语言，而是指在导游词中尽可能多而又不露痕迹地使用的各种表达技巧，特别是修辞技巧。这些修辞技巧的巧妙运用，会使导游表达产生生动别致、栩栩如生、情趣盎然的美感，从而具有极大的艺术感染力。

2. 叙述性语言的流畅美

导游人员在讲解说明中，应对叙述性语言巧妙运用。除介绍相关科学知识、历史文化等规范性知识外，还可以穿插一些相关的神话传说、民间故事、历史典故以及风土人情等，使整个导游解说产生流畅自如、亲切动人、引人入胜的表达效果。

3. 置疑方式的得体美

导游人员在使用导游语言的过程中，恰当运用各种置疑方式，巧妙、精心地使用问句

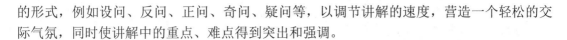

的形式，例如设问、反问、正问、奇问、疑问等，以调节讲解的速度，营造一个轻松的交际气氛，同时使讲解中的重点、难点得到突出和强调。

4. 缩距技巧的熨贴美

导游人员说话的语气要亲切，要运用各种技巧使导游人员和游客之间、游客和观赏景物之间的心理距离尽可能缩短。导游人员要提供优质到位的导游服务，充分调动语言和非语言的各种有效因素等是导游人员和游客之间缩短距离的有效方式。导游人员在讲解中应尽可能地了解客源地的基本情况，多采用对比讲解的方式。而缩短旅游者与游览客体之间的心理距离，则需要导游人员通过引导旅游者参与、巧设悬念等各种技巧的运用，使旅游者与游览客体有机地联系到一起，主客融为一体，从而给旅游者以轻松愉快的美感享受。

5. 点化技巧的升华美

在导游语言的运用过程中，导游人员应针对所游览的景点，利用丰富的知识，巧妙地对讲解主题发掘引申、升华概括，使表达主题得到强调突出，使导游讲解产生亮点效应，给游客以启迪，从而使游客产生新的文化顿悟。

【导游词范例】

进入园林，我们首先看到的是一座傍水而建的建筑——百泉轩。这是历代山长居住的地方，始建于北宋之初。这里溪泉荟萃，是岳麓书院风景最佳的地方。历代山长钟爱溪泉，筑轩而居，享尽自然的天籁之音。南宋乾道三年(公元 1167 年)，朱熹来访，与山长张栻"聚处同游岳麓"，"昼而燕坐，夜而栖宿"，都在百泉轩中，吃饭睡觉都舍不得离开这里。为什么呢？因为在百泉轩前面有一座优美园林，每当傍晚来临、山林幽静、倦鸟归巢的时候，山泉从山上潺潺流下，给人一种"空斋夜听三更雨，浇户风腾万成声"的美妙感觉。推开门，漫步在园林之中，紫薇、芙蓉和园内各种山花散发着沁人心脾的芬芳，忍不住坐下来，抬头望月，更会发出一种"对景流连情最远，许谁探取眼前春"的惆怅，不知不觉就度过了如诗如画的一夜。清晨来临，呼吸一口衡岳湘水的清新空气，欣赏一下迎风带露的亭亭荷花和水中游鱼，实在是惬意无比！

【点评】这段导游词语言流畅，使用了多种修辞技巧，使其解说句式匀称、节奏和谐、感情细腻、生动形象，给旅游者带来强烈的审美感受。

二、趣味性

导游的语言应该使旅游者感到轻松愉快、妙趣横生、吸引力强、引人入胜。如果说演员的言语以情动人，教师的言语以理服人，那么，导游人员的言语则主要以趣逗人。幽默诙谐、妙趣横生的应答往往能吸引游客，增进双方情感的交流，并使气氛融洽。

【案例】在"五一"黄金周期间，海外旅行社导游韦博带了一个 15 人的北京旅游团队。第一天跑东线时，旅游车路过一个鱼塘，游客看到一群鸭子聚集在水塘边一动不动。有位客人说："导游先生，水中的鸭子在干吗？"韦博听后愣了一下，心想：鸭子在干吗，我怎么知道。但他灵机一动说："鸭子在开追悼会。"客人一听，大惑不解，问道："为什么在开追悼会？"韦博笑着说："因为北京人爱吃烤鸭，你们北京人来了。"这一简短的回答，使得整车人开怀大笑。旅游结束后，当韦博把客人送到机场离别时，客人还风趣地说："鸭子在开追悼会。"

【点评】导游韦博与北京游客的一席对话，使游客乐了 3 天，度过了一个真正的黄金周。这说明幽默是最具感染力的传递艺术。导游机智的一句话，给游客留下了难忘的印象，既拉近了游客与导游人员的距离，又体现了导游人员的素质。

三、知识性

导游语言要能够给旅游者提供与游览客体有关的种种适量的知识信息。一方面，导游人员要对游览客体自身所蕴含的知识进行必要的、得体的解释。另一方面，导游人员还要适当援引与游览客体相关的史料、典故、诗文以及各种相关材料，使导游讲解的内容更具说服力。不过，导游词中所涉及的特定的知识信息应伴以轻松的气氛、有趣的话题，在旅游者的好奇心被激发起来之后，不知不觉地传递给他们，从而使导游词提供的知识信息具有潜移默化、轻松愉快、显明而又易于理解把握的特征。

【导游词范例】

响水河的水原本清澈凉爽，盛产国家二级保护动物娃娃鱼，最大的可达 10 多千克呢！这是因为这里的水温常年保持在 16℃，特别适合娃娃鱼的生长。娃娃鱼学名叫大鲵，那它为什么叫娃娃鱼呢？这是因为它有 4 条短而胖的脚，尤其是前脚连同它的 4 个指头一起，很像婴儿的手臂，后脚又有 5 个脚趾，所以形状像刚出生的娃娃，特别是它的叫声就像婴儿的啼哭声，所以大家都叫它"娃娃鱼"。其实娃娃鱼不是鱼，它是两栖类动物，与青蛙是同类。它用肺呼吸，但肺发育又不健全，就像青蛙一样，需要借助湿润的皮肤进行气体交换，以此来辅助呼吸，这也是娃娃鱼必须生活在水中或水域附近的原因。

【点评】导游人员对旅游客体蕴含的各方面的知识巧妙而得体的介绍，使旅游者在潜移默化中愉快地得到了相关信息，从而对客体的认识与理解上升到一个新的高度。

四、口语化

导游语言应该通俗易懂、亲切自然。导游词应使用浅显易懂的基本词汇、常用词汇、口语词汇以及一些为人们所熟悉的成语、惯用语、歇后语等，而要杜绝使用生僻晦涩的词语，其语法格式应不拘一格、灵活多变，并多采用简洁的短句。

【导游词范例】

不过民间关于亭名的由来另有一种说法。据说当年江南才子袁枚曾专程来岳麓书院拜访山长罗典，但罗典这时已经名满天下，根本不屑于见这样的后起之秀，袁枚也不言语，转身上了山，在岳麓山上，袁才子诗兴大发，见一景题一诗，唯独到了这座红叶亭，他只抄录了杜牧的《山行》诗，还漏了两个字，后两句抄成了"停车坐枫林，霜叶红于二月花"。罗典听说后，也跟着上了山，一路上，他见袁枚的诗才华横溢，便赞不绝口。到了红叶亭，一见这两句，他一下子全明白了：这是在变着法儿说我不"爱晚"呢，不爱护晚辈呀。得了，这亭子就改名叫"爱晚亭"吧。于是红叶亭就这样变成了爱晚亭。

【点评】这段导游词对口语风格的词语以及句式进行了恰当运用，使导游解说亲切自然，也使导游讲解变得更加风趣幽默，缩短了旅游者与导游人员之间的心理距离。

第二节　导游语言的运用原则

导游工作要求导游人员不仅要具有比较扎实的语言功底，而且在运用语言时要掌握一些基本的原则，如针对性原则、灵活性原则、融洽性原则以及计划性原则等。

一、针对性原则

所谓针对性，是指导游语言必须符合不同旅游者的实际需要，有的放矢，因人而异。在导游语言运用过程中，特别是在导游讲解过程中，导游讲解内容的详略取舍、讲解角度的选择以及讲解技巧的运用等要根据旅游者的各种具体情况以及各种具体的语境进行有针对性的调整。

要实现针对性原则，导游人员必须了解旅游者的心理动机和旅游目的，并根据其不同的旅游需求采取不同的导游讲解方法。例如，游览北京故宫，对于一般的西方旅游者，导游人员进行一般性讲解就可以了；而对于海外侨胞，就可以结合导游内容多介绍一些典故、传说等；而对于研究中国历史、文物、古建筑的学者专家，则要对和他们专业兴趣有关的内容进行较为细致的讲解。

要实现针对性原则，导游人员还要全方位地考虑旅游者的文化背景和文化层次。对文化水平较高的专家、学者，要讲得深一些；对一般的市民则尽量深入浅出，多穿插一些生动的小故事。

此外，旅游者又会因为年龄、性别、职业、社会阅历、生活习惯、宗教信仰等方面的不同而有着各自不同的特殊的个性心理特征。这就要求导游人员要有敏锐的观察能力，时时、事事、处处做有心人，使接待服务更具针对性。例如，一名导游人员与一位上了年纪的农村老大爷闲谈聊天，导游人员问："大爷今年贵庚？"老大爷愣住了，半晌才反问道："什么贵庚？"导游人员赶紧换一种口气说："就是您今年多大年纪了？"老大爷笑了起来，说："姑娘，你说多大年龄不就得了，咱哪懂得你们读书人说的什么贵庚呢？"从这件小事可以看出，因人而异在导游语言运用过程中是多么的重要。

二、灵活性原则

所谓灵活性，是指导游人员要根据旅游者各种具体情况以及特定旅游活动的需要对导游语言进行灵活调整、随机应变。导游语言的灵活性体现在导游人员应具备语言的应变能力，根据不同的对象和时空条件决定讲解的长短、内容的深浅、语言的层次、声音的大小等。总之，要因人而异、因地制宜。

1. 灵活转换语码

转换语码有三种情况，第一种是外语与普通话的转换；第二种是外语与方言的转换；第三种是普通话与方言的转换。例如，在导游交际中，导游人员如果在表达中时不时地夹杂一点儿旅游者的方言，无疑会十分有效地营造亲切融洽的交际氛围，极大地缩短与旅游者之间的心理距离。当遇到一些外语或普通话难以表达准确的事物时，这时候用旅游者熟悉的方言表达就会更加直截了当、清楚明白。

2. 适当调整导游词

旅游者在社会、文化、心理等各方面的不同，会造成旅游者不同的兴趣爱好和不同的心理偏向。导游人员要根据这些情况，对成形的导游词进行删减或充实，选择旅游者最容易理解、接受的交际内容和语言表达方式。例如，对于北京故宫的游览，旅游者的游览兴趣或者是故宫的历史，或者是建筑艺术，或者是文物古玩，或者是明清宫室的轶闻趣事，或者只是想做一般性了解……导游人员在了解了这些情况之后，就应该对导游词的表达重点适时进行调整，以满足不同兴趣的旅游者的需求。

3. 随机变更导游词

导游人员应根据游览的时间长短、季节、气候条件以及游览路线等因素对成形的导游词进行再加工，使导游讲解更具有适应性。例如，导游桂林漓江，若遇晴天，就讲"奇峰侧影"；若遇阴天，就讲"云雾山中"；若是遇上倾盆大雨之时，就该讲"漓江烟雨"了，使得在不同天气条件下游览的旅游者都能领略到漓江风景的诗情画意。

4. 特定语境灵活发挥

导游人员要善于借景生情，因地制宜，因时制宜。例如，旅行车在一段坑坑洼洼的道路上行驶，游客中有人抱怨。这时导游人员即景生情地说："请大家放松一下，我们的汽车正在给大家做身体按摩，按摩时间大约为 10 分钟，不另收费。"旅游者听罢忍俊不禁。这位导游人员借题发挥，在一定程度上化解了游客的不快。

三、融洽性原则

在导游语言运用中，导游人员要尽可能调动各种积极的语言因素以及各种有效的非语言因素，使导游语言表达得体入微，使导游交际气氛亲切融洽，从而达到缩短导游交际中各方面心理距离的基本目的。

(1) 导游人员要注意采用亲切自然的语气、选择柔和委婉的表达方式、讲究敬语和谦辞的恰当运用，这样才会营造出一种互相尊重、和谐融洽的交际氛围，使导游人员与旅游者之间形成一种互相理解、彼此合作的良好的交际关系。

(2) 导游人员要注意把握导游语言的分寸感，主要是要讲究模糊语以及委婉语的运用，使表达留有余地。比如，可以多选用一些"可能""一般""考虑考虑"等弹性较大的词语；多选用一些委婉的征询语气等。

(3) 导游人员要注意充分调动语言交际的各种表达技巧。称呼要得体入微；问候要周到有礼；寒暄要热情体贴；交谈要融洽和谐；置疑要恰如其分；应对要灵活巧妙；说服要入情入理；拒绝要诚恳得当；接近要真诚礼貌；慰藉要真挚亲切；赞扬要真切诚恳；叮嘱要诚挚而有分寸；引导要迎合需要；讲解要生动有效；告别要依依得体等。

（4）导游人员要注意充分调动各种非语言因素，善于运用体态语、服饰语等各种辅助手段帮助语言表达，创造出亲切融洽的交际氛围。

四、计划性原则

计划性是指按旅游者的需求、参观游览的时间地点等条件有计划地进行导游讲解，体现了导游讲解的科学性与目的性。

导游讲解除受到时间限制外，还受到地点的限制。例如，参观北京故宫，一般旅游团需要 3 小时左右，但对于专业旅游团远远不够，有时需要花两三天的时间。因此，导游人员必须根据游客的具体情况合理安排在景点内的活动时间，选择最佳游览路线，导游讲解内容也要做适当取舍。时间充裕时，就进行较详细的讲解，也可以多参观些景点；时间紧张时，就讲解得简要些，少参观些景点。什么时间讲什么内容，什么地点讲什么内容，以及重点介绍什么内容都应该有所计划，这样才能达到最佳的导游效果。因此，导游人员必须考虑时空条件，要预先科学地作出安排，做到有张有弛、主次分明、动观和静观相结合、导与游相配合。导游人员应做到讲解得详细而不使人感到时间长，讲解得简要而不使人感到短促。总之，如果导游人员不考虑参观点的范围和地形，不考虑参观时间的长短，在导游讲解上缺乏计划性，就不会收到良好的导游效果，也会影响到整个旅游活动的正常进行。

补充阅读材料：

导游需要经常问问自己：

——我在与谁谈话？

——我的谈话对象能听懂我的话吗？

——我要说些什么和按什么顺序来说？

——我怎样才能简明地把这件事讲清楚？

——谈话伙伴对我所讲的话反应如何？

——我谈话时，对方的情绪如何？

——对方是烦躁，受到刺激，不讲事实，乱嚷嚷，要侮辱人还是心平气和，实事求是，愿意合作呢？

——对方期望什么？他的谈话已经充分表达了他的愿望吗？他是否拘谨或缺乏勇气，因而不能把心里想的东西都说出来？

——游客所讲的，我都真正听懂了吗？

——我还有必要再问问吗？我怎样提出问题才好？游客欢迎我的讲述还是拒绝我的讲述？我的语调、声音大小和表达方式是否合适？

（资料来源：[德]哈拉尔德·巴特尔. 合格导游[M]. 能永震，译. 北京：旅游教育出版社，1988）

第三节　导游口头语言艺术

一、导游交际语言

我们将导游人员与游客交往时的语言形式称为导游交际语言。在参观游览途中，导游人员是需要用心和游客沟通交流的，景点的讲解只占其中很少的一部分，平时与客人的交流占很大的比重。导游交际语言表达是否妥当，对信息传递的效果与游客的态度都有很大的影响。

1. 称呼

一般情况下，导游对游客经常使用这几种称谓，例如"各位游客""各位团友""各位女士""各位先生""各位朋友"等。

在称呼游客时，要根据不同游客的身份、不同导游交际场合的特定氛围选用恰当的称谓，要注意多使用那些适应范围比较广泛、适应对象比较灵活的称谓语，使导游交际具有更大的回旋余地。不过，不论对什么文化背景、什么类型的游客，不论是在正式场合还是在非正式场合，导游人员所使用的称谓语都必须充分体现出对游客的足够尊重。

2. 寒暄

寒暄是社交中双方见面时互相问候的应酬话。在导游交际过程中，导游人员与游客见面伊始，都要说上几句应酬话，从而沟通彼此的感情。恰当的寒暄能够使双方产生一种认同心理，使一方被另一方的感情所同化，体现出人们在交际中的亲和要求，创造出一种和谐的气氛。

常见的寒暄类型有如下几种。

(1) 问候型。典型的问候就是问好。例如，"你们好！""大家好！"等。这是导游交际过程中用得最多的一种问候语。

传统意会问候型是指一些貌似提问实际上只是表示问候的招呼语。例如，"吃过饭了吗？""上哪去呀？"等。在导游交际过程中，比较适用于导游人员跟游客熟悉以后的问候。

古典问候型是指具有古代汉语风格色彩的问候语主要有"幸会""久仰"等。这一类问候语书面风格比较鲜明，多用于比较庄重的场合，在导游交际这一类追求平和、亲近的场合中用得比较少。

(2) 攀认型。攀认型寒暄是抓住双方共同的亲近点，并以此为契机进行发挥型问候，以达到与对方顺利接近的目的。

导游人员在与游客接触时，就会发现自己与游客有着这样或那样的共同点，如"同乡""自己喜欢的地方""自己向往的地方"等。例如，"大家是广州人，我母亲出生在广州，说起来，我们也算是半个老乡了"。

(3) 关照型。关照型寒暄主要是指在寒暄时要积极地关注游客的各种需求，在寒暄过程中要不露痕迹地解决游客的疑问或疑难，在一定程度上能够解除游客的某些担心，有效地活跃游客的情绪。

这种寒暄完全是从关照游客心理感受的角度出发，自然也就容易被游客接受。

3. 交谈

聊天是交谈的主要形式，是人际交往中最基本、最常见的现象，是导游人员与游客之间交流思想、融洽感情、增进了解的重要途径。聊天具有很大的随意性和不确定性，茶余饭后、车站码头、景点旅途中都能聊上一会儿。在交流中，导游人员让游客把自己的想法、要求、感受等都毫无保留地说出来，从而获取信息，有的放矢地做好各方面的工作。

(1) 善于寻找话题来激发游客的谈兴。针对不同的游客，要明确话题的内容。例如，老年人可以聊聊养生之道，讲一讲旅途中的风土人情及将要游览的景点的历史典故等；与女士们可以说说流行服饰和化妆美容等；与年轻人可以聊聊流行时尚、学习和工作经历以及爱好等；与孩子们在一起可以和他们做做游戏，讲讲故事等。同时，导游人员说话、办事还要注意游客的文化层次、经历和修养等。

(2) 把握适度。聊天闲谈讲究轻松愉快，但是一定要注意掌握分寸，把握尺度，并非所有的人都能与导游人员趣味相投。这需要导游人员时刻注意游客的反应，随时掌握话题的进程，并在适当的时候调节转换话题。

在聊天的过程中，导游人员应该采取主动积极的态度，根据游客的心理特征、语言习惯、文化水平等各种因素，随机应变地引导聊天的过程，使交谈气氛融洽，交流愉快，达到与游客互相理解、有效沟通的目的。

4. 说服

说服主要是指在语言交际中以一定方式向对方说明、劝诫、疏通，以使对方心悦诚服的语言功能。

针对性是说服的基本原则，导游人员必须针对对方的具体情况、具体思路及情感，针对恰当的时机，选择恰当的表达方式，以达到说服的目的。说服的方法有多种，有双赢法、缓兵法、提醒法、辩证法等。

在劝说客人时，导游人员应把说服的焦点从击败对方转到共同努力来击败问题，共同探寻满足双方需要的各种可行途径，最后各有所得。当游客们的要求过于苛刻而导游人员无法满足时，有经验的导游会委婉地说服游客接受自己的意见，并且既不刺激客人，又不使旅行社的经济利益受损。当游客的情绪十分激动、愿望很强烈、而又很难被说服改变其初衷时，导游人员可以先避其锋芒，避免正面交谈，在不违反原则的情况下，流露出某种程度的理解和同情，以稳定对方的情绪。

当导游面临中断游览或选择一个替代项目时，经常采用辩证法。导游人员提出的新建议越能满足游客的需要，游客就越容易被说服。在劝说时，导游人员要能说出将要采取的方案并指出如何实现它，最后导游人员必须将决定告诉游客并请游客和他一起执行。

【案例】导游人员带团去参观某古堡时，发现古堡因为某种原因突然关闭了，游客感到很失望。于是，导游人员这样劝说游客："大家都看到了，我们不能参观××古堡了。我对此感到非常遗憾。现在，摆在我们面前的是中断旅行还是改为参观附近的古堡以及瀑布。如果我们现在就返回，这虽然也是一个办法，但不是最理想的办法。大家当然还可以提其他建议，如果我们今天空着，又将怎样度过这一天呢？如果把两种可能性比较一下，我们最好还是去参观附近的古堡以及瀑布。那么,我们这一天过得就可能最有意义了。因为,这个古堡很有名,是13世纪的雄伟建筑。另外,它还有一座像我们不能参观的那座古堡一样美丽的武器博物馆。同时,我们还可以在古堡餐厅中吃上可口的点心。因此,请允许我建议你们选择这个较好的办法。让我们一起去看看这些东西。我希望你们能同意这个办法。"

【点评】这位导游人员在劝说游客的过程中,使用了辩证法。只有被说服了的客人才是真正被赢得了的客人。受强制的客人仅仅是形式上赢得,而不是被说服。他们只是不得已而为之。导游人员要努力谋求的是客人自愿地、心悦诚服地共同承担一项决定。

5. 拒绝

在导游带团的过程中,导游人员难免会拒绝游客,但这会令游客感到遗憾和不快。因此,拒绝必须以得体的方式进行,把对方的不快和不满控制在尽可能小的范围内。

对一些实在不合理或者无法接受的要求,导游人员应该直截了当地予以拒绝,不能含糊其辞,模棱两可,使游客抱有不切实际的期待。

导游人员用于拒绝的借口是多方面的,除了客观事实外,还可以用制度、惯例等为理由,来表明自己迫不得已、力不从心,从而使游客放弃要求。

有的时候,导游人员在拒绝之前先表示同情、理解甚至同意,而后再巧妙拒绝,使拒绝变得委婉和含蓄。

【案例】在故宫博物院,一批美国客人纷纷向导游人员提出摄像拍照的请求。导游人员诚恳地说:"从感情上讲,我非常愿意帮助大家;但在严格的规章制度面前,我又实在无能为力。"

【点评】虽然导游人员拒绝了游客,但这种方式让游客在心理上比较容易接受。

6. 安慰

安慰就是慰藉,在交际对象需要安抚的时候通过巧妙地劝慰使对方心情舒适。它主要满足人们需要温情的心理。但是安慰不能掺杂进不必要的怜悯,否则会伤害被安慰者的自尊心和自信心,也不能起到安慰的积极作用。同时,在旅游过程中,游客难免会出现心情烦躁的时候,导游人员应该用激励的方式安慰游客,帮助其消除苦恼,增强其自信。

安慰的技巧有很多,体贴式和允诺式是导游交际过程中最常用的方式。

体贴式安慰主要是以情感沟通为主要目的的安慰,不仅晓之以理,而且动之以情,达到与游客在情感上的交融。

允诺式主要是在尽可能的情况下以补偿式的承诺安慰游客。一般多在旅游团议定日程或计划中的行程被安排失误的情况下使用。

【案例】一艘在长江三峡上航行的游轮因航道问题,使计划中的白天经过神女峰的行程改成夜间通过,因而游客们将无法领略到向往已久的神女峰的雄姿神韵。游客们很不满。当导游人员听说旅行团将改变白天欣赏神女峰的计划时,他立刻找船方交涉。当最终无法改变现状时,就与船方进行谈判,船方终于同意采取一定的补偿措施。导游人员这时就直接向游客解释,说明真实的情况,并向游客承诺:向乘坐该游轮的客人无偿赠送包含神女峰风光在内的VCD三峡风光片,另外将次日的晚餐变更为丰盛的晚宴。同时,导游再进一步安抚客人，说："送一盘光碟、一顿好饭是无法补偿漏景之憾的，但因长江水域船舶总协调的原因，船方也是迫不得已才改变计划的。好在来日方长，长江三峡四季的美景各有特点，愿朋友们再次畅游三峡，我也盼望再为各位服务。并且我一定努力提高导游水准，届时将为诸位献上更诚挚的服务。"

【点评】在这个案例中，游客们得到了这样到位的安慰，情绪也就会稳定下来，心态就会比较正常，也就能愉快地与导游人员合作了。

7. 解释

解释是向有关方面或对象说明某事的含义、原因等。一般是在交际对象产生疑惑、不满甚至责怪之后进行，因而解释就具有了解答、澄清、道歉、安抚等功能。

在带团过程中，难免会出现某件事情不尽如人意，需要向游客做解释工作，因而恰当的解释是导游人员的职责。

当游客对导游人员的动机或做法不甚明了的时候，就需要进行解释。导游人员可以直陈原因，进行言之有理、述之有据的说明；当游客对导游人员或对旅游团的一些旅游活动误解的时候，导游人员必须及时向游客解释，说明真相，澄清事实；当导游人员或接待部门出现差错时，导游人员需要用真诚的解释来达到道歉的目的。这种解释应该多谈主观上的良好动机，从自我批评的角度出发，以求得游客的原谅与理解；在旅游过程中，游客常常会出现不满、急躁或反感的情绪。这时，导游人员应该用安抚的方式进行解释，以减轻或消除游客的消极反应。

【案例】一个旅行团的游客正在用餐，没有饮料。当邻桌的旅行团上了饮料后，该旅行团的游客们就不满了，喊来导游人员，质问道："我们为什么没有饮料，难道你揩我们的油水吗？"其实一般旅行团的餐费里都是没有酒水的报价的，这样全程下来旅行社的报价成本就会有所下降。导游人员比较了解这方面的情况，同时他也了解了邻桌旅行团的情况，然后他向自己旅行团的游客进行了解释。他说："那个旅行团里今天有人过生日，领队请大家共同祝贺一下。另外，我们想用最短的时间安排大家的午餐，将节约的时间花在景区里，所以没有建议大家自费买饮料。"

【点评】这里导游人员使用的是澄清式的解释技巧。当游客对导游人员或对旅游团的一些旅游活动出现误解的时候，导游人员必须及时向游客解释，说明真相，澄清事实。

二、导游讲解语言

导游人员要使自己成为游客关注的中心并将他们吸引在自己的周围，必须讲究导游讲解的技巧以提高讲解效果。

1. 置疑法

疑问句在导游讲解中运用得十分普遍。导游人员可根据导游词所表现的特定情景以及特定语境中的表达需要，巧妙、精心地选择各种疑问方式，来突出讲解内容和要点，使讲解生动别致、情趣盎然。置疑方式主要有五种：设问、反问、正问、奇问、疑离。

1）　设问

设问可以分为自问、顺着游客的思路问、直接对游客发问三类。

导游人员顺着既定的讲解思路巧妙地自行发问，或设身处地地从游客角度出发，顺着游客的思路进行发问，既能承上启下地使表达思路自然转移，又能提醒游客将注意力放在将要讲解的内容上，从而使游客能非常容易地把握讲解要点，在不经意中获得有关特定景观的具体知识。

有时，导游人员在讲解过程中将思路陡转，将问题直接抛给游客，然后自己再做解释。这样就能引导游客直接参与到讲解过程中，使游客在获得相关知识的同时，又能很充分地享受直接参与的乐趣。

不过，如果设问不当，容易冒犯游客。例如，导游人员将自己放在一个较高的位置，而将游客放在一个似乎什么都不懂的位置，这样就容易造成讲解交际的障碍，也容易让游客产生抵触情绪。另外，人称代词的选择也应讲究，一般不宜使用"你""你们"等代词，因为这样容易造成导游人员与游客之间的心理距离，最好是使用"大家"等没有明显人称标志的代词，使语言更有弹性。

【导游词范例】也许有人会问，如此神奇的景观是怎样形成的呢？据科学分析，这是因为这里整个区域的岩石结构都是以石灰岩为主，石灰岩容易溶解于水中，逐渐形成溶洞。地面上的水下渗，溶解石灰岩，形成石灰水，在天仙瀑布下落中，与空气中的二氧化碳作用，落地后形成了不易溶解的碳酸钙，经过上万年，堆积形成今天的"黄土高坡"。大家请看，它还在继续往上长呢！

【点评】这是居于开头的且顺着游客思路发出的设问。从游客的角度出发，顺着游客的思路进行发问，然后给出明确的答案，不仅消除了游客的疑虑和担心，而且使游客对溶洞景观的形成有了进一步的认识。

2）　反问

反问最重要的特点是以否定的形式或肯定的形式进行无疑而问，着重表达各种确凿无疑的肯定或否定的主观看法。

一般来说，反问具有加强语气、强化表达者的主观态度等作用。通过对反问的运用，使导游词感情色彩浓厚，态度鲜明，观点明确。

【导游词范例】月塘常年碧绿，塘面水平如镜，塘沼四周青石铺展，粉墙青瓦整齐有序分列四旁，蓝天白云跌落水中。你看那些老人在聊天，妇女在浣纱洗帕，顽童在嬉戏。实际上月塘四周成了人们的共享空间、风俗民情的"露天舞台"。塘中鹅舞红掌，鸭戏清波，空中炊烟缭绕。这不正是一幅美丽的皖南民俗图画吗？

【点评】通过这种反问，可以强化导游人员的态度和看法，比一般陈述式的肯定或否定更有力量。

3）　正问

正问，实际上就是推测问，多以语气词"吧"收尾，同时常夹用"可能""大概""也许""恐怕"等一类表示推测、揣度语气的词语。一般来说，不需要回答。

【导游词范例】也许是秉古代草原及各少数民族之灵气吧？哈素海美的背后，总有着深深的历史和文化的积淀，让人不禁浮想联翩。

【点评】正问虽然从表达语气上看似可以商讨，但是对其观点的陈述却是既委婉含蓄，又明确无疑，对游客有明显的心理暗示作用，能唤起游客的共鸣，语言表达也具有比较优美的抒情性，从而使导游讲解收到最佳效果。

4）　奇问

奇问是指无须也无法回答但可以使导游词富有诗意的奇特提问技巧。

【导游词范例】大家请停下来回头向右看，这就是骆驼峰。你看它栩栩如生，有头、有颈、有尾巴，还有那高耸的驼峰。沙漠中的骆驼怎么到了这儿？是不是迷上了这里的无限风光？骆驼曾被称为"沙漠之舟"，如今搬家来到了金鞭溪，我们不妨封它个"护溪使者"的称号吧！

【点评】奇问所置疑的问题虽然奇绝，但无一不运思奇巧，具有较强的抒情性，因而它能营造出导游讲解中的意境，给人以意味隽永的美感。

5）　疑离

疑离是指把若干个表达项巧妙地用"选择问"或"疑离性并列陈述"的形式进行无疑而问，其目的在于细腻地表现人们复杂的感受，从而深化导游词的意境。

【范例】大家请注意听，前面传来了阵阵歌声。这是悦耳动听的土家山歌，前面便是土家姑娘的点歌台。看，一个个衣着秀丽的土家姑娘正载歌载舞地欢迎着各位来宾，她们优美的歌声是否会唤起您对土家民风的无限向往呢？她们的热情好客、纯朴善良是否带给您一种从未有过的轻松和快乐？此时此刻，您是否感悟到张家界"山美、水美、人更美"的真谛呢？

【点评】导游人员所疑离的各项实际上就是人们所进行的丰富联想的内容。通过这种置疑方式，渲染出一种曼妙的气氛、动人的景象，在强烈的抒情笔调中深化了导游词的意境。

2. 叙述法

叙述法主要是指运用叙述性语言在对游览客体的讲解说明中适当穿插一些相关的神话传说、民间故事、轶闻趣事等内容，以使导游讲解更具魅力。这种方法也可称作虚实结合法。"实"就是实景、实物、史实等，"虚"就是与实景、实物有关的民间传说、神话故事、轶闻趣事等。导游人员在讲解时，必须将"虚"与"实"有机结合，以"实"为主，以"虚"为辅，"虚"为"实"服务，以"虚"烘托情节，并以"虚"加深"实"的存在，努力将无情的景物变成有情的导游讲解。

【导游词范例】在石碑的左边卧着一只美丽温驯的鹿，右边立着一只展翅欲飞的鹰。它们跟炎帝又有什么联系呢？原来炎帝的母亲叫女登，她生下孩子后就到山上去找野果子去了。那时候还是渔猎社会，为了行走方便，她将幼小的姜石年(炎帝名)放在向阳的山坡上睡觉。石年醒来饿得哇哇大哭，被天上的神仙九玄女王听到了。于是她马上命仙鹿给炎帝喂奶，作为他的奶娘；神鹰给他遮阴，是他的养母。这就是传说中炎帝的另外两位母亲。

【点评】在导游讲解中，一般所穿插的传说、故事或典故往往具有相对的完整性并且与旅游客体有着密切的关系，因而给人的感觉是导游讲解娓娓道来并能有效地拉近游客与被游览客体之间的心理距离，而这些内容大都具有情结魅力，可以有效地感染游客，从而使讲解收到极好的效果。

不过，相对于被游览客体的讲解，所穿插的叙述性内容只是绿叶，是为了进一步突出讲解的主体——被游览客体，因而导游人员在讲解"虚"的内容时，要"精"和"活"。所谓"精"是指所选择的内容是精华，并与讲解的景物密切相关；所谓"活"就是指使用时要灵活，见景而用，即兴而发。"虚"的内容不可盲目穿插，随意插叙，尤其像神话故事之类的内容不可太多太滥，否则就有盲目攀附的嫌疑，引起游客的反感。

3. 突出重点法

突出重点法是指在导游讲解中应尽量避免面面俱到，而是要突出某一方面，给人以深刻印象，引起人们极大的游览兴趣的导游方法。

(1) 突出代表性的景观。游览规模大的景点，导游人员必须做好周密计划，明确要重点介绍的景观。这些景观既要有自己的特征，又要能代表全貌。实地参观游览时，导游人员应主要讲解那些具有代表性的景观。

(2) 突出景点的独特之处。旅游资源是否具有吸引力，主要在于其独特性。导游讲解的重点应放在景点与众不同之处并尽量突出。

(3) 突出游客感兴趣的内容。来自世界各地的游客兴趣爱好各不相同，但从事同一职业、文化层次相同的人往往具有共同的爱好。导游人员在研究旅游团的资料时，要注意游客的职业和文化层次，以便在游览过程中重点讲解旅游团内大多数成员感兴趣的内容。

例如，在游览故宫时，面对以建筑业人士为主的旅游团，导游人员除一般性介绍故宫的概况外，要突出讲解中国古代宫殿建筑的布局、特征，故宫的主要建筑和建筑艺术，以及重点建筑物和装饰物的象征意义等。如果能将中国的宫殿建筑与民间建筑进行比较，将中国宫殿与西方宫殿的建筑艺术进行比较，导游讲解的层次就会大大提高，也就更能吸引人。而面对以历史学家为主的旅游团，导游人员则应更多地讲解故宫的历史沿革及其在中国历史上的地位和作用，还有在故宫中发生的重大事件。而面对消遣型的游客，导游人员就应重点讲解故宫的宏大和规模，较多穿插其间发生的历史故事。

(4) 突出"……之最"。导游讲解应突出景点最值得关注的方面，导游人员可根据实际情况用最大、最小、最高、最长、最古老等内容吸引游客，激发他们的游兴。这些"之最"可以是世界之最，也可以是中国之最、本地之最。

【导游词范例】大家请往前看，这根又直又细的石笋就是闻名遐迩的"定海神针"，它是整个黄龙洞中最为奇特的石笋，也是景区的王牌景点。它两端粗中间细，最细处只有10厘米，整根笋的高度为19.2米。据专家测定，"定海神针"生长发育至今约有20万年的历史，是龙宫中年龄最长的石柱，而且仍在生长之中。尤其神奇的是，它生长在陡坡上，但却生长得如此挺直！为了更好地保护好这一标志性景点，黄龙洞景区1998年特地为"定海神针"买下1亿元人民币保险，在全世界开创为资源性资产买保险之先河，真可谓"自然遗产无价宝，一根石笋一亿保"！

【点评】重点突出的讲解，无疑让游客对景观留下了深刻的印象。

4. 触景生情法

触景生情法是指在导游讲解中见物生情、借题发挥的一种导游方法。也可称为"导入意境法",就是通过生动的导游,激发游客的想象力,使他们的情绪、联想进入导游安排的特定的意境中,达到探索美、追求美的境界,产生比现实更美好的感觉。导游讲解的内容要与所见景物相统一,使其情景交融,让游客感到景中有情,情中有景。

触景生情法贵在发挥,并注入情感,引导游客进入审美对象的特定意境,从而使他们获得更多美的享受。

【导游词范例】一个人要想有经天纬地之才、救济万民之心,则必须要在少年时刻苦攻读,完善自我。岳麓书院内广种桑树,就是提醒每一位学子都要像春蚕一样埋头苦学,终生不辍;讲堂四壁上石刻的院规就是要规范每一位学子的思想、品格乃至言行举止;书院内"实事求是""道南正脉"等匾额也是在告诫每一位学子都要牢记儒家传统中虚怀若谷、严谨治学的优良风尚。

【点评】在导游讲解时,导游人员没有就事论事地介绍景物,而是借题发挥,利用所见景物制造意境,使游客产生联想,从而更好地领略岳麓书院文化的内涵。

5. 制造悬念法

制造悬念法是指导游人员在导游讲解时提出令人感兴趣的话题,但故意引而不发,激起游客急于想知道答案的欲望,即产生悬念。通常是导游人员先引出话题或提出问题,但不告知下文或暂不回答,让游客去思考、去琢磨、去判断,最后才讲出结果。这是一种"先藏后露、欲扬先抑、引而不发"的方法,一旦"发"(讲)出来,就会给游客留下特别深刻的印象,且使导游人员始终处于主导地位,成为游客注意的中心。

【案例】有一名导游人员在介绍岳阳楼一楼的《岳阳楼记》雕屏时,总爱这样介绍:"现在我们所见到的《岳阳楼记》雕屏是清代乾隆年间著名书法家、刑部尚书张能照书写的,但眼前这幅不是真品,至于真品在哪里,我等会告诉大家"。

【点评】制造悬念是导游讲解的重要方法,在制造气氛、提高游客游兴、强化导游讲解效果方面往往能起到重要作用。

6. 类比法

类比法是指在导游讲解中以熟喻生,用游客熟悉的事物与眼前景物进行比较的方法。这既便于游客理解,又能使他们感到亲切。类比法主要分为同类相似类比和同类相异类比两种。

(1) 同类相似类比,即将相似的两物进行比较。比如在北京,当向外国客人推荐逛王府井大街时,客人不知道王府井大街是什么性质的,如果对日本客人,就说"王府井就像东京的银座",而向美国人推荐王府井,就说"请你们去看看北京的纽约第五大街"。这样一介绍,他们会立即活跃起来,而且他们会很快理解王府井的性质和特点,同时还可能产生与自己所熟悉的事物对比一番的念头。

(2) 同类相异类比,就是将两种同类但有明显差异的风物进行比较,比出规模、质量、风格、水平、价值等方面的异同,以加深游客的印象。例如,在介绍宫殿建筑和皇家园林的风格与艺术时，将北京故宫与巴黎附近的凡尔赛宫相比，将颐和园与凡尔赛宫花园相比等。这样不仅能使外国游客对我国悠久的历史文化加深了解，而且对东西方文化的差异也能进一步加深认识。

7. 画龙点睛法

画龙点睛法是指导游人员用凝练的词句，概括所游览景点的独特之处，给游客留下突出印象的导游方法。

【导游词范例】旅游团游览南京后，导游人员用"古、大、重、绿"这四个字来描绘南京的风光特色。所谓"古"，是指南京有着悠久的历史，曾是六朝古都；所谓"大"，是指南京有中国最大的桥和最大的城墙；所谓"重"，是指南京在历史上有"虎踞龙盘"之称，地位重要；所谓"绿"，是指南京树木繁多，平均每人占有 10 余棵树，绿色也是南京的特色之一。

【点评】导游人员以简练的语言，甚至几个字，点出景物精华之所在，帮助游客进一步领略其中奥妙，从而获得更多、更高的精神享受。

三、创造声音表情的技巧

创造声音表情的技巧也是导游语言艺术的一个重要部分，是体现导游人员自身能力的一个重要环节，因为刺耳的、瓮声瓮气的或有气无力的声音会起到阻碍作用，使人感到不快。导游人员要巧妙利用有声音但无固定意义的各种手段，比如发音、音质和音调的高低与强弱、音量的大小、语调的快慢、停顿等，与游客进行有效的交流。创造声音的表情是一种调动语音技巧的综合性能力。

(一)音量大小适中

音量是指声音振幅的大小程度。对导游人员来说，把握音量是要根据讲解内容和讲解对象、场合的不同需要以及要求来控制声音的大小。例如，在景点讲解时，音量大小、声音高低以游客听清为衡量标准。音量过大形成噪声，对游客是一种刺激和污染，时间长了会引起游客的烦躁情绪；声音过低，音量太小，则会使游客听起来吃力，容易疲劳，同时会使游客感到导游人员对讲解没有把握或自信心不足，更重要的是，导游人员的声音太小，游客听不请他在讲什么，从根本上起不到导游语言传递信息的基本作用，直接影响到导游服务的质量。因此，导游讲解中应将主要信息的关键词语加大音量，强调其主要语义。例如，"我们将于 8:50 出发。"这里应主要强调出发的时间，以提醒游客注意。

(二)语调调谐适度

语调是根据表达内容和表达者内心感情的起伏变化来决定的，主要有升调、降调、平调、曲调等。它有十分重要的表达情感的作用，被称为"情感的晴雨表"。在导游讲解过程中，如果能够根据不同的讲解内容和不同情感的表达需要而对语调进行创造性的处理，高潮时语调高亢激扬，低潮时语调低沉平稳，就会使讲解声情并茂，并使游览内容的内涵和导游人员的情感得以充分表现，有助于引起游客的共鸣，给游客留下深刻的印象。而语调平平的导游讲解，听起来缺乏生气，味同嚼蜡。

(三)语速快慢相宜

在导游讲解过程中，导游人员应根据讲解的具体要求和需要来控制自己说话的速度。在正常情况下，比如叙述、说明、解释时，一般用中速表达；在庄重场合或需要表现冷静的风格时，一般用慢速表达；在需要讲解情绪大起大落或需要表现昂扬激荡的情感或表达重要的评论时，可用快速表达。尤为重要的是，导游人员要善于根据讲解内容来控制语速，以增强导游语言的艺术性。

同时，导游人员还要注意观察游客的反应、理解能力等，根据当时的具体情况决定语速的快慢。例如，在刚刚接到旅游团，导游人员致欢迎辞时的讲话速度，就应比平时慢一些，声音略大些，最好不使用扩音器。这样不仅能使游客听到导游人员真实的声音，而且可以清楚地看到导游人员讲话时的口型，有助于缩短游客适应导游语言的时间，尽快为做好导游服务创造最基本的条件。待游客逐渐适应了导游人员的语音、语调后，再适当加快语速。总之，该快则快，该慢则慢，快慢结合，徐疾有致。

(四)讲究停顿

停顿是指导游人员讲解中短暂的中止时间。所谓"中止时间"，并非是指导游人员在讲解时因需要休息才停顿片刻的沉默，而是为了使讲解能收到心理上的反应效果，突然故意把话头中止。假如讲解一直滔滔不绝、口若悬河，不但无法集中游客的注意力，更有甚者还会使讲解变成催眠曲。反之，如果说话吞吞吐吐老半天才说出一句话，或在不该停顿的地方停顿了，不仅会使游客的注意力涣散，而且容易使人产生语言上的歧义。因此，这里所说的停顿，是指语句之间、层次之间、段落之间的间歇。据专家统计，最容易使听众听懂的谈话，其停顿时间的总量约占全部谈话时间的35%~40%。

总之，导游人员讲解时要注意停顿，要使语言变得流畅而有节奏，这样才可以收到"大珠小珠落玉盘"的效果。

第四节　导游态势语言艺术

态势语言艺术是以人的动作、表情、服饰等来传递信息的一种无声伴随语言。美国心理学家克特·W.巴克(Kurt W. Back)把态势语言分为三类：第一类是动态无声的态势语言，如点头、挥手、微笑、眼神等；第二类是静态的态势语言，如姿态、服饰、发型等；第三类是有声的态势语言，如叹气、咳嗽等。在导游语言中，态势语言是一种运用较多的沟通方式，主要有如下几种。

一、服饰语

服饰语是通过服装和饰品传递的信息。它是一个导游人员整体面貌的主要组成部分，显示人的修养、气质、爱好、精神风貌和民族风俗等。因此，导游人员必须讲究服饰的规范、协调和整洁。

导游人员在导游活动中，服装必须符合目前国际上公认的 TPO 衣着原则。"T"(time)指时间，通常也用来表示日期、季节、时代；"P"(place)代表地点、场合；"O"(object)代表目的、目标、对象。导游人员在工作时应穿制服或比较正式的服装，并佩戴导游标志。通常，导游人员的制服为上下同色、同质的毛料中山装或西装，配黑色皮鞋；便服则为各种式样的外衣及长西裤或休闲裤，配以颜色相宜的皮鞋、旅游鞋或布鞋。女性可按季节与活动性质的不同，穿西装(下身为西裤或裙)、民族服装，或中式上衣配长裙、长裤、连衣裙等。夏天也可穿短袖配裙子或长裤，最好不要穿无袖上衣或无袖连衣裙。

导游人员的装饰、佩戴应有严格的要求。女性导游人员可略施粉黛，美化自己，但切忌浓妆艳抹。首饰不宜戴得过多，把自己打扮得珠光宝气、花枝招展，反而显得矫揉造作，不合身份。装饰佩戴的基本要求是美观、大方、得体、雅而不俗。

导游人员服装的色彩本身具有浓厚的感情成分，深色让人感觉庄重深沉，浅色给人以轻松舒展之感。白色纯洁，蓝色恬静，红色热情，黄色明亮，导游人员可根据不同的场合选用不同色彩的服装。

总之，男女导游人员都必须衣冠楚楚，但不可过分。他们的服装不可太时髦，又不能太土气，既不能太显眼，又不能毫不引人注意。服装要既能体现他们的工作性质特点，又能让游客容易分辨。

二、姿态语

姿态语作为自然语言的补充，是建立在贴切而不夸张、自然而不做作、简练而不滥用的基础上的。导游人员的身体动作要有助于传递和强化语义，而一些下意识的动作，如抓头、身体左右摇摆、手不停地舞动、一只脚不停地颤动等缺乏一定的含义并且容易分散游客的注意力，有损于语言的传播效果。

举止姿态既要符合人的生理特点、身份和性格特征，又要符合讲解内容、场合和气氛，还要讲究适度和分寸。动作过大或姿态不自然，都会破坏和谐。一般说来，男导游人员应该有刚毅之美，如果站立时弓背、抽肩、缩胸，就会给人一种病态和猥琐之感，也破坏了人体应有的平衡。女导游人员应有温柔之美，走路要轻盈，手势要灵巧，站着要亭亭玉立。如果一个女导游人员导游讲解时经常手势大张大合，走起路来头摇肩动、扭腰摆臀，就失去了女性应有的美感。

三、手势语

手势语是通过手的挥动和手指动作来表达语义和传递信息的一种态势语言，它也是一种重要的信息传递方式，有强化口语的作用，有时还能表达口语中难以表述的内容。它包括握手、招手、手指动作等。古罗马政治家西塞罗曾说："一切心理活动都伴有指手画脚等动作，手势恰如人体的一种语言。"

一般说来，向上伸开手掌表示欢迎及对客人的尊重，愿意同客人坦率地交谈；手掌心向下通常是不够坦率、缺乏诚意的冷淡暗示，甚至有贬低对方的意味；攥紧拳头则表示进攻、自卫或愤怒；用手指着谈话的伙伴有教训人的意味；背着手是表示消极等待和闲散；把手贴在嘴上，表示无把握；摸头发与抓耳挠腮表示没有把握；用手摸脸表示拒绝与疲惫；把手插在衣袋里，除表示瞧不起对方外，有时还包含某种意图或威胁等。

有些手势世界各地含义不同，使用时要看对象和场合，不能乱用。如表示赞扬和允诺的"OK"手势，世界大多数人都理解，而且是亲切友善的自然表露；但在法国南部喝葡萄酒时用此手势，表示酒质低劣；而在巴西、马耳他和希腊，这是一句无声而恶毒的骂人话。竖起大拇指，在中国表示赞扬，在日本表示"老爷子"，在希腊表示叫对方"滚开"，在法国、澳大利亚、英国、新西兰等国表示请求搭车，而在一些特殊场合是侮辱人的信号；伸出食指和中指，在中国表示数字"2"，在英国、美国等国家则因它像字母"V"而表示胜利；用拇指和食指构成"0"形手势，在中国表示数字"零"，在日本表示金钱，在讲英语的国家表示"OK""对""好"，但在法国表示没有或微不足道，而在巴西、希腊和一些阿拉伯国家，这个手势表示诅咒或是一种粗俗下流的动作；伸出小指，在日本表示女人、女孩子、恋人，在菲律宾表示小个子，在泰国、沙特阿拉伯表示朋友，在缅甸、印度表示去厕所，而在美国、韩国、尼日利亚等国家表示打赌。

与使用有声语言一样，导游人员应使用表示尊重、欢迎、理解等意思的手势语言，而不能使用表示命令、愤怒、侮辱性的手势语。

四、表情语

面部表情是导游人员心灵的窗户，在导游讲解时同样起着重要作用，导游人员必须时刻注意自己的面部表情。亲切、友好、笑容可掬的表情会使人如沐春风，而冷淡严肃的表情则令人如坠冰窟。

(一)目光语

目光语是通过视线沟通所传递的信息，它是一种更复杂、更微妙、更富有表现力的语言。"眼睛是心灵的窗户"，透过眼睛可以折射出人们心灵深处的各种复杂情感。恩斯特·科尔夫在《对人的判断与领导》一书中对目光语有一段精辟的论述："自己在与他人进行交谈时，应当寻求目光接触，即看着对方，但决不能死盯着人家。这样说不是没有道理。如果自己死盯着别人看，就会使对方觉得受到了监视。目不转睛地看人，会使人觉得很不舒服，很刺人。然而，人人又都希望别人看着自己，就是说，双方都想建立接触。眼睛望着对方就能快捷地同对方建立联系。但是，自己望着别人时，目光要柔和，要能抓住对方整个人并向他表明自己愿意与他进行密切的接触。这样，双方就会通过目光向对方打开心扉，实现他们要接触的愿望。"

导游人员在运用目光语时要掌握以下三点。

1. 目光注视的部位

导游人员在工作中特别是在导游讲解时，应把视线停留在游客的双眼与嘴部之间。这种部位的注视，有利于传递友好、礼貌的信息。

2. 目光注视时间的长短

导游人员在与游客交谈或讲解时，视线接触的时间应占全部时间的 40%左右。超过 60%则时间太长，长时间目不转睛地盯着某一游客是一种失礼的行为，也容易引起别人的误解；注视时间过短，少于讲话时间的 20%，长时间不看游客，会被误解为导游人员心不在焉，也是一种失礼的表现。

3. 目光注视的方式

导游服务中目光注视的方式以正视和环视为宜。与个别游客交谈时用正视表示庄重和尊重；在为团队致辞或讲解时要用环视和正视的方式。不能仰视"看天"，表现得目中无人和高傲；也不能俯视"看地"，因为那是自信心不足的表现，难以取得游客的信任；在饭店、车厢等室内场合，导游人员的目光不要长时间停留在个别或少数游客身上，也要避免背对游客，使游客看不到导游人员的面部表情，前后左右的游客都要照顾到，使处在每个位置上的游客都不会产生受到冷落的感觉。这有助于创造友好、和谐、服务周到的良好气氛。

总之，导游人员的目光应该是开诚布公的，对人表示关切的，是一种从中可以看出理解和诚意的目光。

(二)微笑语

人类的笑种类繁多，含义各异，有大笑，有苦笑，有开心的笑，有冷酷的笑，有眉开眼笑，有皮笑肉不笑等。在所有的笑中，微笑被称为"世界通用语""交际世界语"，它无须翻译，在世界各民族文化中，其语义基本相同。

微笑语，是通过不出声的笑，即面部略带笑意来进行信息的传递。微笑语的内涵非常丰富，既可表示友好、愉快、欢迎、尊重、欣赏，又可表示歉意、拒绝、否定等口头语言不便或不能传达的含义。

在导游工作中，微笑是友好的使者，是礼貌的表示。特别是当初次与旅游者见面时，导游人员主动亲切的微笑，能迅速消除旅游者的陌生感和不安感，缩短双方的心理距离。在游览过程中，微笑能说服旅游者接受导游人员的正确意见，化解彼此间的误解和不愉快。在最困难的局面中，有分寸的微笑，再配上镇静和适度的举止，对于贯彻自己的主张、争取到他人的合作能起到不可估量的作用。另外，微笑还可以美化导游人员的形象，是导游人员平和纯朴、真诚自信的外化。

当然，轻松友善的微笑只能是发自内心的。只有当导游的积极态度是发自内心时，他才可能面带自然的微笑。

补充阅读材料：

1986年4月27日《中国青年报》报道，在法国巴黎的商店、饭馆、医院等场所处处可见贴着一首提倡微笑的小诗：

微微一笑并不费力，但它带来的好处却无法算计。

得到一个笑脸会觉得是个福气，给予一个笑脸也不会损失分厘。

微微一笑虽然只需几秒，她留下的记忆却不会轻易逝去。

没有谁富有得连笑脸也拒绝看到，也没有谁贫穷得连笑脸也担当不起。

微笑为您的家庭带来和顺美满，

微笑支持您在工作中百事如意，

微笑还能帮助传递友谊。

对于疲劳者她犹如休息，

对于失意者她仿佛鼓励，

对于伤心者她恰如安慰，

"解语之花""忘忧之草"的美名，

她当之无愧，

她买不来，借不到，偷也偷不去，

因为她只能在给人之后才变得珍贵。

本章案例讨论

【案例1】西安一位导游人员在去兵马俑的路上给一群美国人作专题介绍，只见他高举右手，伸出拇指和食指，做成"8"的手势对老外说："秦始皇兵马俑堪称世界第八大奇迹……"每当此时，他都能从老外的眼神中读出"疑惑"和"不解"。于是他也感到"疑惑"和"不解"，是老外不认同这"世界第八大奇迹"的提法还是他这句话有什么语法错误？直到有一天，一位会讲汉语的美国领队给他揭开了这个谜底：原来老外不明白他做的那个手势的含义。按照老外的理解，这个手势应该是"手枪"，是"枪毙"的意思。说的是"世界第八大奇迹"，做的手势却是"枪毙"，老外能理解吗？至于老外打手势表示"8"，应该是右手伸出一个巴掌，表示"5"，左手再伸出3个手指头，而且是伸拇指、食指和中指，而不是像中国人的习惯那样伸出食指、中指和无名指来表示"3"。

案例思考题：导游人员在使用手势语的时候应该注意什么？

【案例2】有一名导游人员在参加资格考试时，理论和现场考试成绩都不错，但在以后的带团过程中游客的反应却不理想，究其原因就是他在带团时不懂微笑，给游客总是一张没有表情的脸。一天，旅行社的老总借给他一盒录像带，当他打开电视机观看录像带时，屏幕上出现了他带团时的那张脸，噢！毫无表情，不知是哪位游客拍摄的。从那以后，他经常练习微笑，对着镜子练，和同事交谈时练，并且时时处处地提醒自己注意，经过一段时间的训练，他终于养成了微笑的习惯。

案例思考题：这个案例说明了什么问题？

 思考题

1. 导游语言的运用应注意哪些原则？

2. 常用的导游讲解方法有哪些？

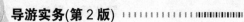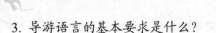

3. 导游语言的基本要求是什么?

4. 导游人员在运用口头语言时，应如何让自己的语言更具魅力?

第四篇 常识篇

导游服务相关知识

第九章

导游服务相关知识

【学习要点和目标】

　　本章主要介绍导游人员在为旅游者提供服务的过程中需具备的旅游服务知识。通过对本章的学习，读者应了解与掌握旅游服务的相关知识，如入出境知识、交通知识、货币知识、保险知识、卫生保健知识及行李托运知识等，以提高导游人员的业务能力和个人素质。

【关键词】

　　入出境　交通　货币　保险　礼仪　卫生　行李　时差

第一节　入出境知识

世界上每个主权国家或地区，对入出境人员均实行严格的检查制度。入出境知识已成为导游人员知识体系中重要的组成部分。

一、入出境应持有的证件

世界上每个主权国家和地区对出入境旅客实行严格的检查制度。只有具备合法身份的人员，才能入出境。外国人、华侨、港澳台同胞及中国公民入出境，均须持有效证件在政府指定口岸向边防检查站(由公安、海关、卫生检疫三方组成)交验有效证件，填写入境卡，经边防检查站查验核准加盖验讫章后方可入境。

有效证件是指各国政府为其公民颁发的出国证件。其种类很多，不同类型的人员使用的有效证件名称也不同，如供国际航班机组人员使用的是"执照"，供国际海员使用的是"海员证"，邻国边境居民使用的是"边民证"，港澳同胞使用的是"港澳居民来往内地通行证"，台湾同胞使用的是"台湾居民来往大陆通行证"等。绝大多数外国游客和中国公民使用的是护照以及前往国在护照中签注和盖印的签证。

我国旅游业中经常接触到的有效证件主要有护照、签证、港澳居民来往内地通行证、台湾居民来往大陆通行证、港澳通行证、大陆居民往来台湾通行证、居民身份证和边境通行证等。

(一)护照

护照(passport)是一国主管机关发给本国公民出国或在国外居留的证件，证明其国籍和身份。

1. 护照的类别

1)　外交护照

外交护照发给政府高级官员、国会议员、外交官员、领事官员、负有特殊外交使命的人员及其随行配偶、未成年子女和政府代表团成员等。持有外交护照者在国外享受外交礼遇(如豁免权)。

2)　公务护照

公务护照发给政府一般性官员，驻外使、领馆工作的人员以及因公务派往国外执行文化、经济等任务的人员。

3)　普通护照

普通护照发给前往外国定居、探亲、学习、就业、旅行、从事商务活动等非公务原因出国的普通公民。

2. 我国护照

根据我国 2007 年 1 月 1 日起施行的《中华人民共和国护照法》第 3 条规定，我国现行护照分为普通护照外交护照和公务护照。

普通护照由公安部出入境管理机构或者公安部委托的县级以上地方人民政府公安机关出入境管理机构以及中华人民共和国驻外使馆、领馆和外交部委托的其他驻外机构签发。旅游护照属于普通护照。外交护照由外交部签发。公务护照由外交部、中华人民共和国驻外使馆、领馆或者外交部委托的其他驻外机构以及外交部委托的省、自治区、直辖市和设区的市人民政府外事部门签发。

普通护照的登记项目包括护照持有人的姓名、性别、出生日期、出生地，护照的签发日期、有效期、签发地点和签发机关。护照持有人未满 16 周岁，普通护照有效期为 5 年，护照持有人 16 周岁以上，普通护照有效期为 10 年。外交护照、公务护照登记项目包括护照持有人的姓名、性别、出生日期、出生地，护照签发日期、有效期和签发机关。外交护照和公务护照有效期最长不超过 5 年，其签发范围、签发办法、有效期以及公务护照的具体类别，由外交部规定。

自 2012 年 5 月 15 日起，全国公安机关出入境管理部门正式签发电子普通护照。电子普通护照是在传统本式普通护照中嵌入电子芯片，并在芯片中存储持照人个人基本资料以及面部肖像、指纹信息的新型本式证件。电子普通护照具有较强的数字防伪和物理防伪性能。

(二)签证

签证是一国主管机关在本国或外国公民所持的护照或其他旅行证件上签注、盖印，表示准其出入本国国境或者过境的手续。随着科技的进步，有些国家已经开始签发电子签证和生物签证，大大增强了签证的防伪功能。任何一个主权国家，有权自主决定是否允许外国人入出其国家，有权依照本国法律颁发签证、拒发签证或者对已经签发的签证宣布吊销。

个人签证是指做在每个申请人的护照或其他国际旅行证件上的签证。团体签证是指做在一个团体名单上的签证。持用同一团体签证的人员必须随团一同入出境。

签证在一国查控入出境人员、保护国土安全、防止非法移民和犯罪分子等方面发挥了重要作用。

1. 签证类别

世界各国的签证一般分为入境签证和过境签证两个类别，有的国家还有出境签证。中国的签证分为入境签证和过境签证两个类别。

1)　入境签证

入境签证是准予持证人在规定的期限内，由对外开放或指定的口岸进入该国国境的签证。中国入境签证自颁发之日起生效，有的国家另行明示入境签证生效日期。

2)　过境签证

过境签证是准予持证人在规定的期限内，由对外开放或指定的口岸经过该国国境前往第三国的签证。要取得过境签证，须事先获取目的地国家的有效入境签证或许可证明(免签国家除外)。按国际惯例，有联程机票，在 24 小时之内不出机场直接过境人员一般免办签证，但部分国家仍要求过境本国的外国人办理过境签证。

3) 出境签证

出境签证是准予持证人经对外开放或指定的口岸离开该国国境的签证。有些国家不限出境口岸。包括中国在内的很多国家已取消出境签证，外国人在签证准予停留的期限内或居留证件有效期内凭有效证件出境。

4) 其他类别

有的国家还设立有入出境签证、出入境签证和再入境签证等类别。中国现行签证中无这些类别。

口岸签证，指一国签证机关依法在本国入境口岸向已抵达的外国人颁发的签证，以便当事人及时入境处理紧急事务。实行口岸签证的国家都规定有申办口岸签证的条件和程序。有一些国家把口岸签证称为落地签证，办理落地签证手续相对简单。

2. 我国签证种类

根据持照人身份、所持护照种类和访问事由不同，我国一般将签证分为外交签证、礼遇签证、公务(官员)签证和普通签证四种。现在分别介绍如下：

1) 外交签证

外交签证(Diplomatic Visa)是一国政府主管机关依法为进入或经过该国国境应当给予外交特权和豁免的人员所颁发的签证。外交签证一般发给持外交护照的人员。签证颁发国依据本国法规和国际惯例，给予持证人相当的方便、优遇、特权和豁免。

2) 公务签证

公务签证(Service Visa)是一国政府主管机关依法为进入或经过该国国境应当给予公务人员待遇的人士所颁发的签证。有的国家将该种签证称为官员签证(Official Visa)。公务签证一般发给持公务护照人员。官员签证(Official Visa)是公务签证的一种，指一些国家向持有官员护照的申请人颁发的符合其官员身份的签证，其效力同公务签证。颁发官员护照的国家一般实行相应的官员签证制度。中国没有官员签证制度。中国签证机关通常为来华执行公务的持官员护照的外宾颁发公务签证。

3) 礼遇签证

礼遇签证(Courtesy Visa)是一些国家政府主管机关依法为进入或经过该国国境可给予相应礼遇的人员所颁发的签证。这些人一般是身份高但又未持有外交护照的人员或已卸任的外国党政军高级官员及知名人士。签证颁发国根据本国法规和国际惯例，给予持证人应有的尊重和礼遇。

4) 普通签证

普通签证(Visa)是一国政府主管机关依法为因私人事务进入或过境该国的人员颁发的一种签证。普通签证一般发给持普通(因私)护照或其他有效国际旅行证件的人员。

旅游签证属于普通签证。

3. 签证的办理

希望进入我国境内的外国人必须持有效护照(必要时提供有关证明，如来华游客申请签证，须出示中国旅游部门的接待证明)向中国的外交代表机关、领事机关或者外交部授权的其他驻外机关申请办理签证。签证上规定有持证者在中国境内停留的起止时间、期限不等。

获签证者必须在有效期内进入中国境内，超过期限则签证不再有效。10 人及以上的旅游团可以发放团队签证。团队签证一式三份，签发机关留一份，来华旅游团两份，一份用于入境，一份供出境使用。

　　在特定情况下，确实来不及到上述机关办理签证手续者，可向公安部授权的口岸签证机关申请办理签证。许多国家为方便旅游者，允许旅游者在入境时直接向口岸签证机关申请办理签证，通常称之为"落地签"。中国公安部授权的口岸签证机关最早设立的口岸是北京、上海、天津、大连、福州、厦门、西安、桂林、杭州、昆明、广州(白云机场)、深圳(罗湖、蛇口)、珠海(拱北)、重庆、海口、三亚、济南、青岛、烟台、威海、成都和南京。

　　目前，世界上不少国家开通了电子签，这样办理签证可以足不出户，直接在智能手机上操作即可，而且签证进度、何时出签，也可在手机端实时显示。目前可申请电子签证的国家有澳大利亚、新西兰、柬埔寨、韩国(针对旅游团游客)、新加坡、阿联酋、斯里兰卡、印度、马来西亚、土耳其、缅甸、肯尼亚、瓦努阿图、科特迪瓦、卡塔尔、索马里、塞内加尔、格鲁吉亚、阿塞拜疆和赞比亚等。

4. 免办签证的几种情况

　　一般情况下，境外旅游者进入我国国境都必须办理签证手续，但以下几种情况可以免办签证。

　　(1) 国家间签订了互免签证协议。截至 2019 年 1 月，有 72 个国家和地区对中国公民实行免签或落地签证政策，其中与中国互免普通护照签证的国家和地区有 14 个，单方面对中国公民持普通护照免签的国家和地区有 15 个，单方面允许符合条件的持普通护照的中国公民抵达入境口岸时，办理落地签证的国家和地区有 43 个(见表 9-1)。

表 9-1　对持普通签证对我国公民实行免签或落地签的国家和地区(2019 年 1 月)

政策类型	国家和地区
互免普通护照签证(14 个)	圣马力诺、塞舌尔、毛里求斯、巴哈马、斐济、格林纳达、汤加、厄瓜多尔、阿联酋、巴巴多斯、塞尔维亚、白俄罗斯、波黑、卡塔尔
单方面对中国公民持普通护照免签(15 个)	印度尼西亚、韩国(济州岛等地)、摩洛哥、法属留尼汪、突尼斯、安提瓜和巴布达、海地、南乔治亚和南桑威奇群岛 (英国海外领地)、圣基茨和尼维斯、特克斯和凯科斯群岛(英国海外领地)、牙买加、多米尼克、美属北马里亚纳群岛(塞班岛等)、萨摩亚、法属波利尼西亚
单方面允许符合条件的持普通护照的中国公民抵达入境口岸时办理落地签证(43 个)	亚洲(19 个)：阿塞拜疆、巴林、东帝汶、印度尼西亚、老挝、黎巴嫩、马尔代夫、缅甸、尼泊尔、斯里兰卡、泰国、土库曼斯坦、文莱、伊朗、亚美尼亚、约旦、越南、柬埔寨、孟加拉国
	非洲(16 个)：埃及、多哥、佛得角、加蓬、几内亚比绍、科摩罗、科特迪瓦、卢旺达、马达加斯加、马拉维、毛里塔尼亚、圣多美和普林西比、坦桑尼亚、乌干达、贝宁、津巴布韦
	美洲(4 个)：玻利维亚、圭亚那、苏里南、圣赫勒拿(英国海外领地)
	大洋洲(4 个)：帕劳、图瓦卢、瓦努阿图、巴布亚新几内亚

注：印度尼西亚同时实行免签和落地签政策。免签入境并不等于可无限期在协定国停留或居住，根据协定要求，持有关护照免签入境后，一般只允许停留不超过 30 日。落地签并非直接持护照到达目的地即可获得签证。值得注意的是，无论是哪个国家，都要求游客持有往返机票或前往第三国的机票和正确的旅行证件才能办理落地签。

(2) 过境免签。过去我国对持有联程客票,搭乘国际航行的航空器、船舶、列车,从中国过境前往第三国或者地区的游客,准许在部分城市的机场停留不超过24小时,但不得离开该口岸。从2013年开始,为了吸引更多外籍人士来华旅游和消费,国务院陆续批准北京、上海、广州、成都、重庆、沈阳、大连、西安等10余个城市口岸,对美国、英国、法国、德国、意大利、韩国、新加坡等51个国家公民实行72小时过境免签政策,即上述国家的游客若持有第三国签证和72小时内确定日期、座位前往第三国(地区)的联程机票,可以在不持有中国签证的情况下,从这些城市口岸入境和出境,并在该城市行政区划内停留72小时。从2018年起,北京、天津、河北、辽宁、上海、浙江、江苏、广东等部分城市口岸和厦门、青岛、武汉、成都、昆明实行了144小时过境免签。不过需要注意的是,过境免签政策只针对在口岸城市直接入境的外国人,已经在中国其他城市入境的外国游客是不能享受此政策的。

(3) 持有与中国建交国家的普通护照已在香港、澳门的外国人,经在香港、澳门合法注册的旅行社组团进入广东珠江三角洲地区(指广州、深圳、珠海、佛山、东莞、中山、江门、肇庆、惠州市所辖行政区)旅游,且停留时间不超过6天。

(4) 经国务院旅游主管部门批准在海南注册的国际旅行社组织的外国人旅游团(5人及以上)到海南省旅行,且停留时间不超过15天。

(5) 新加坡、文莱、日本三国持普通护照的公民,前来中国大陆旅游、经商、探亲访友或过境不超过15天者,从中国对外国人开放口岸入境时。

(三)港澳居民来往内地通行证

港澳同胞回内地旅游、探亲,原来可凭"港澳同胞回乡证"入境、出境。为加快口岸验放速度,方便港澳居民来往内地,公安部决定将"港澳同胞回乡证"改为"港澳居民来往内地通行证",自1999年1月15日起正式起用。2012年12月28日,为提高港澳居民来往内地通行证的防伪性能,公安部决定启用新版通行证,由公安机关签发给定居在香港特别行政区或者澳门特别行政区的中国公民。通行证的有效期分为5年和10年。申请人年满18周岁的,签发10年有效通行证,未满18周岁的,签发5年有效通行证。

香港居民可亲自到香港中国旅行社办理,申请人需提交申请表,纯白色背景彩色近照,及香港身份证明文件正副本。持有效港澳居民来往内地通行证(回乡卡)而需换领新证者,亦可选择到香港中国旅行社门市内购买专用投放信封,将申请文件投放在办证门市的投放箱内。澳门居民则须前往位于罗理基博士大马路南光大厦的澳门中国旅行社办理。2020年10月10日,港澳居民可在内地申请换发补发港澳居民来往内地通行证,即港澳居民可向全国任一县级以上公安机关出入境管理部门申请换发补发港澳居民来往内地通行证。

(四)台湾居民来往大陆通行证

台湾居民来往大陆通行证,简称"台胞证",是中国政府发给台湾地区居民往来大陆地区观光、商务、探视的身份证明书。台湾居民来往大陆通行证分为5年有效和3个月一次有效两种。目前,台湾居民前往大陆时,仍需持"中华民国"护照出关,至大陆边检时,再以台胞证入境。台胞从台湾、香港、澳门地区来大陆的,可以向外交部驻香港、澳门特

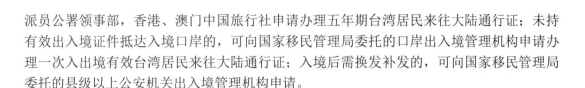

派员公署领事部，香港、澳门中国旅行社申请办理五年期台湾居民来往大陆通行证；未持有效出入境证件抵达入境口岸的，可向国家移民管理局委托的口岸出入境管理机构申请办理一次入出境有效台湾居民来往大陆通行证；入境后需换发补发的，可向国家移民管理局委托的县级以上公安机关出入境管理机构申请。

(五)往来港澳通行证

往来港澳通行证，全称为"中华人民共和国往来港澳通行证"，简称"双程证"，是由中华人民共和国出入境管理局签发给中国内地居民因私往来香港或澳门地区旅游、探亲、从事商务、培训、就业、留学等非公务活动的旅行证件。

目前，内地居民要到港澳旅游，必须办理中华人民共和国往来港澳通行证并申请港澳旅游签证，内地居民可以到户口所在地的市、县公安出入境管理部门提出申请。2019 年 4 月 1 日起，中华人民共和国往来港澳通行证，实行"全国通办"。申请人可异地申办赴港澳台团队旅游签注，还可在自助签注机上办理，立等可取。

往来港澳通行证分为探亲签注(T)、商务签注(S)、团队旅游签注(L)、个人旅游签注(G)、其他签注(Q)和逗留签注(D)。持证人须在往来港澳通行证和签注有效期内，按照规定的次数和停留时限往来香港或者澳门。

往来港澳通行证未满 16 周岁的有效期为 5 年，成年人电子往来港澳通行证有效期延长为 10 年。

(六)往来台湾地区通行证

往来台湾地区通行证全称为"大陆居民往来台湾地区通行证"，是大陆居民往来台湾地区唯一合法的旅行证件，由中华人民共和国政府授权中国公安机关颁发。此外，赴台旅游还须在户口所在地公安局出入境管理处办理"入台观光证"。赴台旅游时一定要手持双证，否则会遭到遣返。

(七)居民身份证

居民身份证是我国政府发给中国公民的身份证明，由各地公安部门颁发。国内旅游者在乘坐国内航班或进入边防特区、边境城市旅游时必须持居民身份证或与边境通行证协同使用。居民身份证有效期不等，通常有 10 年有效期居民身份证和 20 年有效期居民身份证两种。

(八)边境通行证

边境通行证是我国政府发给中国公民用以入出边防特区或边境地区的通行证件，一般由各地公安部门颁发。我国旅游者在进入边防特区、边境旅游城市或进入与我国毗邻的其他国家短期旅游时必须申请办理边境通行证。边境通行证有效期不等，旅游者必须在规定期限内前往上述地区，超过期限则此证不再有效。

二、出入境手续的办理程序

(一)办理出入境手续

世界各国对入出境旅客均实行严格的检查手续。办理这些手续的部门，一般设在旅客出入境地点，如机场、车站、码头等。旅客出入境一般要经过以下四种检查手续：海关检查、卫生检疫、边防检查、安全检查，但不同的国家检查的内容及所办手续会有所不同。

办理出入境手续是比较复杂的一项工作，导游要对各项手续十分熟悉，以便能够带领旅游团队顺利完成出入境的各项工作。

1. 海关检查

海关是国家设在口岸上对进出国境的货物、物品、运输工具等执行监督管理并征收关税的机关。世界上各国普遍都设立海关，对出入境人员携带的货物进行检查，因此公民出国不仅在出境时要接受本国海关的检查，在抵达外国入境口岸时，同样要接受外国在卫生检疫和护照签证的查验，并在提取托运行李之后办理海关手续。因各国国情不同，海关监督检查的范围也不同，但是对入出境旅客携带物品行李的查验，都有明确的规定。哪些可以免税，哪些需要征税，旅客随身携带的烟酒、香水、个人使用的衣物和纪念品等常常限量。

根据《中华人民共和国海关法》和《中华人民共和国海关对进出境旅客行李物品监管办法》的规定，出入境旅客行李物品必须通过设有海关的地点出入境，并接受海关监督。

1) 海关检查形式

世界各国海关对外国旅客或非当地居民的检查，常有以下四种情况。

第一种，免验。西欧一些机场在海关写明"不用报海关"；或者海关处根本无人。

第二种，口头申报。旅客不需要填写海关申报表，过海关时，海关人员只口头询问所带物品，通常不用开箱检查。

第三种，旅客需填写海关申报单，但是在通过海关时，海关人员只是询问是否携带了海关所限制的物品，很少开箱检查。

第四种，旅客须填写海关申报表，通过海关时还要开箱检查。

前三种做法较普遍，第四做法较少。

2) 海关申报内容

海关申报单的内容有简有繁，申报重点也有所不同。其可能涉及的项目有：姓名、出生日期和地点、国籍、航班号、居住国、永久地址、在逗留国家的住址、随行家属姓名及与本人关系、签证日期、签证地点、随身携带物品如现金、支票、手表、摄影机、摄像机、黄金、珠宝、香烟、酒、古董等。

3) 海关通道

海关通道分为"红色通道"和"绿色通道"两种。不明海关规定或不知如何选择通道的旅客，应选择红色通道通关。

(1) 红色通道。

红色通道也称"应税通道"。旅游团到达出境地点，需要办理纳税或海关批注验放手续

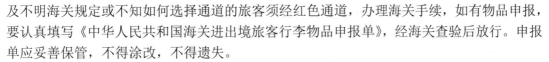

及不明海关规定或不知如何选择通道的旅客须经红色通道，办理海关手续，如有物品申报，要认真填写《中华人民共和国海关进出境旅客行李物品申报单》，经海关查验后放行。申报单应妥善保管，不得涂改，不得遗失。

(2) 绿色通道。

绿色通道亦称"免税通道"或"无申报通道"。携带无须向海关申报物品的游客和持有中国主管部门给予外交、礼遇签证的外国籍人员及海关给予免验礼遇的人员，可选择"绿色通道"通关，但需向海关出示本人证件和按规定填写申报单据。

4) 我国部分限制入出境物品

中国在对外开放的贸易港口、国际联运火车站、国际航空站都设有海关，申报并接受海关人员的检查。检查的目的，主要是确认旅客所依赖的行李物品是否符合有关规章、法令，并分别予以免税或纳税。法律规定不许可出境或入境的物品可予以罚没。

我国海关限制进出境的主要物品有以下几种。

(1) 烟酒。

来往港澳地区的旅客可携带香烟 200 枝或雪茄 50 枝或烟丝 250 克,酒 1 瓶(不超过 0.75 升);当天往返或短期内多次来往港澳地区的旅客可携带香烟 40 枝或雪茄 5 枝或烟丝 40 克,不准免税带进 12 度以上的酒精饮料;其他进境旅客携带香烟 400 枝或雪茄 100 枝或烟丝 500 克，酒 2 瓶(不超过 1.5 升)。

(2) 旅行自用物品。

非居民旅客及持有前往国家和地区本次入境签证的居民旅客携带自用物品限照相机、便携式收/录音机、小型摄影机、手提式摄录机、手提式文字处理机各一件，超出范围的，需向海关如实申报，并办理有关手续。经海关放行的旅行自用物品，旅客应在回程时复带出境。

(3) 金、银及其制品。

旅客携带金、银及其制品进境应以自用合理数量为限，其中超过 50 克的应填写申报单证，向海关申报；复带出境时，海关凭本次进境申报的数量核放。

携带或托运出境在中国境内购买的金、银及其制品(包括镶嵌饰品、器皿等工艺品)，海关验凭中国人民银行制发的"特种发票"放行。

(4) 外汇。

根据国家外汇管理局和海关总署于 2003 年 8 月 28 日联合发布的《携带外币现钞出入境管理暂行办法》，旅客携带外币、旅行支票、信用证等入境，数量不受限制。旅客携带外币现钞入境，超过等值 5000 美元的应当向海关书面申报；复带出境时，海关验凭本次进境申报的数额核放。旅客携带上述情况以外的外汇出境，海关验凭国家外汇管理局制发的"外汇携带证"查验放行。

(5) 人民币。

旅客携带人民币出入境，应当按照国家规定向海关如实申报。自 2005 年 1 月起，我国公民出入境、外国人入出境，每人每次携带的人民币限额为 20 000 元。

(6) 文物(含已故现代著名书画家的作品)。

旅客携带文物入境，如需复带出境，请向海关详细报明。旅客携带出境的文物，须经中国文化行政管理部门鉴定。对在境内商店购买的文物，海关凭中国文化行政管理部门

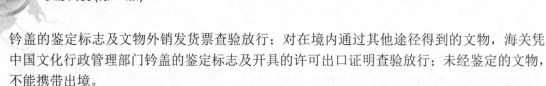

铃盖的鉴定标志及文物外销发货票查验放行；对在境内通过其他途径得到的文物，海关凭中国文化行政管理部门铃盖的鉴定标志及开具的许可出口证明查验放行；未经鉴定的文物，不能携带出境。

(7) 中药材、中成药。

旅客携带中药材、中成药出境，前往国外的，总值限人民币 300 元；前往港澳地区的，总值限人民币 150 元。寄往国外的中药材、中成药，总值限人民币 200 元；寄往港澳地区的，总值限人民币 100 元。入境旅客出境时携带用外汇购买的、数量合理的自用中药材、中成药，海关凭有关发货票和外汇兑换水单放行。麝香及超出上述规定限值的中药材、中成药不准出境，严禁携带犀牛角和虎骨进出境。

(8) 旅游商品。

入境旅客出境时携带用外汇在我国境内购买的旅游纪念品、工艺品，除国家规定应申领出口许可证或者应征出口税的品种外，海关凭有关发货票和外汇兑换水单放行。

(9) 禁止入境物品。

各种武器、仿真武器、弹药及爆炸物品；伪造的货币及伪造的有价证券；对中国政治、经济、文化、道德有害的印刷品、胶卷、照片、唱片、影片、录音带、录像带、激光视盘、计算机存储介质及其他物品；各种烈性毒药；鸦片、吗啡；海洛因、大麻及其他能使人成瘾的麻醉品、精神药物；带有危险性病菌、害虫及其他有害生物的动物、植物及其产品；有碍人畜健康、来自疫区的以及其他能传播疾病的食品、药品或其他物品。

(10) 禁止出境物品。

列入禁止出境范围的所有物品；内容涉及国家秘密的手稿、印刷品、胶卷、照片、唱片、影片、录音带、录像带、激光视盘、计算机存储介质及其他物品；珍贵文物及其他禁止出境的文物；濒危的和珍贵的动物、植物(均含标本)及其种子和繁殖材料。

2. 国境卫生检疫

国境卫生检疫，也称"口岸卫生检疫"，是一国政府为防止危害严重的传染病，通过入出国境的人员、行李和货物传入、传出、扩散所采取的防疫措施。外国旅游者、移民者入境，是传染病得以传播的重要媒介。为了保障人民健康，根据国际惯例及习惯法，各国都制定了《国境卫生检疫法》，在口岸设立卫生检疫及动植物检疫机构。中华人民共和国卫生检疫局是中华人民共和国国务院授权的卫生检疫涉外执法机关，依照《国境卫生检疫法》设立了国境卫生检疫机关，在入出境口岸依法对包括游客在内的有关人员及其携带的动植物和交通运输工具等进行传染病检疫、检测和卫生监督，只有经过检疫，由国境卫生检疫机关许可，才能入出境。旅客入出境时，要求入境者如实填写健康申明卡，来自疫区的人员还必须出示有效的有关疾病预防接种证明(俗称"黄皮"书)，无证者卫生检疫机关中对其实施以 6 日强制留验。如遇传染病患隐瞒不报，按逃避检疫论处，可禁止入境或责令其提前离境。

各地国境卫生检疫机关在对外开放的国境口岸，对入出境人员依法实施如下主要卫生检疫内容。

(1) 入境、出境的微生物、人体组织、生物制品、血液及其制品等特殊物品的携带人、托运人或者邮递人必须向卫生检疫机关申报并接受卫生检疫，未经卫生检疫机关许可，不准入境、出境。海关凭卫生检疫机关签发的特殊物品审批单放行。

(2) 入境、出境的旅客、员工个人携带或者托运可能传播传染病的行李和物品应当接受卫生检查。卫生检疫机关对来自疫区或者被传染病污染的各种食品、饮料、水产品等应当实施卫生处理或者销毁，并签发卫生处理证明。海关凭卫生检疫机关签发的卫生处理证明放行。

(3) 来自黄热病疫区的人员，在入境时，必须向卫生检疫机关出示有效的黄热病预防接种证书。对无有效的黄热病预防接种证书的人员，卫生检疫机关可以从该人员离开感染环境的时候算起，实施 6 日的留验，或者实施预防接种并留验到黄热病预防接种证书生效时为止。

(4) 入境、出境的交通工具、人员、食品、饮用水和其他物品以及病媒昆虫、动物均为传染病监测对象。

(5) 卫生检疫机关阻止患有艾滋病、性病、麻风病、精神病、开放性肺结核的外国人入境。来我国定居或居留一年以上的外国人，在申请入境签证时，需交验艾滋病血清学检查证明和健康证明书，在入境后 30 天内到卫生检疫机关接受检查或查验。

3. 边防检查

很多国家的边防检查由移民局或外侨警察局负责，中国是由边防检查站负责，主要查验入出境人员的相关证件。先由入出境人员填写入出境登记卡片，有时登记卡片是在飞机上由航空公司代发，提前填写，入境时交验护照，检查签证等(有些国家不要求填写入境卡片)。出境时，许多国家还需填卡片，并将出境卡连同护照和登机牌交工作人员检查(有些国家不要求填写出境卡)。自 2007 年 10 月 1 日起中国公民(包括香港、澳门、台湾同胞)出入境已经不需要填写出入境登记卡。此外，持用团体签证出入境的外籍旅客，也无须填写外国人入出境登记卡。非团体签证出入境的外籍旅客需要填写外国人入出境登记卡，外国人入出境登记卡为联体式，分入、出两联。办理入境边防检查手续后，民警撕下入境卡留存，将出境卡交还外国旅客保存，出境时使用。

入境卡、出境卡要求填写以下项目主要有：航班号、来自何处、全名、姓、出生日期和地点、性别、职业、国籍、所在国家的地址、家庭地址、护照号码，有的还要填写邀请单位或个人的住址及电话号码、本人签字。入出境卡填写姓名要用外文大写字母，无论前往哪个国家均可用英文填写。

多数国家对外国人入境没有口岸限制，可以在国际航班通行的任何一个口岸入境。少数国家有口岸限制，外国人必须按照签证指定的口岸入境。各国在入境口岸都设有移民或边防检查人员，对入境的外国人进行查验。主要检查护照是否与持照人一致，签证是否有效，手续是否齐全(如公务、商务旅行还需出示邀请函原件)，防止有人利用伪造护照和假签证、过期签证或他人护照和签证等蒙混入境。

4. 安全检查

安全检查是出入境人员必须履行的检查手续，是保障旅客人身安全的重要预防措施。安全检查事关旅客人身安全，所以旅客都必须无一例外地经过检查后，才能允许登机，也就是说，安全检查不存在任何特殊的免检对象。所有外交人员、政府官员和普通旅客，不分男女、国籍和等级，都必须经过安全检查。安全检查的内容主要是检查旅客及其行李物品中是否携带枪支、弹药、易爆、腐蚀、有毒放射性等危险物品，以确保航空器及乘客安全。其检查方式一般包括：电视检测仪、探测安全门、手提式磁性探测器和人工检查。安全检查必须在旅客登机前进行，拒绝检查者不准登机，损失自负。中国海关和边防站，为保证游客生命和财产安全，禁止携带武器、凶器、爆炸物品。采用通过安全门使用磁性探测检查、红外线透视、搜身、开箱检查等，对游客进行安全检查。安全检查的环节主要有：托运行李物品检查、旅客证件检查、手提行李物品检查和旅客身体检查。

根据 2017 年 1 月 1 日起施行的《民用航空安全检查规则》，携带贵重物品，植入心脏起搏器或身患残疾等情况的旅客可要求在非公开场所进行安检。该规则还规定，旅客若有"对民航安检工作现场及民航安检工作进行拍照、摄像，经民航安检机构警示拒不改正的""故意散播虚假非法干扰信息的""在行李物品中隐匿携带民航禁止运输、限制运输物品的"等行为，将会被移交公安机关处理。旅客若逃避安全检查，有殴打辱骂民航安检员或者其他妨碍民航安检工作正常开展，扰乱民航安检工作现场秩序的行为，也将移交公安机关处理。

(二)不准出入境的规定

1. 不准入境的外国人

下列外国人不准入境：

(1) 未持有效出境入境证件或者拒绝、逃避接受边防检查的。

(2) 被处驱逐出境或者被决定遣送出境，未满不准入境规定年限的。

(3) 患有严重精神障碍、传染性肺结核病或者有可能对公共卫生造成重大危害的其他传染病的。

(4) 可能危害中国国家安全和利益、破坏社会公共秩序或者从事其他违法犯罪活动的。

(5) 在申请签证过程中弄虚作假或者不能保障在中国境内期间所需费用的。

(6) 入境后可能从事与签证种类不符的活动的。

(7) 法律、行政法规规定不准入境的其他情形。

对不准入境的，出入境边防检查机关可以不说明理由。对未被准许入境的外国人，出入境边防检查机关应当责令其返回；对拒不返回的，强制其返回。外国人等待返回期间，不得离开限定的区域。

2. 不准出境的规定

中国公民有下列情形之一的，不准出境。

(1) 未持有效出境入境证件或者拒绝、逃避接受边防检查的。

(2) 被判处刑罚尚未执行完毕或者属于刑事案件被告人、犯罪嫌疑人的。

(3) 有未了结的民事案件，人民法院决定不准出境的。

(4) 因妨害国(边)境管理受到刑事处罚或者因非法出境、非法居留、非法就业被其他国家或者地区遣返，未满不准出境规定年限的。

(5) 可能危害国家安全和利益，国务院有关主管部门决定不准出境的。

(6) 法律、行政法规规定不准出境的其他情形。

外国人有下列情形之一的，不准出境。

(1) 被判处刑罚尚未执行完毕或者属于刑事案件被告人、犯罪嫌疑人的，但是按照中国与外国签订的有关协议，移管被判刑人的除外。

(2) 有未了结的民事案件，人民法院决定不准出境的。

(3) 拖欠劳动者的劳动报酬，经国务院有关部门或者省、自治区、直辖市人民政府决定不准出境的。

(4) 法律、行政法规规定不准出境的其他情形。

三、外国游客在中国境内的权利与义务

《中华人民共和国宪法》总纲第三十二条规定明确指出："中华人民共和国保护在中国境内的外国人的合法权利和利益。在中国境内的外国人必须遵守中华人民共和国的法律。"

在中国境内，外国游客享受合法权益和人身自由不受侵犯的权利，但必须遵守中国的法律，不得进行危害中国国家安全、损害公益事业、破坏公共秩序的活动，违法者将按情节轻重受中国法律的制裁。

第二节　交　通　知　识

一、航空客运知识

(一)航班

1. 飞行形式

民航运输主要有三种飞行形式，即班期飞行、加班飞行和包机飞行。

班期飞行是按照班期时刻表和规定的航线，定机型、定日期、定时刻的飞行。

加班飞行是根据临时需要在班期飞行以外增加的飞行。

包机飞行是按照包机单位的要求，在现有航线上或以外进行的专用飞行。

航班分为定期航班和不定期航班，前者是指飞机定期自始发站起飞，按照规定的航线经过经停站至终点站，或直接到达终点站的飞行。在国际航线上飞行的航班称为国际航班，在国内航线上飞行的航班称为国内航班。航班又分为去程航班和回程航班。

2. 航班号

为便于组织运输生产，每个航班都按照一定的规律编有不同的号码以便于区别和管理，这种号码称为航班号。目前国内航班的编号是由执行任务的航空公司的二字英语代码和四个阿拉伯数字组成。其中，第一位数字表示执行该航班任务的航空公司的基地所在地区的数字代码，第二位数字表示该航班的终点站所属的管理局或航空公司所在地的数字代码(1为华北，2为西北，3为华南，4为西南，5为华东，6为东北，8为厦门，9为新疆)，第3

和第 4 位数字表示该航班的具体编号，单数表示由基地出发向外飞的去程航班，双数表示飞回基地的回程航班。如 CZ3141 是南方航空公司自长沙至北京的航班，CZ 中国南方航空公司，第一位数字 3 表示华南地区，南航的基地(总部)在广州，属华南地区；第二位数 1 表示航班的基地外终点北京在华北地区；41 为航班序号，其中末尾数 1 表示去程航班。

我国国际航班的航班号是由执行该航班任务的航空公司的二字英语代码和三个阿拉值数字组成。其中，中国国际航空公司的第一个数字为 9，其他航空公司第一个数字以执行航班任务的该航空公司的数字代码表示。如中国国际航空公司北京至东京为 CA919。

3. 航空公司及代码

自 2002 年起，我国民航实施资源重组，组建了三大航空公司，即中国国际航空公司、中国南方航空公司、中国东方航空公司。除了这三大航空公司以外还有厦门航空公司、海南航空公司、深圳航空公司、四川航空公司、上海航空公司等。

各航空工司具体代码，表 9-2 所示。

表 9-2　我国各主要航空公司代码

中国国际航空公司 (Air China)	代码：CA
中国东方航空公司 (China Eastern Airlines)	代码：MU
中国南方航空集团公司 (China Southern Airlines)	代码：CZ
海南航空公司 (Hainan Airlines)	代码：HU
上海航空公司 (Shanghai Airlines)	代码：FM
深圳航空公司 (Shenzhen Airlines)	代码：ZH
四川航空公司 (Sichuan Airlines)	代码：3U
厦门航空公司 (Xiamen Airlines)	代码：MF

4. 航班班次

班次是指在单位时间内(通常用一个星期计算)飞行的航班数(包括去程航班与回程航班)。班次是根据往返量需求与运能来确定的。

班期表上用阿拉伯字母 1～7 表示星期一到星期日，用"头"号表示次日的航班时刻，"BW"表示该航班隔周飞行等。

世界各国，对航班飞机的出发和到达时刻，统一使用 24 小时制，用连写的四个阿拉伯数字表示。如"1020"，即指上午 10:20。到达时刻即指抵达当地的地方时刻。在中转换乘飞机时，需要问清时间，以免订错衔接航班。

5. 飞机机型

在国际航空运输中，通常用英文字母和阿拉伯数字来表示某一航班所使用的飞机机型。如"74M"代表波音 747—200B；"COMBL"代表波音 747 客货混用机；"M82"代表麦道 MD—82；"320"代表空客 A320；"TU5"代表图 154；"IL6"代表苏制伊尔 62 客机；"YN7"代表运—7。

6. 客舱等级和餐饮供应

飞机安排座位时是分舱位的，而不同的舱位对应的机票折扣不同，价格不同，所得到的服务也不一样。

国内客票的舱位等级通常用英文字母表示，主要分为以下几种。

(1) 头等舱(First Class)舱位代码为 F；

(2) 公务舱(Business Class)舱位代码为 C；

(3) 经济舱(Economy Class)舱位代码为 Y；

(4) 平价舱(Thrift Class)舱位代码为 K。

经济舱里面又分不同的座位等级(舱位代码为 B、K、H、L、M、Q、X、E 不等，这种代码每个航空公司的标识都不相同，价格也不一样)，折扣舱依次往下排列，低舱位享受的服务和高仓位的不同，最明显的就是提前预订机上座位、餐食服务以及是否允许退票等。

国际客票的舱位等级通常用英文字母表示，主要分为以下几种。

(1) 头等舱(First Class)舱位代码为 FA；

(2) 公务舱(Business Class)舱位代码为 CDJ；

(3) 经济舱(Economy Class)舱位代码为 Y；

(4) 经济舱下属的座位等级和国内的差不多，也会有不退票的规定。

在国际航空运输中，通常用符号表示餐饮供应。如刀叉图案，是表示在该航段飞行期间供应正餐，杯碟图案，表示在该航段飞行期间有早餐或点心供应。

7. 机场建设费和燃油附加费

1980 年机场建设费在北京一地试行，1981 年在全国推广，开始是面向出境国际旅客征收，后为了建立旅游发展基金，征收对象扩大到除下述旅客外的所有离境旅客：在国内机场中转未出隔离厅的国际旅客；乘坐国际航班出境和乘坐香港、澳门地区航班出港持外交护照的旅客；持半票的 12 周岁以下的儿童；乘坐国内航班在当日中转的旅客。自 2004 年 9 月 1 日起，机场建设费并入机票中，收费标准为：乘坐国内航班每人 50 元，乘坐国际和港澳地区航班每人 90 元，而乘坐支线的 8 种小型航班则为每人 10 元。根据规定，2 周岁以内的婴儿、12 周岁以内的儿童及持外交护照乘坐国际及港澳地区航班出境的旅客可以免收机场建设费；旅客退票时机场建设费要一并退还，并在退款单中单列，不收退票手续费。

燃油附加费是航运公司收取的反映燃料价格变化的附加费。2000 年中国开始对国际和国内航线征收燃油附加费。国内航线婴儿旅客免收燃油附加费；儿童、革命伤残军人、因公致残的人民警察，继续按同一航班普通成人旅客实际收取标准减半收取燃油附加费。

(二)机票的有关事项

1. 订购机票

乘坐飞机旅行旅客凭有效证件购票。中国居民须凭本人居民身份证或其他有效身份证件。外国旅客、华侨、港澳台胞购票，须凭有效护照、台湾同胞要持台湾居民来往大陆通行证或公安机关出具的其他有效身份证件购买机票。机票只限票面上所列姓名的旅客使用，不得转让和涂改，否则机票无效，票款不退。

国内、国际机票的有效期均为一年。

2. 定期机票(OK 票)和非定期机票(OPEN 票)

机票可按是否定妥座位分为定期机票(OK 票)和非定期机票(OPEN 票)。所谓 OK 票,即已订妥日期、航班和机座的机票。持 OK 票的旅客若在该联程或回程站停留 72 小时以上,国内机票须在联程或回程航班机起飞前两天中午 12 时以前,国际机票须在 72 小时前办理座位再证实手续,否则,原定座位不予保留;OPEN 票是相对 OK 票而言的,持 OPEN 票的旅客乘机前须持机票和有效证件(护照、身份证等)去民航办理订座手续。也就是说,购买机票而未预订座位,是不能登机的。只有既购买了机票,又定妥了座位才能登机。

3. 电子机票

作为信息时代纸质机票的一种替代产品,电子机票是目前世界上最先进的客票形式,它依托现代信息技术,实现无纸化、电子化的订票、结账和办理乘机手续等全过程,给旅客带来诸多便利并为航空公司降低了成本。在世界主要发达国家和地区的民航运输领域得到广泛使用。中国民航的电子客票项目于 1999 年正式启动;自 2006 年 6 月 1 日起,全国试行电子机票行程单,作为旅客购买电子机票的付款、报销凭证;2008 年 6 月 1 日零时起,我国全面实行电子机票,与国际接轨。

4. 儿童票和婴儿票

儿童票是指年龄满两周岁但不满 12 周岁的儿童所购买的机票,票面价值是成人适用正常票价的 50%左右,提供座位;婴儿票是指不满两周岁的婴儿应购买的机票,票面价值是成人适用正常票价的 10%左右,不提供座位,一个成人旅客若携带婴儿超过一名时,超出的人数应购买儿童票。

5. 客票及有效期

客票的有效期为一年,定期客票自旅客开始旅行之日起计算,不定期客票自填开客票之次日零时起计算;特种票价的客票有效期,按航空公司规定的该特种票价的有效期计算。

6. 客票遗失

旅客遗失客票,应以书面形式,向航空公司或其销售代理人申请挂失,并提供原购票的日期、地点、有效身份证件、遗失地公安部门的证明以及足以证实客票遗失的其他证明。在申请挂失前,客票如已被冒用或冒退,航空公司不承担责任。

7. 变更和退票

旅客购票后,如要求改变航班、日期、舱位等级,应在原指定航班飞机规定离站时间 48 小时前提出,变更舱位等级,票款多退少补。客票只能变更一次,再次变更须按退票有关规定办理后,重新购票。

根据 2018 年民航局发布的《关于改进民航票务服务工作的通知》(以下简称《通知》),明确规定航空公司应明确合理确定客票退改签收费标准,退票费不得高于客票的实际销售价格,不能简单规定特价机票一律不得退改签。

根据《通知》精神，占航空总数七成的 23 家航空公司先后制定了机票退改签阶梯费率，将此前仅有的起飞前两小时以上及两小时以内两档退改签的规定改为四档，退航空起飞 30 天(含)之前、航班起飞前 30 天(不含)至 14 天(含)、航班起飞前 14 天(不含)至 4 小时(含)、航班起飞前 4 小时(不含)至航班起飞后。除航班起飞前 30 天不收退票费外，其他三档都要收取退票费。虽然不同航空公司收取的退票费率略有差异，但总体来看，办理退改手续越早，手续费率越低。

(三)乘机的有关事项

1. 乘机时间

旅客应当在班机起飞前 90 分钟抵达机场，凭客票及本人有效身份证件按时办理乘机手续。停止办理登机手续的时间，为航班规定离站时间前 30 分钟。

2. 办理登机手续

旅客凭机票、个人有效证件(居民身份证、护照、团队签证等)办理乘机手续，工作人员发给旅客登机卡，上有旅客姓名、具体座位号，旅客凭此卡从指定的登机口登机。如有随机托运行李，还发有行李票，到目的地后，旅客凭此行李票领取行李。

3. 安全检查

在乘机前，旅客及其行李必须经过安全检查。

4. 误机

误机系指旅客未按规定时间办妥乘机手续或因其旅行证件不符合规定而未能乘机。旅客误机后，应在原航班起飞时间的次日中午 12 时(含)以前进行误机确认，如果要求改乘后续航班或退票，应按航空公司的规定办理。

5. 航班不正常服务

因航空公司的原因，造成航班延误或取消，航空公司应免费向旅客提供膳宿等服务；由于天气、突发事件、空中交通管制、安检和旅客等非航空公司原因，在始发站造成的延误或取消，航空公司可协助旅客安排餐食和住宿，费用应由旅客自理。

6. 伤害赔偿

航空公司对每名旅客死亡、身体伤害的最高赔偿限额为人民币 70 000 元。

7. 旅客保险

旅客可以自愿向保险公司投保国内航空运输旅客人身意外伤害险。此项保险金额的给付，不免除或减少航空公司应当承担的赔偿限额。

(四)行李的有关事项

1. 免费托运和可携带行李的规定

中国民航允许持票旅客每人免费托运一定重量和体积的行李：头等舱票 40 千克，公务

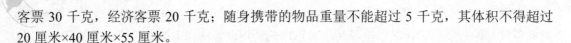

客票 30 千克, 经济客票 20 千克; 随身携带的物品重量不能超过 5 千克, 其体积不得超过 20 厘米×40 厘米×55 厘米。

2. 禁止随身携带或托运的物品

严禁旅客携带枪支、弹药和易爆、剧毒、放射性物品以及其他危害民用航空安全的危险品进入机场和乘坐飞机; 从 2008 年 4 月 7 日起, 禁止旅客随身携带打火机、火柴乘坐民用飞机。

禁止旅客随身携带但可以作为行李托运的物品: 除规定禁止旅客随身携带或者托运的物品外, 有些物品禁止随身携带但允许办理托运: 生活用刀、专业刀具; 文艺单位表演用的刀、矛、剑等, 以及斧、凿、锤、锥、加重或有尖钉的手杖、铁头登山杖和其他可用来危害航空安全的锐器、钝器。

自 2008 年 3 月 14 日起, 乘坐国内航班的旅客一律禁止随身携带液态物品, 但可办理交运, 其包装应符合民航运输有关规定。旅客只可携带一件旅行自用的化妆品, 其容器的容积不得超过 100 毫升, 并要接受开瓶检查。

二、铁路客运

(一)旅客列车的种类

旅客列车分为国内旅客列车和国际旅客列车。

自 2007 年 4 月 18 日我国铁路第六次提速以来, 在新的列车时刻表中, 列车分为以下几种。

(1) 冠"D"字的动力组列车(列车行驶速度每小时可达 200 公里以上);

(2) 冠"Z"字的准高速列车或直达特快旅客列车(列车行驶速度每小时 160 公里左右, 沿途不停, 一路直达);

(3) 冠"T"字的特快旅游列车(列车行驶速度每小时 140 公里以上);

(4) 冠"K"字的快速旅客列车(列车行驶最快速度每小时 120 公里左右);

(5) 车次序号为 4 位数的普通旅客快车(1XXX、2XXX、3XXX、4XXX、5XXX。普通旅客快列车的最快速度不超过每小时 120 公里);

(6) 车次序号为 4 位数的普通旅客慢车(6XXX、7XXX、8XXX);

(7) 冠"L"字的临客普快列车多在春运、暑运期间增开;

(8) 冠"Y"字的临时快速旅游列车则在春游、秋游和节假日增开。

此外, 还有在广深高速线上冠"S"字的广深列车。

(二)车票

车票是旅客乘车的凭证, 也是旅客加入铁路意外伤害强制保险的凭证。

1. 车票的种类

车票票面主要应载明以下内容: 发站和到站站名、车次、座别、席别、席位信息、经由、中转站、票价、乘车日期及开车时间、有效期、旅客姓名、旅客身份证号码、票号、

21 位码和二维码等。火车票中包括客票和附加票。席别主要有硬座、软座、硬卧、软卧、高级软卧、二等座、一等座、特等座、商务座等。

从 2012 年 1 月 1 日起，全国所有旅客列车实行火车票实名制。旅客在各代售点及车站窗口购买实名制火车票时，要出示有效身份证。为了优待儿童、学生和伤残军人，还发售半价票。

1) 儿童票

一名成年人旅客可以免费携带一名身高不足 1.2 米的儿童。如果身高不足 1.2 米的儿童超过一名时，一名儿童免费，其他儿童请购买儿童票。儿童身高为 1.2～1.5 米的，请购买儿童票；超过 1.5 米的，购买全价座票。

成年人旅客持卧铺车票时，儿童可以与其共用一个卧铺，并按上述规定免费或购票。

2) 学生票

购买学生票要符合以下条件：

(1) 在国家教育主管部门批准有学历教育资格的普通大、专院校(含民办大学、军事院校)，中等专业学校、技工学校和中、小学就读，没有工资收入的学生、研究生。

(2) 家庭居住地(父亲或母亲之中任何一方居住地)和学校所在地不在同一城市。

(3) 大中专学生凭附有加盖院校公章的减价优待凭证、学生火车票优惠卡和经学校注册的学生证，新生凭学校录取通知书，毕业生凭学校书面证明；小学生凭学校书面证明。

(4) 在优惠乘车区间之内，且优惠乘车区间限于家庭至院校(实习地点)之间。

(5) 每年乘车次数限于四次单程。当年未使用的次数，不能留至下年使用。

3) 站台票

到站台上迎送旅客的人员应购买站台票。站台票限当日使用，一次有效。对经常进站接送旅客的单位，车站可根据需要发售定期站台票，部分车站不发售站台票；是否发售站台票，由站长决定。随同成人进站身高不足 1.1 米的儿童及特殊情况经车站同意进站的人员，可不购买站台票。

2. 车票有效期

车票票面上印有"限乘当日当次车，X 日内有效"的字样。"限乘当日当次"，就是要按票面指定的日期，乘坐指定的列车。"X 日内有效"，指的就是车票的有效期。北京到广州车票的有效期是 6 天，北京到上海的有效期是 5 天，北京到武汉车票的有效期是 4 天。铁路规定，各种车票的有效期以指定乘车日起至有效期最后一日的 24 时止计算。

3. 退票

旅客要求退票时，按下列规定办理，并核收退票费。

(1) 在发站开车前，特殊情况也可在开车后 2 小时内退还全部票价。团体旅客必须在开车 48 小时以前办理。

(2) 在购票地退还联程票和往返票时，必须于折返地或换乘地的列车开车前 5 天办理。

(3) 旅客开始旅行后不能退票。但如因伤、病不能继续旅行时，经站、车证实，可退还已收票价与已乘区间的票价差额。已乘区间不足起码里程时，按起码里程计算；同行人同样办理。

(4) 退还带有"行"字戳迹的车票时,应先办理行李变更手续。

(5) 站台票售出不退。

(6) 目前,代售点是不能办理退票手续的。

(三)旅客携带品的有关规定

1. 免费携带品规定

旅客携带品由自己负责看管。每人免费携带品的重量和体积:儿童(含免费儿童)10 千克,外交人员 35 千克,其他旅客 20 千克。每件物品外部尺寸长、宽、高之和不超过 160 厘米,乘坐动车组不超过 130 厘米。杆状物品不超过 200 厘米;重不超过 20 千克。残疾人旅行代步的折叠式轮椅可免费携带并不计入上述范围。

2. 禁止和限量物品规定

为了保证旅客安全,对相关物品做了限制性规定(见表 9-3)。

表 9-3 禁止上车和限量携带的物品

禁止上车物品	限量携带的物品
国家禁止或限制运输的物品	气体打火机 5 个,安全火柴 20 盒
法律、法规、规章中规定的危险品、弹药和承运人不能判明性质的化工产品	不超过 20 毫升指甲油、去光剂、染发剂。不超过 100 毫升的酒精、冷烫精。不超过 600 毫升的摩丝、发胶、卫生杀虫剂、空气清新剂
动物及妨碍公共卫生(包括有恶臭等异味)的物品	军人、武警、公务人员、民兵、猎人凭法规规定的持枪证明佩带的枪支、子弹
能够损坏或污染车辆的物品	初生雏 20 只
规格或超过规定的物品	

三、公路客运

(一)公路的分类

1. 按行政等级划分

公路按行政等级可分为:国家公路、省公路、县公路和乡公路(简称国道、省道、县道、乡道)以及专用公路五个等级。一般把国道和省道称为干线,县道和乡道称为支线。国道是指具有全国性政治、经济意义的主要干线公路,包括重要的国际公路,国防公路,以及连接首都与各省、自治区、直辖市首府的公路和连接各大经济中心、港站枢纽、商品生产基地和战略要地的公路。

2. 按使用任务、功能和适应的交通量划分

公路按使用任务、功能和适应的交通量可分为高速公路、一级公路、二级公路、三级公路和四级公路五个等级。

高速公路为专供汽车分向车道行驶并应全部控制出入的多车道公路。目前主要有四车道、六车道和八车道高速公路。

(二)国道编号常识

我国国道采用数字编号，分为四种编号方式，第一类是放射状的，这些公路排序都是"1"字开头；第二类是南北向的，以"2"字开头；第三类是东西向的，以"3"字开头；第四类是"五纵七横"主干线，以"0"字开头。国道编号为三位数字，颜色为红底、白字、白边，形状为长方形。分别设在公路的起点、终点及该路沿途的主要交叉路口。

以北京为中心或以北京为起点的国道，用"1XX"表示，这类国道共12条，编为101～112线，其中G112为北京环线，通过天津和河北地区。

南北向的国道用"2XX"表示，共47条，编为201～448线(无226)，这类国道的总体走向为南北向，多贯穿南北、跨数省区，为我国南北的交通干线。

东西向的国道用"3XX"表示，共有60条，编为301～361线(无313)，此类国道通常为东西走向，横贯祖国大地，连接数省区，是我国东西向的交通动脉。

"五纵七横"是我国规划建设的以高速公路为主的公路网主骨架，用"0XX"表示，共12条，总长约3.5万公里。"五纵"指黑龙江省同江至海南省三亚、北京至福州、北京至珠海、内蒙古自治区二连浩特至云南省河口及重庆至湛江等5条南北走向国道主干线，编号分别为G010、G020、G030、G040和G050；"七横"指绥芬河至满洲里、丹东至拉萨、青岛至银川、连云港至霍尔果斯、上海至成都、上海至瑞丽及衡阳至昆明等7条东西走向国道主干线，编号分别为G015、G025、G035、G045、G055、G065和G075。

四、水路客运

(一)乘船旅行常识

中国的水路客运分为沿海航运和内河航运两大类。按照运营形式又可分为水路游览运输和水路旅客运输两种形式。

我国内河航运以长江、漓江和大运河最为发达。沿海航运主要以大连、天津、烟台、青岛、上海、厦门、广州、海口等沿海城市以及香港地区最为活跃。长江三峡地区以及香港、广州、海口之间的近距离客运已向高速化发展，如已出现了水翼船等快速客船。航行在沿海和内河的客轮大小不等，设备、设施和服务也有差别，但大都将舱室分为不同的等级。如大型客轮的舱室一般分为二等舱(2人)、三等舱(4～8人)、四等舱(8～12人)、五等舱(12～24人)。随着水路客运向旅游方向的发展，客轮在设备方面有了较大的改进，如有些客轮的舱室已分为一等舱(1人，套间)、二等舱(2人，带卫浴、彩电)、三等甲(2～4人，带卫浴)、三等乙(4～6人，带卫浴)、四等舱(6～12人)。

以水路游览运输为主营业务的现代远洋游船和内河豪华游船在很大程度上超越了传统意义上的单一客运功能，成为集运输、食宿、游览、娱乐、购物等为一体的豪华旅游项目。游船一般定期或不定期沿一定的水上线路航行，在数个观光地停泊，以方便游客登岸参观游览。游船的种类很多，根据2005年新的《内河旅游船星级的划分与评定》中的有关规定，旅游船的等级类似星级饭店,用一星到五星来区别;按照航行水域的不同又可分为远洋游船、近洋游船、沿海游船和内河游船。

远洋、近洋、沿海游船一般吨位较大、性能优越、内部设施豪华、造价昂贵。如目前亚洲最大的游轮处女星号(丽星邮轮公司),造价3.5亿美元,拥有各类客房1000间,载客量2019名。拥有的服务设施有歌剧院、电影院、卡拉OK、酒廊、图书馆、棋牌室、夜总会、游戏室、健身中心、美容美发室、露天泳池、日光浴场、网球场、会议室、购物廊、商务中心等,在饮食方面就有十几种风格的餐厅。

(二)船票

普通客轮的船票分成人票、儿童票和优待票(学生票、残疾军人票),且分为一等、二等、三等、四等、五等几个级别,船票票面注明有"船名"、"日期"、"开航时间"和"码头编号"。旅客购买了船票后,因故改变行程或行期,需要退票时,应在开船前2小时,团体票应在开船前24小时办理退票,超过规定时限不能退票。

我国长江星级游船的船票现多采取预定,船票有淡季和旺季、上水和下水、标准房间和总统套间等区别。船票费用包括船上餐费和长江沿岸游览费,不包括在船期间的酒吧饮料、洗衣、理发、邮电、医疗、按摩、购物等用于私人目的之费用。行业内多称为一票制。

(三)行李

乘坐沿海和长江客轮,持全票的旅客可随身携带免费行李30千克,持半票者和免费儿童可随身携带免费行李15千克;每件行李的体积不得超过0.2立方米,长度不超过1.5米,重量不超过30千克。乘坐其他内河客轮,免费携带的行李分别为20千克和10千克。

下列物品不准携带上船:法令限制运输的物品,有臭味、恶腥味的物品,能损坏、污染船舶和妨碍其他旅客的物品,如爆炸品、易燃品、自燃品、腐蚀性物品、杀伤性物品以及放射性物品。

第三节　货币与保险知识

一、货币知识

(一)外汇知识

1. 外汇概念

外汇是指以外币表示的用于国际结算的一种支付手段。我国外汇管理条例规定的外汇有:外国货币(钞票、铸币等)、外币有价证券(政府债券、公司债券、公司股票等)、外币支付凭证(票据、银行存款凭证、邮政储蓄凭证等)、特别提款权以及其他外汇资产。

我国外汇管理的方针是国家统一管理、集中经营。在我国境内,禁止外汇流通、使用、质押,禁止私自买卖外汇,禁止以任何形式进行套汇、炒汇和逃汇。

2. 在我国境内可兑换的外币

世界各国和地区发行的货币大约有 150 多种，在我国境内能收兑的外币现有：英镑(GBP)、港币(HKD)、美元(USD)、瑞士法郎(CHF)、新加坡元(SGD)、瑞典克朗(SEK)、挪威克朗(NOK)、日元(JPY)、丹麦克朗(DKK)、加拿大元(CAD)、澳大利亚元(AUD)、欧元(EUR)、菲律宾比索(PHP)、泰国铢(THB)、韩国元(KRW)、澳门元(MOP)、新台币(CTWD)共 17 种货币，可按内部牌价收兑。

3. 外汇兑换

我国境内居民通过旅行社组团出境旅游，都有资格在银行兑换外汇。原来采取的方式是由旅行社集体办理兑换外汇手续，2002 年 9 月国家外汇管理局在全国范围内正式启动了境内居民个人购汇管理信息系统，将出境游个人零用费由旅行社代购调整为由游客自行购买。游客可在出境前，持因私护照及有效签证、身份证或户口簿到开办居民个人售汇业务的银行办理个人零用费的购汇手续，也可以委托他人代为办理。如由他人代办，除需提供原规定证明材料外，还应当提供代办人的身份证或户口簿。其兑换标准为：赴香港、澳门地区可兑换 1000 美元的等值外汇；赴香港、澳门地区以外的国家和地区可兑换 2000 美元的等值外汇。

外国游客来华携入的外币和票据金额没有限制，但入境时必须如实申报。根据我国现行的外汇管理法令规定，在中华人民共和国境内，禁止外币流通，并不得以外币计价结算。为了方便来华旅游的外宾和港澳台同胞用款，中国银行及其他外汇指定银行除受理外币旅行支票、外国信用卡兑换人民币的业务外，还受理外币现钞和台湾新台币的兑换业务。另外，为了尽量给持兑人提供方便，除了银行以外，一些机场、饭店或商店也可办理外币兑换人民币的业务。兑换时要填写"外汇兑换水单"(俗称水单，有效期为半年)，导游人员应提醒游客妥善保存该单。兑换后未用完的人民币在离境前可凭本人护照和在 6 个月有效期内的外汇水单兑换成外币(其兑换金额不得超过水单上注明的金额)，携带出境。不同情况兑换时使用不同的牌价即货币兑换率，由中国银行决定，全国统一。兑换旅行支票、信用卡、汇款使用买入汇价；兑出外汇，包括兑出外币现钞，使用卖出汇价；兑入外币现钞，使用现钞买入价。

(二)信用卡知识

1. 信用卡概念

信用卡是消费信用的一种形式，是由银行或其他专门机构向客户提供小额消费信贷的一种信用凭证。持卡人可依据发卡机构给予的消费信贷额度，凭卡在特约商户直接消费或在指定的银行存取款或转账，然后及时向其发卡机构偿还消费信贷本息。信用卡一般采取特殊塑料制作，上面印有持卡人的卡号、姓名、有效期等，背面有持卡人的预留签字、防伪磁条和银行的简单声明。

2. 信用卡种类

信用卡的种类很多，按发卡机构的性质分为信用卡(银行或金融机构发行)和旅游卡(由旅游公司、商业部门等发行);按持卡人的资信程度分为普通卡和金卡(白金卡);按清偿方式的不同分为贷记卡和借记卡;按流通范围的不同分为国际卡(如外汇长城万事达卡、维萨卡)和地区卡(如牡丹卡、人民币长城万事达卡)。为避免经营风险,发卡机构往往对其发行的信用卡规定1～3年的使用期限及每次取现和消费的最高限额。

贷记卡是指持卡人无须事先在发卡机构存款就可享有一定信贷额度的使用权,即"先消费,后还款"。境外发行的信用卡一般属于贷记卡。借记卡是持卡人必须在发卡机构存有一定的款项,用卡时需以存款余额为依据,一般不允许透支,即"先存款,后消费"。

3. 我国目前受理的外国信用卡

我国目前受理的主要外国信用卡有7种:万事达卡(Master Card)、维萨卡(Visa Card)、美国运通卡(American Express Card)、JCB卡、大莱卡(Diners Card)、发达卡(Federal Card)和百万卡(Million Card)。

(三)旅行支票知识

旅行支票是由银行或旅行支票公司为方便游客,在游客交存一定金额的货币后签发的一种定额票据。购买旅行支票后,旅客可随身携带,在预先约定的银行或旅行社的分支机构或代理机构凭票取款;若丢失,可在遗失所在地的银行办理挂失手续,即可免受损失。

世界上流通的旅行支票和票面内容各不相同,各自有自己的标记,但都具有初签和复签两项内容及相应的空白位置。初签是持票人购买支票时,当着旅行支票代售机构的经办人员的面签名。复签是持票人在兑付或使用旅行支票时,当着兑付机构经办人员的面签名。付款机构将两个签名核对无误后方可付款,以防假冒。

购买旅行支票时,购买人除向银行交纳票面金额款外,还要交纳票面金额1%的手续费。中国银行在兑付旅行支票时收取7.5%的贴息。

二、保险知识

(一)旅游保险

旅游保险是保险业中的一项业务,游客可以通过办理保险部分地实现风险转移。办理保险本身虽不能消除风险,但保险能为遭受风险损失的游客提供经济补偿。旅游保险是指投保人(游客或旅游经营者)根据合同的约定,向保险人(保险公司)缴纳一定数额的保险费,保险人对(被)保险人因合同中约定的在旅游活动中可能发生的事故的发生所造成的财产损失承担赔偿保险金责任,或当被保险人在旅游活动中患病、伤残、死亡时承担赔偿保险金责任的商业保险行为。投保人与保险人之间的旅游保险关系需要以契约或合同的形式加以确定才能生效,具有法律的效力。

(二)旅游保险的种类

旅游保险并不是一种险种,它是与旅行游览活动密切相关的各种保险项目的统称。根据不同的标准,可分为国内旅游保险和涉外旅游保险;旅游人身保险和旅游财产保险;强制保险和自愿保险等。目前旅游保险有以下几种。

1. 旅行社责任险

自 2001 年 9 月 1 日起依据国家旅游局《旅行社投保旅行社责任保险规定》，在全国强制性实施旅行社责任保险，由旅行社为自己投保。旅行社责任保险，是指旅行社根据保险合同的约定，向保险公司支付保险费，保险公司对旅行社在从事旅游业务经营活动的过程中，致使游客人身、财产遭受损害等应由旅行社承担的责任，承担赔偿保险金责任的行为。

旅行社责任保险的投保范围包括：游客人身伤亡赔偿责任；游客因治疗支出的交通、医药费的赔偿责任；游客死亡处理和遗体遣返费用赔偿责任；对游客必要的施救费用，包括必要时亲属探望需支出的合理的交通、食宿费用，随行未成年人的送返费用，旅行社人员和医护人员前往处理的交通、食宿费用，行程延迟需支出的合理费用等赔偿责任；游客行李物品的丢失、损坏或被盗所引起的赔偿责任；由于旅行社责任争议引起的诉讼费用；旅行社与保险公司约定的其他赔偿责任。

旅行社投保责任险的金额不低于国内旅游每人责任赔偿限额 8 万元，入出境游每人责任赔偿限额 16 万元。国内旅行社每次事故和每年累计责任赔偿限额人民币 200 万元，国际旅行社每次事故和每年累计责任赔偿限额人民币 400 万元。

2. 旅游救助保险

中国人寿、中国太平洋保险公司与国际救援中心(SOS)联手推出的旅游救助保险，将原先的旅游人身意外保险的服务扩大，将传统保险公司的一般事后理赔向前延伸，变为事故发生时提供及时有效的救助。游客无论在国内外任何地方遭遇险情，都可拨打电话获得无偿的救助。

3. 旅客意外伤害保险

这类保险主要是为旅客在乘坐交通工具出行时提供风险防范服务，在购买车票、船票时，其票价的 5%是用于缴纳保费的，每份保险的保险金额为人民币 2 万元，其中意外事故医疗金为 1 万元。保险期从检票进站或中途上车、上船起，至检票出站或中途下车、下船止，在保险有效期内因意外事故导致旅客死亡、残废或丧失身体机能的，保险公司除按规定给付医疗费外，还要向伤者或死者家属支付全数、半数或部分保险金额。

4. 旅游人身意外伤害保险

现在多数保险公司都已开设险种，每份保险费为 1 元，保险金额为 1 万元，一次最多投保 10 份。该保险比较适合探险游、生态游、惊险游等。保险期限从游客进入旅游景点或景区时起，止于游客离开旅游景点或景区时。

5. 住宿旅客人身保险

该险种每份保费为 1 元，一次可投多份。每份保险责任分三个方面：一为住宿旅客保险金 5000 元；二为住宿旅客见义勇为保险金 1 万元；三为旅客随身物品遭意外损毁或盗抢而丢失的补偿金 200 元。在保险期内，旅客因遭意外事故、外来袭击、谋杀或为保护自身或他人生命财产安全而致死亡、残废或身体机能丧失，或随身携带物品遭盗窃、抢劫等而丢失的，保险公司按不同标准支付保险金。

(三)旅游保险的索赔与理赔

在旅游活动过程中发生了属于保险责任范围内的事故，造成被保险人的人身伤亡或财产损失时，被保险人或受益人有权依照旅游保险合同的规定向保险人要求赔偿经济损失并给付相应赔偿金，这种行为就是索赔。索赔人必须具备一定的资格，且有一定的索赔有效期。

理赔是指保险人受理索赔申请人的索赔申请，对保险责任范围内发生的旅游安全事故进行调查，核定后处理有关保险赔偿责任的程序和工作。理赔工作是旅游保险的重要组成部分，直接关系到索赔申请人的利益和保险职能的发挥。一般而言，保险公司的理赔工作是被动的，只有在索赔申请人正式向其提出索赔要求时才会发生。

第四节　导游礼仪知识

一、日常礼仪

导游人员同旅游者交往，更多的是日常的相处。日常交往比宴请等正式场合随意了许多，旅游者也就更能了解导游员的秉性。

(一)日常导游活动的礼节

(1) 导游证应佩戴在胸前，正面面向游客。

(2) 带团导游时要带导游旗，左手举旗，保持正直，不要扛在肩上，更不要拖曳在地上。

(3) 称呼旅游者为"大家""朋友们""女士们""先生们"，不用"游客们"的称呼。

(4) 手持话筒讲解时，话筒不要太靠近嘴，也不要遮住口部。

(5) 导游员清点人数时，不要用导游旗来回比划，也不要用手在客人的肩上按一下，更不要用手在客人头上指指点点。一般可采用默数或"国际标准点人数法"，即导游员的右手自然垂直朝下，以弯曲手指来记数。

(6) 导游员讲解时不得抽烟；进入会客室或餐厅前，应将烟掐灭。

(7) 不随地吐痰，不乱扔杂物。不要在游客面前修指甲、剔牙齿、挖耳朵、抠眼屎、掏鼻孔、打哈欠、挠痒等，咳嗽、打喷嚏时，应用手帕捂住口鼻，面向一旁。

(8) 带团行走时，不要搭人肩膀；候车、等人时不要蹲歇。

(9) 带团前，不要吃葱、蒜、韭菜等有气味的食物，必要时，可含茶叶水漱口，以除臭味。

(二)进入客人房间的礼节

(1) 到客人房间去，一般应电话约定，进门前先按铃或敲门，不得擅自闯入。

(2) 应尽量避免在休息时间或深夜打扰对方；因急事而又未曾约定见面，但又必须面谈时，则应先向客人表示歉意，并说明打扰的原因。

(3) 除特殊情况外，一般不要站在房间门口与客人谈日程或谈论问题。

(4) 在室内，不要触摸客人的行李物品和书籍等，不要随意借用客人的电话。

(三)尊重女性

1. "女士优先"原则

西方世界，尤其在社交场合，处处显示着"女士优先"原则，男性导游人员在与外国游客交往时应尊重这一习惯，注意必要的礼节。

(1) 过道上相遇，男士为女士让道；在人行道上行走，男士应走在外侧；男女同行，男士一般应落后女士半步。

(2) 男士为女士开门，然后站立一旁，让女士先进(出)门；上车、上楼梯，女先男后；下车、下楼梯，男先女后；以便必要时男士扶女士一把。

(3) 进餐厅、戏院，男士前导并为女士找好座位；在餐厅，让女士坐在最好的位置并帮其入座，让其先点菜。

(4) 女士掉了东西，男士应帮助捡起来。

(5) 抽烟时，若有女士在场，应征得女士的同意。

2. 异性交往中，男士应显出"绅士"风度

在女士面前，男士要充满自信，彬彬有礼，相处坦然。与女士交谈，男士应注意：不过分亲昵，也不过分冷淡；不过分殷勤，也不过分拘谨；不轻浮，但也不可太严肃；不与女士开过多的玩笑，不说挑逗性的话，不与其无休止地攀谈，不谈及她们的隐私。

3. 赞美女士要诚恳，送礼物要适当

男士赞美女士时态度要诚恳，溢美之词要适当，过多的高级形容词有时反而会让女士产生被讽刺的感觉。不要过多地赞美女士的外表美，称赞她们的内在美可能会取得意想不到的效果。注意不要在女士面前赞美另一名女士。送女士礼物，最好能了解她的爱好和需要，若能投其所好，效果最佳。不要随便送女性用物品和香水等化妆品。注意不要随意送红玫瑰花给女士。

4. 对待异性纠缠的态度

坦然、大方，正气凛然，进退有度，言行有分寸，不单独去异性房间，不单独与异性相处，就可避免很多麻烦。对异性的挑逗及非礼要求，要委婉但明确地表示拒绝并设法找借口避开，必要时应采取断然措施。

二、交往礼仪

(一)问候与致意

导游员见到客人应主动热情地问候，即向客人说一些表示良好祝愿或欢迎的话，如"您好""早上好""下午好""晚上好""欢迎光临"等。 问候时，距离不应太远，以正常说话

声音使对方能听清为宜,眼睛应注视对方。通常,年轻者应向年长者问候,男性应向女性问候,身份低者应先向身份高者问候。

致意包括招手、微笑、点头示意等。与同事、熟人每天第一次见面时可以问候一下,再见面时微笑或点头示意即可。在社交场所,由于人多、距离较远,与不太相识或不太熟悉的人也可致意。

(二)介绍

在人际交往中,不相识的人若有相识的愿望,可自我介绍或由第三者介绍。

自我介绍或介绍他人时,态度要诚恳。自我介绍时要自信,不要羞怯;要自识,要有自知之明,对自己作出正确的评价;要自谦,对自己的评价要留有余地,不要自吹自擂。介绍他人时要热情,要客观,掌握分寸。介绍有先后之别:一般将身份低、年轻者介绍给身份高者和长者;将男士介绍给女士;将主人介绍给客人。介绍时,一般双方要起立,长者、身份高者和女士可例外。递名片是社交场合的一种重要的自我介绍方式。递名片时应用双手(至少右手),目视对方,微笑致意;接名片时也要用双手,以示尊重;接过名片后应认真看一遍,不要马上装入口袋,更不要在手中玩弄。与西方人交往时要注意,他们一般不随意交换名片。

(三)见面礼节

1. 握手礼

握手礼源于中世纪的欧洲,现已成为全世界人际交往中最常见、最普遍的见面礼。

见面行握手礼时,主人、身份高者、年长者和女士一般应先伸手,以免对方尴尬;朋友平辈以先伸手为有礼;祝贺、谅解、宽慰对方时,以主动伸手为有礼。

行握手礼时,上身稍前倾,立正,目视对方,微笑,说问候语或敬语。握手时要摘帽、脱手套,女士和身份高者可例外;握手时不要将左手插在裤袋里,不要边握手边拍人家肩头,不要眼看着别人与他人打招呼,更不要低头哈腰;无特殊原因不用左手握手;多人在一起时避免交叉握手;长时间握手表示亲热,双手握住对方的;手以示尊敬,但一般是双方握一下即可,尤其是异性之间。

2. 鞠躬礼

鞠躬礼源于中国,现在作为日常见面礼节已不多见,但在日本、韩国和朝鲜,却是常用的礼节。

行鞠躬礼时应立正,脱帽,微笑,目光正视,上身前倾15~30度(赔礼、请罪时例外)。平辈应还礼,长辈和上级欠身点头即算还礼。

3. 合掌礼

合掌礼亦称合十礼,佛教礼节,盛行于印度和东南亚佛教国家,泰国尤盛。

行礼时,双手合拢于胸前,微微低头,神情安详、严肃。对长者双手举得越高越有礼,但手指尖不得超过额头。接待外国旅游者时,对方行合掌礼,导游人员应以同样形式还礼,但不主动向游客行合掌礼。

4. 拥抱接吻礼

拥抱接吻礼是盛行于西方、俄罗斯和阿拉伯世界的礼节。

在一般情况下，父母子女间亲脸、额头，平辈亲友间贴面颊，亲人、好友之间拥抱、亲脸、贴面颊。

在公共场合，见面时拥抱亲吻以示亲热，但通常只是一种礼节。关系亲近的女士间亲吻脸，男士之间抱肩，男女之间贴脸颊；晚辈亲吻长辈的额头，长辈亲吻晚辈的脸或额头；对高贵的女士，男士吻其手背以示尊敬。

5. 拱手礼

拱手礼又称抱拳礼，是指以两手合抱致敬，即中国古代礼节中的作揖，常在人们相见时采用。行此礼时，不分尊卑，拱手齐眉，自下而上。行抱拳礼的场合主要有：①团拜。每逢佳节，团体成员相聚在一起互相祝贺，当举行团拜时，就常以拱手为礼。②过节。邻居、朋友、同事之间，在过节见面时常口称"万事如意""节日快乐"，也都以拱手礼向对方表示祝愿和敬意。③祝贺。习惯上一般以拱手礼向寿星祝寿，向同学祝贺考上大学，向同事、朋友祝贺获得奖励或取得成就，向邻居祝贺乔迁新居等。

还有其他一些见面礼节，如招手礼、脱帽礼、注目礼、点头礼、鼓掌礼等。

三、语言礼节

准确优美的语言，诚恳、彬彬有礼的态度，潇洒的风度是人际交往活动成功的保证。因此，与人聚谈时，必须讲究语言艺术，力求表达得体，善于运用礼貌语言并注意表情、目光、手势等体态语言的适当配合。经常与游客交往的导游人员更应该懂得社交聚谈时的礼节礼貌，善于辞令。

(一)交谈时的态度：真诚、庄重

导游人员在与游客交谈或在社交场合与人聚谈时，态度要庄重、真诚，不能傲慢，傲慢会伤害对方的自尊心；不能冷漠，冷漠会让对方感到不亲切；不能太随便，太随便会给对方一种消极的感觉；不要慌乱，慌乱会给对方留下不诚实、不成熟的感觉，从而使对方产生不信任感；不能唯唯诺诺、卑躬屈膝，否则会让对方瞧不起。

(二)交谈时的表情：大方、自然

导游人员与人接触，同游客一起交谈时，神情要自信、大方、自然，不能忸怩腼腆，不要惊慌失措，不要心不在焉，不要时时看表，避免打哈欠、伸懒腰及其他不雅观的小动作。

(三)交谈时的目光：坦率、诚实

与人聚谈，要坦诚地注视对方的眼睛，忌讳左顾右盼、躲躲闪闪，不要惶惑不安，切忌居高临下。

(四)交谈时的体态：适当配合

与人交谈，注意体态的适当配合。要避免手舞足蹈，不要用手指指人，双手不能交叉胸前或背在背后，不要手插裤袋，更不要攥紧拳头，不要疯笑，切忌对人动手动脚。

(五)交谈时的语言：文雅、得体

导游人员与游客聊天、讨论问题，或在社交场合与人聚谈时，讲话要有内容，要有中心，要简洁明了；语言表达要得体，要掌握分寸；谦虚要适当，赞语不宜过分，不乱用俚语。总之，要尽量使用高雅、文明的语言。

四、宴会的礼节

宴请是一种常见的社交活动，形式较多，主要有宴会、冷餐、酒会、茶会等。

宴会是一种比较正式的宴请活动，一般规模小，多在晚间举行，往往有负责人出席。正式宴会多用请柬邀请，对服装有严格要求，排座次。

冷餐会是比较自由的宴请形式，一般不设座，食品集中放在厅中央或两侧桌上，由客人自取。冷餐会可招待较多的客人，客人到场或退场较自由。

酒会亦称鸡尾酒会，是一种自由的社交活动，备有多种饮料和少量小食品，一般在下午或晚上举行，不设座，时间短，客人到场或退场自由。

茶会或称"下午茶"，一般在下午四五点钟举行，以茶水、点心或水果招待客人，客人入场或退场较自由。

参加宴请活动要讲究礼节，注重礼仪。下面只就赴宴时和宴席中的一般礼节及应注意事项作简单介绍。

(一)接到请柬要及时回答

接到宴会请柬，特别是接到注有"R、S、V、P"字样的请柬，应该及早回复主人；若不能赴宴，一定要讲明原因并向主人致以歉意；接受邀请后不要随意更改，万一不得已无法赴宴，尤其是主宾，必须立即告知主人，讲清原因并赔礼道歉。

准时赴宴是对主人的尊重，但一般不提前，身份高者可略晚，但也不能太晚；宴会结束，主宾退席后其他宾客方可陆续告辞；若确有要事须提前退席，应先与主人打招呼，届时悄悄离席，但逗留时间不能太短。

参加宴会，着装要整洁大方，若另有规定必须按要求着装赴宴。宾客抵达后要主动向主人问好，如是节庆活动，应表示祝贺；参加家宴，可向女主人赠送鲜花。撤席离开时，不必向众多宾客一一告别，但必须向男、女主人辞别。

(二)宴席中的礼节及注意事项

(1) 入席时按主人的安排就座，若旁边有女宾或长者，应先帮助他(她)就座，然后自己坐下。

(2) 用餐时坐姿要端正，肘部不要放在桌沿；餐巾应放在膝上而不能挂在胸前，餐巾可用来擦嘴，但不能用来擦汗和鼻涕；口中有食物时不应谈话。

(3) 主人招呼之后方可进餐；取菜时不可盛得过多；吃东西、喝汤要文雅，不要发出声音，如汤、菜太热，可待稍凉后再用，切勿用嘴吹；嘴里的鱼刺、骨头不要乱吐，可用手或筷子取出，放在盘内；嘴里有食物时，切勿说话、分菜；吃剩的菜、用过的餐具、牙签，都应放在盘内，勿置桌上；剔牙时，要用手或餐巾遮口，用过的牙签要折断放在自己的盘子里。

(4) 使用刀叉时注意不要碰击盘子；吃东西时不要呷嘴，以免发出怪声；不要伸舌舔嘴。

(5) 席间碰翻酒水、打碎餐具、掉落餐具时，不要手忙脚乱，也不要自己处理，而应让侍者收拾、调换餐具，但要对邻座道声"对不起"。

(6) 西餐桌上的食物一般都使用刀叉进食，但小萝卜、青果、水果、点心、炸土豆片、田鸡腿及面包等可用手取食。

(7) 席间不抽烟，除非女主人请大家抽烟；席间饮料自取；席间可敬酒、祝酒，但不劝酒，更不要强行灌酒。

(8) 主人和主宾祝酒、致辞时，应暂停进餐，也不取食物，应停止交谈，注意倾听；在应邀参加客人回请或自费品尝风味时，也要注意主宾关系；席间，不要主动布菜、劝酒、祝酒，更不要离桌到别桌敬酒。

(9) 席间不得解开衣扣即使很热也不脱外套；家宴席间若女主人请客人宽衣，男宾可脱下外套挂在椅背上。

(10) 女士不要在餐桌上化妆，饭后需化妆时应去洗手间。

(11) 以翻译身份赴宴要注意：不得喧宾夺主，不要抛开主人自己向客人祝酒，不随意为客人布菜；嘴里不要放过大、过多、带刺的食物，要时刻准备翻译。

第五节　旅游卫生保健与安全知识

人们离开居住地参加旅游团到各地旅游，打破了日常生活的规律，加上气候、饮食、起居的改变，容易引起游客身体不适和疾病的发生。游客生病不仅给患者带来痛苦，而且使其游兴大减，甚至不得不中断旅游，同时还会给导游人员的工作带来很多麻烦。为了保证旅游活动的顺利进行，导游人员要十分重视游客的健康，对游客要时常提醒关照，向他们介绍一些旅游保健知识和简单易行的方法，同时也应掌握一些旅游常见病及急症的防治知识。

一、旅游卫生保健常识

(一)一般保健常识

1. 自备常规药品

导游人员在带团期间因工作繁忙、精神紧张、起居不定、休息不好等原因，较平日容

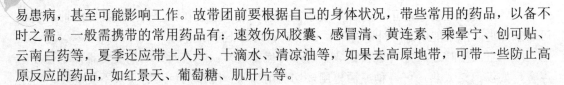

易患病，甚至可能影响工作。故带团前要根据自己的身体状况，带些常用的药品，以备不时之需。一般需携带的常用药品有：速效伤风胶囊、感冒清、黄连素、乘晕宁、创可贴、云南白药等，夏季还应带上人丹、十滴水、清凉油等，如果去高原地带，可带一些防止高原反应的药品，如红景天、葡萄糖、肌肝片等。

2. 旅游着装

旅游着装在保暖、对身体健康有利的前提下，衣着越少、越轻越好。应选择具有材质轻、通风好、吸热少、吸水性强、耐脏、易洗等特点的衣物作为旅游服。旅游时最好穿旅游鞋或休闲鞋，有利于登山和长途行走。

3. 保持旅行中的身心健康

出门旅游，一定要量力而行，要保持身心健康状态良好。一般应注意以下几点。

旅行计划量力而行，注意劳逸结合，避免过度劳累。团队或两三个人旅行，一定要有整体观念，一切安排都应以体弱者作为考量的标准。努力缩小旅行生活与平时生活之间的差距，要尽可能维持正常的生活规律。如定时休息、睡眠与起床，定时进食与排便，使人体内存在(或建立起来的)的饮食起居规律(条件反射)不遭破坏。饮食要讲求营养，旅行时身体消耗大，营养补充一定要充足。住宿休息时，在可能的情况下要考虑选择条件较好的饭店。

4. 注意缓解疲劳

消除疲劳，除了合理安排旅游计划，量力而行外，合理饮食也非常重要。人们在疲劳的时候，应该适当多吃一些碱性的食物，如海带、紫菜、各种新鲜蔬菜、各种水果、豆制品、乳类等，这些均可在一定程度上缓解疲劳。

(二)饮食卫生

旅途中保持身体健康的首要问题就是时刻注意饮食卫生，防止"病从口入"。旅行中的饮食卫生，主要包含以下几个方面。

1. 注意饮水卫生

旅途饮水以开水和消毒净化过的自来水为最理想；其次是山泉和深井水，江、河、塘、湖水千万不能生饮。无适宜的饮用水时，可用瓜果代水。

2. 瓜果一定要洗净或去皮吃

吃瓜果一定要洗净或去皮。瓜果除了受农药污染外，在采摘与销售过程中也会受到病菌或寄生虫的污染。

3. 慎重对待每一餐，不能饥不择食

高中档的饮食店一般可放心去吃，大排档可有选择地去吃，摊位或沿街摆卖(推车卖)的不要去吃。

4. 学会鉴别饮食店卫生是否合格

合格的一般标准应是：有卫生许可证，有清洁的水源，有消毒设备，食品原料新鲜，

无蚊蝇，有防尘设备，周围环境干净，收款人员不接触食品且钱票与食品保持相当距离。

5. 在车船或飞机上要节制饮食

乘行时，由于没有运动条件，食物的消化过程延长、速度减慢，如果不节制饮食，必然增加胃肠的负担，引起肠胃不适。

(三)旅游常见疾病的防治

1. 晕车、晕船和晕机

晕车、晕船和晕机，在医学上统称为运动症。凡是有这些问题的旅行者，旅行前应保证足够的睡眠。乘坐交通工具前半小时口服晕车药或用止痛膏贴于肚脐上。乘坐前不宜过饥或过饱，只吃七八分饱，尤其不能吃高蛋白和高脂食品，否则容易出现恶心、呕吐等症状。在乘坐交通工具时要注意保持精神放松，不要总想着会晕，最好找个人一起聊天，分散注意力。尽量坐比较平稳且与行驶方向一致的座位，头部适当固定，避免过度摆动。同时使交通工具内适当通风，保持空气流通。

旅途中尽量不要看窗外快速移动的景物；有恶心、呕吐等征兆时，可做深呼吸；有条件的，用热毛巾擦脸或在额头放置凉的湿毛巾。发生晕车、晕船和晕机情况时，最好静卧休息或尽量将座椅向后放平，闭目养神。千万不能在车厢内走动，否则会加重症状。此外发生运动症时，不可进食饮水。

2. 高山反应

对有高山反应的旅游者，在紧急缺氧时，应补充高糖饮料，严重时，则需要吸氧。

3. 腹泻

腹泻的病因很多，常见的有：食物中毒、情绪压力、病毒、细菌感染和腹寒等。黄连素片是预防和治疗腹泻的良药，如果在旅途中感到进食后有胃肠不适，或觉得饮食店的卫生不尽如人意，或进食的食物不太新鲜，均应立即服用。须注意的是腹泻者应多补充水分。

4. 中暑

中暑的主要症状是大汗、口渴、头昏、耳鸣、眼花、胸闷、恶心、呕吐、发烧，严重者会神志不清甚至昏迷。人长时间地处在暴晒、高热、高湿环境中容易中暑，所以盛夏旅游，应注意劳逸结合，避免长时间地在骄阳下活动；如果发生中暑事故，团中有医生，应请医生急救，若无医生，要将患者抬至阴凉通风处，平躺，解开衣领，放松裤带，使其放松；可能时饮用含盐饮料，发烧者要用冷水或酒精擦身散热，服用必要的防暑药物；缓解后让其静坐(卧)休息。严重者做必要的治疗后应立即送往医院。

5. 呕吐

有许多情况会引起呕吐，尤其常见于病毒感染、吃太多、饮酒过量和情绪不佳。呕吐也会出现在更严重的情况下，诸如盲肠炎、粪便阻塞、气喘、昆虫叮咬过敏、褐色蜘蛛叮咬、海洋生物叮咬、毒蝎咬、毒蛇咬、心脏病、受伤休克、糖尿病昏迷、食物中毒和头颈受伤等。任何严重或持续超过1～2天的呕吐就需要就医，因为脱水或体内化学物损失可能发生，这点对婴儿、老人或有心脏病的人尤其重要。呕吐可能意味着有严重问题。如果呕吐还带有严重腹痛，或最近头部受伤，或呕吐物带有咖啡色的血，就要立刻看医生。

在处理和肠胃不适有关的单纯呕吐时，要补充失去的体液，应经常吸食诸如碳酸饮料、茶、果汁或肉汤。呕吐停止后，避免吃硬食物，应慢慢恢复到正常饮食。

如果患者没有知觉并且呕吐，只要头、颈或背没有受伤，应让他侧躺而头部后仰，这样做可以防止患者被呕吐物哽塞。头部受伤的患者应将头侧转以防止哽塞。

6. 失眠

游客在旅游中出现失眠现象，原因多为初到一地，入睡环境有所改变，再加上温度湿度的变化，噪声的影响，光感和气味的变化，造成入睡困难，这就是平常所说的"择床"。也有的是由于过度兴奋、疲劳以及慢性病引起的不适影响睡眠。

要克服旅游失眠，首先应保持情绪愉快，尽可能保持平时的饮食、起居、睡眠的时间和习惯。不要过度疲劳或兴奋。每到一处新地方，应尽快地适应当地的气候环境，克服生疏感，可遵医嘱睡前服用一些镇静安眠药。

(四)突发病的救治

1. 心脏病猝发

旅游者心脏病发作，切忌急着将患者抬或背着去医院，而应就地平躺，头略高，由患者亲属或领队或其他旅游者从患者口袋中寻找备用药物，让其服用；同时，地陪应与附近医院或医务所联系，请医生速来救治，病情稍稳定后再送医院。

2. 窒息

症状：患者开始喘气或呼吸有杂声，抓着自己的喉咙，不能说话，呼吸困难并开始咳嗽，呼吸可能停止，皮肤变苍白、灰白或蓝色，看起来行为慌乱，最后失去知觉。

紧急救护办法：

(1) 如果患者能说话、咳嗽或呼吸(意味着他能让空气流过气道)，不要干扰患者咳出吞下或部分吞下的东西。

(2) 患者不能呼吸，站到他身后，用一只手的拳面向内置于患者肚脐上方、肋骨与胸骨之下方位置，另一只手握住这只手，快速、用力向上推压。此举会增加腹内压力，以便将横膈膜推开，造成肺内空气压力的增加，而压挤出气管内的东西。必要时，本程序有可能需要重复施行6～10次。

(3) 如果患者是躺着的，让他保持仰卧。跨坐在患者两腿上，将手掌根放在患者肚子的肚脐上方、肋骨下方部位，将另一只手重叠在这只手掌上以加强力量，把手肘打直，进行快速、用力地向下向前推压以排除哽塞物。此举会增加腹内压力，压力会传至肺部而把气管中的物体推入口中。必要时，本程序可能需要重复6～10次。

(4) 如果没有结果，要查看物体是否出现在患者口中或喉头上端，有的话用手指掏出该物体。

3. 昏厥

昏厥是由于脑中血液补充量减少所造成的短暂知觉丧失，通常几分钟后就会恢复。

症状(下列症状可能出现部分也可能全部出现)：皮肤苍白、湿、凉，头晕，恶心，症状可能发生在昏厥之前或当中。

防止昏厥的办法有如下几种。

(1) 让患者躺下，腿抬高20～30厘米，或让患者坐着，并慢慢向前弯曲身体，直到头在两膝之间。

(2) 将患者前方的危险物品移开。

(3) 安慰患者，使他冷静。

如果昏厥已经发生，要按如下方法立即处置。

(1) 让患者躺下，抬高脚部20～30厘米，除非怀疑患者头部有伤(跌倒所致)。

(2) 维持畅通的气道，解开衣领。

(3) 如果患者呕吐，让他侧卧，或是把他的头侧转以防止哽塞。

(4) 轻轻地用冷水拍患者的脸，不可以对脸部泼水。

(5) 检查身体各部有无摔倒所致的肿大或变形。

(6) 除非患者看起来完全复原，否则不可以给他喝任何东西。

(7) 在患者恢复知觉后，要观察他、安慰他，使他冷静。

(8) 如果几分钟内不能恢复，就要请医生诊治。

4. 脱水

脱水是体内缺乏足够的水分造成的。呕吐、高烧、出汗、腹泻或缺乏水和食物都会导致严重脱水症。脱水很危险并且可能致命，这种症状经常在年纪大或婴幼儿的身上发生。

脱水的症状通常是极度口渴，且患者可能无法解渴；疲倦；头晕；腹部或肌肉痉挛。

要将患者移到阴凉处；补充损失的体液和化学物质，给患者补充水、茶、碳酸饮料、运动饮料、汤等；如果症状持续或出现其他并发症(如恶心、腹泻等)，就要看医生。

(五)受伤的救护

1. 脱臼

骨头末端脱离关节的位置就是脱臼。通常因跌倒或骨头受打击造成。脱臼最常发生在肩膀、臀部、肘部、指头、拇指和膝盖骨。

症状(下列症状可能出现部分也可能全部出现)：肿大，关节变形，受伤部位移动会疼或不能移动，受伤部位皮肤变色，碰触患处会疼。

处理办法：

(1) 除非懂得推拿之术，否则不熟练的手法会造成神经和血管大面积的损伤。也可能有骨折，而移动它会进一步造成组织受损。

(2) 将患者安置在舒适的位置。

(3) 用夹板、枕头或吊带将患处加以固定。

(4) 赶快找医生，急诊更好。

2. 骨折

发生骨折，须及时送医院救治，但在现场，应做如下力所能及的初步处理。

(1) 止血。

常用的方法有：手压法，即用指、手掌、拳在伤口靠近心脏的一侧压迫血管止血；加压包扎法，即在受伤处放厚敷料，用绷带加压包扎；止血带法，即用弹性止血带在伤口靠近心脏的大血管上止血。

(2) 包扎。

包扎前最好要清洗伤口，包扎时动作要轻柔，松紧要适度，绷带的结口不要在创伤处。最后能上夹板。

(3) 上夹板。

就地取材上夹板，以求固定两端关节，避免转动骨折肢体。

3. 咬伤、蜇伤

若被蝇叮咬或被蜂蜇伤，要设法将毒刺拔出，用口或吸管吸出毒液，然后用肥皂水洗净。条件许可时，用 5% 苏打水或 3% 淡氨水洗敷伤口，服用止痛药。可用大青叶、药荷叶、两面针等中草药捣烂外敷。严重者要送医院抢救。

若被蛇咬伤，要先察看伤口上的蛇牙印。若留有 "··" "∴" 形牙印，就是毒蛇咬伤，应扎紧伤口，吸出毒液，边吸边吐，并不断漱口(口腔内有伤口者，不能用嘴去吸)。每隔 20 分钟，放松伤员的带子一两分钟，防止伤口坏死，然后用肥皂水洗净后再送医院。

(六)人工呼吸救助法(CPR)

实施 CPR 并无特定的疾病对象，任何人只要处于呼吸与心跳停止的状态之下，便需要 CPR 的急救处置，例如：溺水、心脏病发作或呼吸衰竭所引起的呼吸与心跳停止。

CPR 的施行步骤：呼叫患者，评估意识；报警求救；打开呼吸道；人工呼吸；心外按摩。

单人 CPR 施救方法：胸外按压与人工呼吸的比例是 15∶2；胸外按压速率是每分钟 80～100 次；每做完 15 次心脏按压后，给予患者人工呼吸 2 次。

值得注意的是对于一个有脉搏、呼吸的正常人，绝对不能随意练习 CPR，因为会造成不必要的危险，如骨折、肝脾脏裂伤、心律不齐等。导游人员应在专业人员的指导下学习这种救助方法。

二、旅游安全知识

(一)旅游安全一般注意事项

(1) 搭乘飞机时，应注意飞行安全，扣好安全带，不带危险或易燃品，不在飞机升降期间使用移动电话等电子用品。

(2) 贵重物品请放置饭店保险箱，若随身携带，注意保管，切勿离手。

(3) 出入饭店房间请随手关门，勿将衣物罩在灯上或在床上吸烟，听到火警铃响，请由紧急出口迅速离开，切勿搭乘电梯。

(4) 搭乘快艇，参加水上活动，请按规定穿着救生衣，并遵照工作人员的指导。

(5) 海边戏水，请勿超越安全警戒线，不熟悉水性者，切勿独自下水。

(6) 行程中或自由活动时若见有刺激性活动项目，身体状况不佳者请勿参加。患有心脏病、肺病、哮喘病、高血压者切忌从事水上和高空活动。

(7) 搭车时请勿任意更换座位，头、手勿伸出窗外，上下车时请注意来车方向以免发生危险。

(8) 搭乘缆车时，请依序上下，听从工作人员指挥。

(9) 行走雪地、陡峭山路，请小心谨慎。

(10) 团体旅行时不可擅自脱队，单独离队须征得全陪导游同意，并随身携带当地所住饭店的地址、电话，以免发生意外。

(11) 抵达景区游览前，谨记导游交代的集中地点、时间、所乘游览车的车牌号码。万一脱团，请于集中地点等候导游返回寻找。

(12) 外出旅行，注意身体健康，切勿吃生食、生海鲜，购买已剥皮的水果，切勿光顾路边无牌照摊档；切勿暴饮暴食，要多喝开水，多吃蔬果，少抽烟，少喝酒。

(13) 夜间或自由活动时间自行外出，请告知全陪导游或团友，应特别注意安全。

(14) 切勿在公共场所露财，购物时也勿当众清数钞票。

(15) 每次退房前，检查所携带的行李物品，特别注意证件和贵重财物。

(二)旅途遇险的急救措施

旅行过程中，交通工具一旦遇到意外事故，不要惊慌失措，以下的一些办法可助你转危为安或减少伤害。

1. 火车遇险

火车发生意外，往往都是因信号系统发生问题，故大多在火车进出站时发生。此时车速不快，伤害也较轻。如果是你乘坐的车厢发生意外，应迅速下蹲，双手紧紧抱头。这样可以大大减小伤害。

2. 汽车遇险

在所有交通工具中，汽车的事故率最高，伤亡的人数也最多。为避免意外，乘坐汽车时应注意：节假日及假日后第一天乘汽车要格外小心。因为此时人们都比较兴奋，警觉性也较低，容易发生意外。乘坐大客车万一发生事故，千万不要急于跳车，否则很容易造成伤亡。此时应迅速蹲下，保护好头部，看准时机，再逃离车厢。若乘坐的汽车有安全带，应不要嫌麻烦，及早系上。这样一旦遭遇意外，受伤害的程度会较轻。

3. 飞机遇险

相对于其他交通工具，乘坐飞机遭遇意外的机会并不多。但一旦发生意外，伤害程度却往往是最高的。乘坐民航飞机是没有降落伞包的，因此应将身上的硬物除下(如手表、钢笔及鞋等)，以求尽量减少对身体的伤害。另外，一些旅客乘坐飞机时，在空中突发急病或猝死的现象时有发生，为避免此类问题，旅客在乘机前，一定要弄清楚自己的身体状况是否适宜空中旅行。

4. 轮船遇险

乘坐轮船是最安全的交通工具。因为就算发生意外，也不会使你直接受害，而且还有时间逃生。乘船危险性只在于当时轮船所在位置和附近有没有救援。为了增加安全感，在乘船前你要做的准备工作是学会游泳、知道如何找到救生工具、尽量多穿衣服，以保持体温。

第六节　行李托运相关知识

一般来说，团体旅游者外出旅行所携带的行李较多，所以行李的托运和运输是旅行社团体旅游接待的重要业务。在团队包价旅游的服务项目中包括每人 20 公斤的行李服务。

一、行李托运程序

旅行社行李员必须认真办理旅游团体行李托运手续。

(一)认真进行团体行李到达后的交接工作

当旅游团乘坐航班到达本站时，旅行社的行李员必须提前到达机场等候。行李员必须与全陪、地陪、领队一起清点行李件数，认真检查行李包扎是否妥当，有无上锁、有无破损、有无系行李牌等，然后进行交接。行李员必须在规定的时间内把团队的行李送到旅游者下榻的饭店，并按照一定的手续与饭店的行李员进行交接。如果旅游团是乘坐火车到达本站，行李员应该凭行李票从火车站把旅游团的行李取出，清点数目后把行李直接送到旅游者下榻的饭店，然后再与饭店的行李员交接。在行李的运输途中行李员要确保每件行李的安全。

(二)提前办理行李托运手续

如果旅游团队即将离开本地，旅行社的行李员应该提前将行李运送至机场、车站，并办理托运手续。旅行社的行李员应事先与饭店的行李员及地陪或者全陪统一好团队出行的时间，在规定的时间内去饭店交接行李。如果旅游团队乘坐国内航班，应提前一个半小时将行李运送到机场；若乘火车离开本地，应提前一小时将行李运到车站，凭飞机票或者火车票办理行李托运手续；如果旅游团乘坐国际航班出境，旅行社的行李员应提前两小时将行李运到机场，并协助旅游者办理行李托运事宜。

(三)交接交通票据及行李托运单

办理完行李托运手续后，行李员必须认真清点交通票据和行李票据，并与地陪一起进行必要的移交手续。若是离境旅游团队，行李员无须办理托运手续，只要将行李按规定提前送到机场，并当面交给每一位旅游者即可。

二、行李托运的有关规定

旅游团选择的交通工具不同，相关的交通部门对行李的托运也有不同的规定。

(一)民航部门行李托运规定

1. 国内航线行李托运的规定

(1) 持头等舱票的旅客，每人可随身携带两件物品；公务舱和经济舱的旅客，每人只能随身携带一件物品。每件物品的体积均不得超过 20 厘米×40 厘米×55 厘米，总重量均不得超过 5 千克。超过上述规定的件数、重量、体积的限制，按规定应作为交运行李托运。

(2) 持成人票或儿童票的旅客，每人免费交运行李的限额为：头等舱 40 千克，公务舱 30 千克，经济舱 20 千克；持婴儿票的旅客不享受免费交运行李待遇。

(3) 旅客不得在交运行李中夹带易燃、易爆、腐蚀、有毒、放射性物品、可聚合物质、磁性物质及其他危险品，不得夹带机密性文件资料、外交信、有价证券、货币、汇票、贵重物品、易碎易腐物品以及其他需要专人保管的物品。

(4) 交运行李必须包装完善、锁扣完好、捆扎牢固，并能承受一定的压力，否则，民航部门有权拒运或不承担行李损坏的赔偿责任。

2. 国际航线行李托运的规定

(1) 按旅客所购票票价等级，对每一全价票或半价票的旅客交运的免费行李额为：持头等舱客票的旅客，可享受免费交运行李 40 千克；持公务舱客票的旅客，每人可享受免费交运行李 30 千克；持经济客票的旅客，可享受免费交运行李 20 千克；持成人票价 10% 付费的婴儿，不享受免费交运行李的待遇。

(2) 交运行李中不得夹带易燃、易爆、腐蚀、有毒、放射性物质，可聚合物质、磁性物质及其他危险物品；不得夹带中华人民共和国有关法律、政府命令和规定禁止出入境和过境的物品及其他限制运输的物品；不得夹带货币、珠宝、金银制品、票证、有价证券和其他贵重物品。

(3) 随机交运的行李应有承受一定压力的包装，应封装完好、锁扣完善、捆扎牢固。对包装不符合要求的交运行李，承运人可拒绝接受或不负担损坏、破损的赔偿责任。

(4) 未经安全检查的行李和物品，承运人不得运输。

(二)铁路部门行李托运的规定

旅游团乘坐火车旅行，一般将行李随身带上所乘坐的车厢，按照规定整齐地放置在车厢内的行李架上。乘车旅客每人免费携带行李质量和体积：持半票或免票的儿童为 10 千克，外交人员为 35 千克，其他旅客为 20 千克；携带品的长、宽、高总和不超过 160 厘米。若超过以上规定则要办理托运手续，按照交运行李的重量向行李托运处支付托运费。

凡属危险品(如雷管、炸药、鞭炮、汽油、煤油、电石、液化气等易燃、易爆、自燃物品和杀伤性剧毒物品)、国家限制的运输物品等，不得随行李托运。

第七节　其他知识

一、国际时差

英国格林尼治天文台每天所报的时间，被称为国际标准时间，即"格林尼治时间"。人们在日常生活中所用的时间，是以太阳通过天体子午线的时刻——"正午"作为标准来划分的。每个地点根据太阳和子午线的相对位置确定本地时间，称"地方时"。地球每 24 小时自转一周(360°)，每小时自转 15°。自 1884 年起，国际上将全球划分为 24 个时区，每个时区的范围为 15 个经度，即经度相隔 15°。以经过格林尼治天文台的零度经线为标准线，从西经 7.5°到东经 7.5°为中区(称为 0 时区)。然后从中区的边界线分别向东、向西每隔 15°各划一个时区，东、西各有 12 个时区，而东、西 12 个时区都是半时区，合起来称为 12 时区。各时区都以该区的中央经线的"地方时"为该区共同的标准时间。各时区之间时间差 1 小时，向西晚 1 小时，向东早 1 小时。

北京位于东经 116°24′，划在东八区，该区的中央经线为东经 120°，因此，"北京时间"是以东经 120°的地方时作为标准时间。中国幅员辽阔，东西横跨经度 64°，跨 5 个时区(从东五区到东九区)，为方便起见，以北京时间作为全国的标准时间。世界主要城市与北京时差表，如表 9-4 所示。

表 9-4　世界主要城市与北京时差表(以北京时间为 12 时为例)

城　　市	时差数	当地时间	城　　市	时差数	当地时间
纽约	-13	上一天 23 时	悉尼	+2	14 时
多伦多	-13	上一天 23 时	东京	+1	13 时
夏威夷	-18	上一天 18 时	首尔	+1	13 时
洛杉矶	-16	上一天 20 时	开罗	-6	6 时
马尼拉	0	12 时	新加坡	-0.5	11 时 30 分
吉隆坡	0	12 时	曼谷	-1	11 时
柏林	-7	5 时	新德里	-2.5	9 时 30 分
巴黎	-7	5 时	莫斯科	-5	7 时
罗马	-7	5 时	德黑兰	-4.5	7 时 30 分
日内瓦	-7	5 时	伦敦	-8	4 时

二、度量衡换算

世界上的度量衡有公制和英、美制，中国还有市制，它们间的换算比较复杂。然而，导游人员在工作时经常会遇到这类换算问题，对此，导游人员应了解和熟悉。

1. 长度

1 千米(公里)=2 市里 ≈ 0.62 英里

1 市里=0.5 千米(公里)≈0.31 英里

1 海里(英制)≈1.85 千米(公里)≈1.15 英里≈3.7 市里

1 米=3 市尺≈1.09 码≈3.28 英尺

1 市尺≈0.33 米≈0.36 码≈1.09 英尺

1 英尺≈0.30 米≈0.33 码≈0.91 市尺

2. 体(容)积

1 升≈0.22 加仑(英制)

1 加仑(英制)≈4.55 升

3. 质量

1 千克≈2.20 磅≈35.27 盎司

1 磅≈0.45 千克=16 盎司≈0.91 市斤

1 克拉(宝石)=0.2 克

1 盎司(金衡)≈155.5 克拉≈0.62 两

4. 面积

1 平方千米(平方公里)≈0.39 平方英里=100 公顷=1500 市亩≈246.16 英亩

1 平方英里≈2.59 平方千米(平方公里)=259 公顷≈3885 市亩≈638.7 英亩

1 公顷=0.01 平方千米(平方公里)=15 市亩≈2.47 英亩

1 市亩≈0.16 英亩≈0.067 公顷

三、摄氏、华氏温度换算

摄氏度(℃)=5/9×(℉-32)

例如，将 90 华氏度换算成摄氏度数：5/9×(90-32)=5/9×58=32.2，即 90 华氏度等于 32.2 摄氏度。

华氏度(℉)=℃×9/5+32

例如，将 30 摄氏度换算成华氏度数：30×9/5+32=54+3=86，即 30 摄氏度等于 86 华氏度。

 思考题

1. 旅游者入出境所需的有效证件有哪些？

2. 航空和铁路对儿童票的规定有何异同？

3. 如何识别我国公路运输中国道的编号分类？

4. 什么是旅行社责任保险？其保险范围是如何规定的？

5. 旅游活动中一般安全注意事项有哪些？

参 考 文 献

[1] 全国导游人员资格考试教材编写组. 导游业务[M]. 北京：旅游教育出版社，2019.

[2] 易伟新. 导游实务[M]. 北京：旅游教育出版社，2012.

[3] 韩荔华. 实用导游语言技巧[M]. 北京：旅游教育出版社，2002.

[4] 湖南省旅游局. 湖南导游词[M]. 长沙：湖南科学技术出版社，2008.

[5] 湖南省旅游局. 湖南导游词精选[M]. 长沙：湖南科学技术出版社，2005.

[6] 赵湘军. 导游实务[M]. 长沙：湖南教育出版社，2002.

[7] 毛福禄，樊志勇. 导游概论[M]. 天津：南开大学出版社，1999.

[8] 韩荔华. 导游语言概论[M]. 北京：旅游教育出版社，2005.

[9] 陈永发. 导游学概论[M]. 上海：上海三联书店，1999.

[10] 蒋炳辉. 导游带团艺术[M]. 北京：中国旅游出版社，2001.

[11] 窦志萍. 导游技巧与模拟导游[M]. 北京：清华大学出版社，2006.

[12] 王连义. 导游技巧与艺术[M]. 北京：旅游教育出版社，2002.

[13] 王连义. 怎样做好导游工作[M]. 北京：中国旅游出版社，2005.

[14] 王有路. 导游艺术 100 则[M]. 广州：广东旅游出版社，2004.

[15] 魏星. 导游语言艺术[M]. 北京：中国旅游出版社，2002.

[16] 李瑞玲. 导游业务[M]. 郑州：郑州大学出版社，2006.

[17] [德]哈拉尔德·巴特尔著. 合格导游[M]. 胡永震，译. 北京：旅游教育出版社，1988.

[18] 李昕，李晴. 旅游心理学基础[M]. 北京：清华大学出版社，2006.

[19] 张建融. 导游服务实务[M]. 杭州：浙江大学出版社，2005.

[20] 樊丽丽. 导游业务训练课程[M]. 北京：中国经济出版社，2007.

[21] 胡晓萍. 导游带团技巧[M]. 哈尔滨：哈尔滨工业大学出版社，2006.

[22] 熊剑平，董继武. 导游业务[M]. 武汉：华中师范大学出版社，2006.

[23] 杜炜，张建梅. 导游业务[M]. 北京：高等教育出版社，2002.

[24] 秦明. 旅游心理学[M]. 北京：北京大学出版社，2005.

[25] 舒伯阳，廖兆光. 旅游心理学[M]. 大连：东北财经大学出版社，2007.

[26] 徐堃耿.导游概论[M]. 3 版. 北京：旅游教育出版社，2004.

[27] 贾静. 旅游心理学[M]. 郑州：郑州大学出版社，2002.

[28] 李昕. 实用旅游心理学教程[M]. 2 版. 北京：中国财政经济出版社，2005.

[29] 马莹，马国清. 新编旅游美学[M]. 北京：中国旅游出版社，2005.

[30] 章海荣. 旅游美学导论[M]. 北京：北京交通大学出版社，2006.

[31] 吴攀升. 旅游美学[M]. 杭州：浙江大学出版社，2006.

[32] 乔修业. 旅游美学[M]. 天津：南开大学出版社，2002.

[33] 王柯平. 旅游美学新编[M]. 北京：旅游教育出版社，2000.

[34] 李泽厚. 美的历程[M]. 合肥：安徽文艺出版社，2000.

[35] 王丽华. 旅游服务礼仪[M]. 北京：中国旅游出版社，2009.

[36] 孙东亮. 旅游服务礼仪教程[M]. 北京：中国传媒大学出版社，2010.

[37] 潘宝明. 中国旅游文化[M]. 北京：中国旅游出版社，2005.

[38]　[美]芭芭拉·布雷德伍德，苏珊·M.罗伊斯，里查德·克若普. 360°导游：带团&赚钱&开公司[M]. 乐艳娜等，译. 北京：中国水利水电出版社，2005.

[39] 盘晓愚，金颖若. 中国旅游文学作品选[M]. 北京：蓝天出版社，2001.